후쿠오카에 반하다

후쿠오카
반하에다

초판 인쇄일 2015년 3월 10일
초판 발행일 2015년 3월 20일
초판 4쇄 발행일 2016년 6월 1일
글 사진 우승민
발행인 박정모
등록번호 제9-295호
발행처 도서출판 혜지원
주소 경기도 파주시 회동길 445-4(문발동 638) 302호
전화 031)955-9221~5   **팩스** 031)955-9220
홈페이지 www.hyejiwon.co.kr

기획 송유선
디자인 김희연
영업마케팅 김남권, 황대일, 서지영
ISBN 978-89-8379-844-2
정가 15,000원

Copyright©2015 by 우승민 All rights reserved.
No Part of this book may be reproduced or transmitted in any form,
by any means without the prior written permission of the publisher.
이 책은 저작권법에 의해 보호를 받는 저작물이므로 어떠한 형태의 무단 전재나 복제도 금합니다.
본문 중에 인용한 제품명은 각 개발사의 등록상표이며, 특허법과 저작권법 등에 의해 보호를 받고 있습니다.

● 잘못 만들어진 책은 구입한 서점에서 교환해 드립니다.

이 도서의 국립중앙도서관 출판시도서목록(CIP)은 서지정보유통지원시스템 홈페이지(http://seoji.nl.go.kr)와
국가자료공동목록시스템(http://www.nl.go.kr/kolisnet)에서 이용하실 수 있습니다.(CIP제어번호: CIP2015005088)

후쿠오카에 반하다

우승민 찍고 쓰다

혜지원

벌써 햇수로 4년째.
2011년부터 시작한 후쿠오카 생활이 벌써 4년을 넘었다.
일본 만화와 애니메이션에 대한 호기심으로 일본어에 관심을 가지게 된 것을 시작으로, 휴가 기간이 짧다는 점과 가장 가까운 외국이라는 점 때문에 첫 해외여행지로 일본을 택한 것이 그 후로도 주구장창 일본 여행만 즐기다가 현재의 일본 생활로 연결되었다.

후쿠오카는 일본 내에서뿐만 아니라 아시아에서도 '살고 싶은 도시'로 다섯 손가락 안에 늘 들고 있다. 도쿄, 오사카와 같은 대도시는 아니지만 인구 150만 명의 중소도시로서 딱 알맞은 크기의 정감 있고 살기 편한 곳이다.
100번이 넘는 일본 여행 중에서 거의 50여 번 넘게 규슈 지역을 여행했는데, 여행 이상으로 생활하기에도 좋은 곳이 규슈, 그중에서도 후쿠오카라는 생각이 저절로 들게 되었다. 현재도 여행자인지 거주자인지 모를 묘한 기분으로 생활하며 그 경계에서 즐겁게 지내고자 마음먹고 있다.

처음 책에 대한 제안을 받았을 때 나름 블로그에 포스트를 통해서 축적해 놓은 글과 사진이 있고, 후쿠오카의 생활을 직접 체험하고 있기 때문에 글이 조금은 쉽게 써지지 않을까 싶었지만, 그건 오산이었다. 책을 쓴다는 것은 정말 쉽지 않은 일이었다. 예전 대학원 생활 때 농담처럼 "아이와 논문은 때가 되면 나온다"라고 했지만, 내 이름을 걸고 나오는 책은 시간이 해결해 주는 그리 만만한 것이 아니었다. 글 소재와 자료의 빈곤이 아니다. 오히려 무엇을 넣고, 무엇을 빼야 할지에 대한 고민의 문제였다. 취사선택이 이렇게 어려울 줄이야.

열심히 정리한다고 했지만 아직도 소개하고 싶은 곳, 하고 싶은 말을 반도 못한 듯하다. 못다 한 이야기는 나의 블로그에서, 그리고 언젠가 다시 기회가 된다면 또 다른 책에서 풀어갈까 한다.

무엇보다 좋은 기회를 제공해 주신 출판사 혜지원에게 감사를 드리며, 게으른 작가 만나서 마음고생 많이 하셨을 송유선 님에게 지면을 통해 죄송하다는 말과 더불어 다음에는 갈비탕이 아닌 더 맛있는 음식을 사드리겠다고 약속하는 바이다.

아무쪼록 부족한 것이 너무나도 많은 책이지만, 나의 글과 사진으로 후쿠오카의 맛있는 음식, 징김 있는 사람들, 아름다운 후쿠오카의 모습을 느꼈으면 하며, 후쿠오카를 방문하는 많은 여행자분들에게 조금이나마 도움이 되었으면 하는 바람뿐이다.

출장을 마치고 후쿠오카로 돌아가는 신칸센 안에서

✏️ 저자 우승민

이 책을 보는 법

본문

▶ 소개하는 장소에 해당하는 아이콘을 각각 명소 ▮, 음식점 ▮, 쇼핑 ▮ 으로 나누었습니다.

▶ A 주소
T 전화번호
H 홈페이지
O 오픈 시간
? 가는 방법
C 입장료
M 지도 : 62쪽의 F구역에 해당 장소가 표시되어 있습니다)

▼ 소개하는 음식에 대한 가격과 정보를 사진 아래에 캡션을 달아 두었습니다.

지 도

지도 아이콘

- 명소
- 식당
- 카페
- 쇼핑
- 지하철역
- 전철역
- 호텔
- 절
- 신사
- 공원
- 박물관 및 미술관
- 병원
- 패밀리마트
- 세븐일레븐
- 로손

CONTENTS

✈ 🚌 🚇

프롤로그 04
이 책을 보는 법 06

intro 14
후쿠오카의 역사 16 | 후쿠오카의 사계절 18 | 후쿠오카의 축제 20 | 후쿠오카 명물 음식 34
후쿠오카의 즐거움, 야타이 40 | 후쿠오카 오미야게 50

후쿠오카 지도
후쿠오카 광역 지도 54
후쿠오카 시내 지도 56
지하철 및 전철 노선도 58
100엔 순환버스 노선도 59

1. 규슈 여행의 출발점, 하카타 역 ◆ 60

하카타 역 지도 62

🚇 JR 하카타시티JR博多シティ 64 | 라쿠스이엔樂水園 76 | 스미요시 신사住吉神社 78
🔽 간소 피카이치元祖ぴかいち 79 | 다이치노우동 하카타 역 지하점大地のうどん 博多駅ちかてん 80
마카나이야まかない屋 82 | 무라시마むらしま 83 | 비스트로 앙 코코트Bistro en cocotte 84
사라만제슈Salle a manger Shu 85 | 쇼키치庄吉 86 | 아사히켄旭軒 87
아운노 야키토리 이자카야あ・うんの焼鳥居酒屋 88 | 아지미도리味味どり 89
엘르 카페Elle Cafe 91 | 우동 타이라うどん平 92 | 우동야 코메짱うどん屋 米ちゃん 94
우에시마 커피上島珈琲店 95 | 일 포르노 델 미뇽il FORNO del MIGNON 96
카네이시 우동かねいしうどん 97 | 쿠시쇼串匠 98

클럽 하리에 B-스튜디오CLUB HARIE B-studio 99 | 키친 글로리キッチングローリ 100
텟페이てっ平 101 | 토이치十一 102 | 하가쿠레 우동葉隱うどん 104
하카타 우오가시博多魚がし 105 | 하카타 잇코샤 하카타 본점博多一幸舍 博多本店 106
후키야ふきや 107 | 후톳파라ふとっぱら 108
🛒 다이소ダイソー 109 | 요도바시 카메라ヨドバシカメラ 110
캐널시티 하카타キャナルシティ博多 111 | 하카타 101HAKATA 101 114

2. 후쿠오카 쇼핑의 중심, 텐진 ◆ 116

텐진 지도 118

❌ 스이쿄 텐만구水鏡天滿宮 120 | 아크로스 후쿠오카アクロス福岡 121
케고 신사警固神社 122 | 후쿠오카 시 아카렌가 문화관福岡市赤煉瓦文化館 123
🍴 라쿠텐치 텐진 본점楽天地 天神本店 124 | 로바타야키 이소가이ろばた焼 磯貝 125
마코토真 127 | 무스비메Musubime 128 | 시라스 쿠지라しらすくじら 129
시라타마야 신자부로白玉屋新三郎 130 | 신미우라新三浦 131
신텐초 쿠라부新天町倶楽部 133 | 아운노 누쿠누쿠야あ・うんのぬくぬく家 134
아카이후센赤い風船 136 | 오토와즈시音羽鮨 137 | 요시다よし田 138
장 폴 에방Jean-Paul Hevin 140 | 추카소바 고야中華そば郷家 141 | 카페 파디Café Fadie's 142
키르훼봉キルフェボン 福岡店 144 | 키스이마루喜水丸 146 | 키와미야極味や 148
텐진 호르몬天神ホルモン150 | 텐푸라 히라오天ぷら ひらお 151 | 효탄스시ひょうたん寿司 152
후루후루 텐진 빵 공방フルフル天神パン工房 153
🛒 다이마루大丸 154 | 미츠코시三越 155
파르코パルコ 156 | 이와타야岩田屋 157 | 텐진 지하상가天神地下街 158
비오로ヴィオロ 160 | 솔라리아Solaria 160 | 텐진 비브레天神ビブレ 162
텐진 코어天神コア 162 | 이무즈イムズ 163 | 신텐초新天町 164
레솔라 텐진レソラ天神 165 | 미나 텐진ミーナ天神 165 | 로프트ロフト 166
빅 카메라ビックカメラ 166 | 애플스토어Apple Store 167

3. 정겨운 골목, 다이묘·아카사카 ✦ 168

다이묘·아카사카 지도 170

- 오호리 공원大濠公園 172 | 고코쿠 신사護国神社 176 | 후쿠오카 성터福岡城跡 177
  마이즈루 공원舞鶴公園 179 | 케야키도리けやき通り 180
- 간소 나가하마야元祖長浜屋 181 | 고코쿠五穀 182 | 네지케몬ねじけもん 183
  니쿠젠ニクゼン 185 | 라루키이らるきい 186 | 마츠코松幸 188
  멘코보 나카麺工房 なか 189 | 모츠시게もつ繁 190 | 비스트로 타카기bisとろタカギ 191
  소바기리 하타에蕎麦切はた゚ゑ 193 | 스즈키쇼텐鈴木商店 194
  아이보리시アイボリッシュ 195 | 아카노렌赤のれん 196 | 야마나카やま中 197
  에그스 앤 띵스Eggs 'n Things 198 | 왓파테이쇼쿠도わっぱ定食堂 199
  이케다야池田屋 200 | 쟈쿠Jacques 202 | 치카에稚加榮 203 | 카페 델 솔Cafe del SOL 204
  케고 야키톤警固ヤキトン 205 | 코마야駒屋 206 | 코히 비미珈琲美美 207
  타이겐쇼쿠도泰元食堂 208 | 테무진テムジン 210 | 텐쇼天照 211 | 톡톡TOCTOC 212
  툰드라ツンドラ 213 | 하카타 잇푸도 다이묘점博多 一風堂 大名店 214
- 만다라케まんだらけ 215

4. 세련된 거리, 이마이즈미·야쿠인 ✦ 216

이마이즈미·야쿠인 지도 218

- 야나기바시 렌고이치바柳橋連合市場 220 | 후쿠오카 시 동식물원福岡市動植物園 221
- 가람GARAM 222 | 교자 리餃子 李 224 | 나스부타야なす豚や 225
  멘게키죠 겐에이麺劇場 玄瑛 226 | 무츠카도むつか堂 227 | 봄바 키친ボンバーキッチン 228
  쁘띠 주르Petit Jour 230 | 소바구이 이마토미蕎喰いまとみ 231 | 스이게츠水月 232

스시 교텐鮨 行天 234 | 스시 아츠가鮨・あつ賀 235 | 아베키abeki 236
아카마차야 아사고赤間茶屋 あ三五 237 | 야마나카やま中 238 | 온리 원ONLY ONE 239
이케사부로池三郎 240 | 카페 푸르부Café pour vous 241 | 킨교きんぎょ 242
토리카와 스이쿄とりかわ 粋恭 243 | 프랑스과자 16구フランス菓子16区 244
하나모코시はなもこし 245 | 하카타 겐스케 야쿠인 본점博多元助 薬院本店 246
핫짱라멘八ちゃんラーメン 247 | 후쿠신로福新楼 248 | 후쿠오카 멘츠단福岡麺通団 250
피시 맨Fish Man 251
🛒 타베고로 햐쿠슌칸たべごろ百旬館 252

5. 규슈 최대 환락가, 나카스 · 카와바타 ◆ 254

나카스 · 카와바타 지도 256

✳ 구 후쿠오카 현 공회당 귀빈관旧福岡県公会堂貴賓館 258 | 레이젠소冷泉荘 259
카와바타 상점가川端商店街 260 | 쿠시다 신사櫛田神社 261
하카타 전통공예관はかた伝統工芸館 263
하카타마치야 후루사토관「博多町家」ふるさと館 264 | 하카타자博多座 265
후쿠오카 아시아 미술관福岡アジア美術館 266
🍴 나카스 젠자이中洲ぜんざい 268 | 노부히데 본점信秀本店 269 | 리멘 우나리ラーメン海鳴 270
바쿠레バークレー 271 | 스즈카케 본점鈴懸 本店 272 | 스파이스Spice 273
시로키지しろきじ 274 | 신슈소바 무라타信州そば むらた 275 | 야스베安兵衛 276
엔えん 277 | 오사카야大阪屋 278 | 요시즈카 우나기야 본점吉塚うなぎ屋 本店 279
우와노소라うわのそら 280 | 이소기요시磯ぎよし 281 | 이치란 본사 총본점一蘭 本社総本店 283
친야ちんや 284 | 카로노우롱かろのうろん 285 | 카와바타 도산코川端どさんこ 286
카와바타 젠자이 히로바川端ぜんざい広場 287 | 카와타로河太郎 288 | 켄조 카페Kenzo Cafe 289

쿠시다차야櫛田茶屋 290 | 키하루きはる 291 | 타츠미 스시たつみ寿司 293
하카타소博多荘 294 | 호운테이宝雲亭 295

🛒 맥스 밸류Max Value 296 | 돈키호테ドン・キホーテ 297
하카타 리버레인 몰博多リバレインモール 298
후쿠야 나카스 본점ふくや 中洲本店 299

6. 역사가 살아 숨 쉬는 곳, 기온 ◆ 300

기온 지도 302

✈ 조텐지承天寺 304 | 토초지東長寺 306 | 쇼후쿠지聖福寺 307
🍴 다이후쿠 본점大福 本店 308 | 모츠코もつ幸 309 | 슌게츠안 조텐지마에점春月庵 承天寺前店 310
우마우마 레이센점うま馬 冷泉店 311 | 초콜릿 숍Chocolate Shop 312
츠키야 본점月や本店 313 | 카페 브라질레이로カフェブラジレイロ 314 | 토마토야とまと家 315
하카타 기온 테츠나베博多祇園鉄なべ 316 | 하카타 아카쵸코베博多あかちょこべ 317

🛒 디&디파트먼트 후쿠오카D&Department Fukuoka 318 | 시마모토しまもと 320

7. 기타 명소 + 맛집 ◆ 322

기타 명소 + 맛집 지도 324

✈ 모모치百道 328 | 넥서스 월드Nexus World 333 | 우미노나카미치海の中道 334
시카노시마志賀島 337 | 마리노아시티 후쿠오카マリノアシティ福岡 340
베이사이드 플레이스 하카타ベイサイドプレイス博多 342 | 노코노시마能古島 344
이마주쿠今宿 347

🍴 바조소馬上荘 348 | 후루후루Full Full 349 | 하나야마花山 351

8. 후쿠오카 외곽 지역 ◆ 352

코쿠라小倉 354
- 코쿠라 역小倉駅 355 | 코쿠라 성小倉城 356 | 탄가 시장旦過市場 357
  리버워크 키타큐슈リバーウォーク北九州 357 | 키타큐슈 시 만화박물관北九州市漫画ミュージアム 358
- 시로야 베이커리シロヤベーカリー 359 | 다루마도たるま堂 360 | 카페 파디Cafe Fadie's 361

다자이후太宰府 362
- 다자이후 텐만구太宰府天満宮 363 | 코묘젠지光明禅寺 366 | 규슈국립박물관九州国立博物館 368
- 카사노야かさの家 369
  스타벅스 다자이후 텐만구 오모테산도점スターバックス太宰府天満宮表参道店 370 | 란칸蘭館 371

모지코門司港 372
- 모지코 역門司港駅 373 | 구 모지 미츠이 클럽旧門司三井俱楽部 373 | 구 모지세관旧門司税関 374
  구 오사카 상선旧大阪商船 374 | 국제우호기념도서관国際友好記念図書館 375
  모지코 레트로 전망실門司港レトロ展望室 375 | 블루 윙 모지ブルーウイング門司 376
  카라토 시장唐戸市場 377 | 칸몬교関門橋 378 | 간류지마巌流島 379

야나가와柳川 381
- 카와쿠다리川下り 382 | 오하나御花 383 - 간소 모토요시야元祖本吉屋 384

규슈 올레九州オルレ 385
- 무나카타-오시마 코스宗像・大島コース 387
- 모자코もじゃこ 391 | 산피에루サンピエール 391

히라오다이平尾台 392
- 센부츠 종유동千仏鍾乳洞 393

여행준비 394
Index 413

intro

ABOUT FUKUOKA

후쿠오카의 역사

보통 후쿠오카라고 하면 후쿠오카 현의 후쿠오카 시를 말한다. 현재 약 150만 명의 인구가 살고 있는 후쿠오카 시의 역사는 약 120년 정도 되었다.

원래 메이지 시대 초기까지만 해도 하카타博多와 후쿠오카福岡가 각각의 마을을 이루고 있었다. 하카타를 후쿠오카의 옛 지명으로 잘못 알고 있는 사람들이 많은데, 각기 다른 마을로 하카타와 후쿠오카는 나카가와那珂川를 중심으로 '상인의 마을, 하카타'와 '무사의 마을, 후쿠오카'로 나뉘어 있었다.

797년 『쇼쿠니혼기續日本紀』에서 "하카타노츠博多津"라고 적힌 것이 발견되는데, 이 하카타라는 지명이 지어진 것에는 두 가지 설이 있다. 큰 새가 날개를 펼친 것(羽形)과 비슷한 지형이라는 설과 큰 나무에서 잎이 떨어져 날리는 모양(葉形)과 비슷한 지형이라는 설이다.

후쿠오카라는 지명은 에도 시대에 쿠로다 조스이黑田如水와 쿠로다 나가마사黑田長政 부자가 성을 축조한 후, 그 성의 이름을 후쿠오카 성福岡城이라고 명명한 것에서 유래하였다. 그 후부터 나카가와를 중심으로 동쪽의 '상인의 마을, 하카타'와 서쪽의 '무사의 마을, 후쿠오카'로 나뉘어서 각기 발전하게 되었다.

그러던 것이 1876년 일본 행정구역의 정비로 두 마을이 합쳐져 '후쿠하쿠福博'라는 구가 생겼으며, 1878년 후쿠하쿠 구가 '후쿠오카 구'로 변경되면서 '하카타'라는 지명이 사라져버렸다. 1889년 후쿠오카 구가 '후쿠오카 시'로 명칭이 변경되면서 지금의 후쿠오카 시가 탄생하게 되었다.

1889년 '후쿠오카 시'로 명칭을 변경하였을 때, 시의회가 후쿠오카파와 하카타파로 나뉘어서 엄청난 격론이 일어났다고 한다. 결국 표결로 들어가 명칭으로 '후쿠오카 시'와 '하카타 시'가 동수를 이루었지만, 당시 후쿠오카 출신 의장의 권한으로 시의 이름은 '후쿠오카 시'로, 역의 명칭은 '하카타'로 결정이 되었다. 지명으로서의 '하카타'는 1972년 하카타 구가 생기면서 다시금 부활하게 되었다. 후쿠오카 시의 젖줄이자 후쿠오카를 크게 가로지르고 있는 나카가와에 있는 후쿠하쿠데아이바시福博であい橋는 하카타와 후쿠오카를 연결해 주는 상징적 존재의 다리이다.

ABOUT FUKUOKA

2

후쿠오카의 사계절

후쿠오카는 일본의 남쪽 섬인 규슈 북부에 위치한 도시로 우리나라보다 위도상 아래쪽에 위치해 있어서 비교적 따뜻하며 사계절의 변화가 뚜렷하다.

1월 말~2월 초이면 후쿠오카 현 다자이후 텐만구太宰府天満宮에는 신목 '토비우메飛梅'가 매화를 꽃피우기 시작하면서 봄이 다가오고 있음을 알려 준다. 겨울인 1~2월의 평균기온이 6~7도로 꽤 따뜻한 겨울을 보낼 수 있으며 눈이 잘 오지 않을 정도로 영하의 기온도 드문 편이다.

3월 중하순부터는 벚꽃이 피기 시작하며 본격적으로 따뜻하고 활동하기 좋은 맑은 날씨의 봄날을 즐길 수 있다. 3~5월의 평균기온은 10~19도로 일교차가 큰 편이지만, 낮에는 벚꽃나무 앞에서 '하나미花見'를 즐기고, 밤이면 사쿠라 라이트업 행사로 멋진 밤 벚꽃을 즐길 수 있는 계절이다. 비가 적고 날씨가 맑은 5월 초는 일본 최대 연휴 기간인 골든위크(GW)로 더욱 더 즐거운 봄을 즐길 수 있다. 5월 말과 6월 초부터는 장마가 시작되어 습하고 무더운 여름으로 돌입한다.

인 트 로

후쿠오카의 여름은 7월 1일부터 15일까지 열리는 축제인 하카타 기온 야마카사 博多祇園山笠와 함께 시작된다. 시메코미締め込み를 두른 남자들이 무거운 카키야마 舁き山를 들고 하카타의 거리를 뛰어다니는 모습은 지극히 일본스러운 모습으로 여행자들에게는 신기함과 함께 일본에서만 느낄 수 있는 이질적인 문화적 충격을 선사해준다.

후쿠오카의 여름은 30도가 넘는 무더위의 연속이지만 시내 곳곳의 건물들과 버스, 지하철에 냉방시설이 잘 되어 있어서 더위를 피하며 여행하기에 좋은 환경이 조성되어 있다.

태풍이 지나고 조금 서늘해지면서 10월 후쿠오카 가을이 시작된다. 후쿠오카의 가을에 꼭 가볼 만한 곳이 바로 노코노시마能古島이다. 일 년 내내 꽃들이 만개해 있는 노코노시마 아일랜드 파크는 가을의 코스모스가 특히 장관이며, 많은 사람들이 모여들어 후쿠오카의 가을을 즐기는 곳이다. 후쿠오카의 단풍은 11월부터 그 모습을 드러내며 가을 분위기를 느끼며 산책하기 좋다.

ABOUT
FUKUOKA

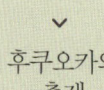

후쿠오카의
축제

01 **토오카 에비스 마츠리 十日恵比須大祭**

매년 연초 후쿠오카의 토오카 에비스 신사에 가서 한 해의 행운과 행복을 비는 행사가 바로 토오카 에비스 마츠리十日恵比須大祭이다.

어업과 상업의 신인 '에비스'에게 사업의 번창을 기원하는 것에서 유래되었으며 후쿠오카에서 사업하는 사람들은 빠짐없이 참석하는 한 해의 시작을 알리는 축제이다.

토오카(十日)라는 이름처럼 매년 정월 10일 즈음해서 열리는데, 보통 1월 8일부터 11일까지 4일간 진행되며, 특히 9~10일 저녁부터 늦은 밤까지는 영업을 마친 식당과 유흥업소의 사장과 종업원들이 단체로 참배하러 오기 때문에 가장 많은 사람들이 모여드는 시간이다.

토오카 에비스 신사에 그 해의 운을 점쳐 보는 후쿠비키福引き가 인기 높아 신사 본관의 좌우에는 운을 점치려는 사람들로 장사진을 이룬다. 후쿠비키 후에는 당첨된 경품과 함께 후쿠자사福笹를 나누어 준다.

원래 토오카 에비스 신사는 어업과 상업의 신 에비스뿐만 아니라 다이코쿠도 함께 모시고 있는데, 다이코쿠는 인연을 맺어주는 신으로 알려져 있다.

토오카 에비스 마츠리는 후쿠오카 하카타의 게이샤와 마이코를 볼 수 있는 몇 안 되는 기회 중 하나이다. 보통 둘째 날인 1월 9일 오후 3시쯤에 게이샤와 마이코들이 단체 참배를 하러 오는 카치마이리徒歩詣り라는 행사가 있는데, 샤미센, 피리, 북 등의 악기를 연주하는 악단을 따라 행진하는 게이샤, 마이코들을 보려는 사람들로 인산인해를 이룬다.

02 세츠분 節分

매년 2월 3일 일본 전역에서 펼쳐지는 세츠분節分은 나쁜 기운을 쫓아내고 복을 불러들이는 민속 행사이다. 원래 세츠분은 말 그대로 '계절을 나누는 날', 즉 계절이 변하는 시기를 말하는 것으로 입춘, 입하, 입추, 입동의 전날을 말한다. 계절이 바뀔 때마다 나쁜 기운을 쫓아내는 의식을 한 것인데, 에도 시대 이후부터는 입춘 하루 전날을 가리키는 행사로 정착되었다.

세츠분 때 행해지는 특별한 행사 두 가지가 있는데, 그것은 바로 '마메마키豆撒き'와 '에호마키恵方巻'이다. 모두 악귀와 액운을 몰아내고 행운과 복을 불러오는 행사이다.

마메마키는 귀신에게 콩을 던져 귀신을 쫓는 것이다. 원래 마메마키는 일본 헤이안 시대에 섣달 그믐날 궁중에서 음양사들이 악귀를 내쫓는 '츠이나追儺'라는 궁중 행사였는데, 무로마치 시대에 민간에서 콩 던지는 행사로 행해지면서 지금의 형태로 정착되었다고 한다. 보통 일본의 가정에서는 아버지가 오니(도깨비) 가면을 쓰고, 아이들이 도깨비 가면을 쓴 아버지에게 콩을 던지면서 즐기는 일이 많다. 그 뒤에는 가족들이 둘러앉아 자신의 나이 수만큼 콩을 나누어 먹는다. 세츠분 때 일본의 큰 신사에 가면 콩 주머니를 던지며 콩을 나누어 주는 행사를 많이 한다. 이것도 세츠분 때 즐길 수 있는 재미난 행사 중 하나이다.

오니 가면과 함께 주로 보이는 가면은 바로 '오카메'이다. 오카메는 웃는 얼굴로 복을 부르는 행운과 행복의 상징이다. 특히 세츠분 때는 큰 신사에 오카메 형상의 다이오타후쿠멘大お多福面이 세워지는데, 큰 것은 높이가 5m가 넘는 것도 있다. 다이오타후쿠멘의 큰 입을 통해서 참배를 하며 지나다니면 행운과 행복이 온다는 설이 있다.

세츠분의 또 다른 행사인 에호마키는 '에호'라는 행운의 방향을 향해 '후토마키'라는 굵은 마키를 통째로 먹는 행사인데, 에호마키는 특별한 유래가 밝혀지지 않은 것으로 오사카의 일부 지역에서 행운을 빌며 후토마키를 먹던 풍습을 편의점에서 상업적으로 이용한 사례라고 할 수 있다. 1980년대 매출이 적은 1~2월의 매출 상승을 위한 이벤트의 하나로 패밀리 마트가 오사카에서 세츠분의 행사로 만들어 팔던 것을 1990년대 세븐 일레븐이 전국적으로 세츠분 명물음식으로 판매하기 시작하며 전국적으로 붐이 일게 된 것이다.

에호마키의 특징은 그 해의 에호(행운의 방향)를 바라보며 칼로 자르지 않은 후토마키를 아무 말 없이 통째로 다 먹는 것이다. 칼로 자르면 행운을 끊는다는 뜻이 있어서 자르지 않고 통째로 먹으며, 먹는 중간에 말을 하면 부정 탄다고 해서 다 먹을 때까지 아무 말을 하지 않아야 한다.

03 사카구라비라키 酒蔵開き

일본 각지에는 유명한 사케 생산지들이 많이 있는데, 후쿠오카도 맛있는 사케를 빚어내는 곳이다. 맛있는 사케를 위해서는 맛있는 '쌀', 맛있는 '물', 그리고 인간의 '기술'이 필요한데 후쿠오카는 그 세 가지 조건을 모두 갖추고 있다. 특히 일본에서 가장 오래된 논 유적이 발견되어서 벼농사가 시작된 곳이 바로 후쿠오카로 알려져 있다.

사케를 좋아하는 사람들은 매년 2~3월을 기다리게 되는데, 그 이유는 새로운 술, 신슈新酒가 나오는 달이 바로 2~3월이기 때문이다. 신슈가 나오는 시기가 되

면 각 양조장들은 술 창고를 그 해 처음으로 개방하고 시민들에게 새해 신슈를 선보이며 손님을 맞이하는데, 이것을 사카구라비라키酒蔵開き라고 한다.
평소에는 공개되지 않는 사케 양조장 내 시설들을 견학할 수 있고, 사케와 어울리는 다양한 음식과 이벤트가 준비되는 양조장의 축제이다. 신슈를 음미하며 다가오는 봄을 느낄 수 있다.

04 후쿠오카 성 사쿠라 마츠리 福岡城さくらまつり

일본을 생각할 때 가장 먼저 떠오르는 꽃은 바로 사쿠라(벚꽃)다. 그 분홍색의 작은 꽃망울은 아름다운 봄의 상징이며 봄날 가장 좋은 추억을 만들어 준다.
후쿠오카에서는 3월 중순부터 4월 초순까지가 벚꽃이 개화하여 만개로 이르는 시기인데, 이 시기에 후쿠오카 성 사쿠라 마츠리福岡城さくらまつり가 열린다. 후쿠오카 성터의 대부분을 차지하고 있는 마이즈루 공원舞鶴公園에서 열리며 약 1000여 그루의 다양한 종류의 벚꽃을 만날 수 있다. 후쿠오카 시민들의 봄 하나미花見(꽃놀이) 명소이기도 하다.
또한 저녁 6시부터 밤 10시까지는 라이트업 행사가 열려 후쿠오카 성터의 멋진 모습과 불빛을 받아 그 아름다움이 더욱 더 돋보이는 벚꽃의 매력을 물씬 느낄 수 있다.

05 하카타 돈타쿠 미나토 마츠리 博多どんたく港まつり

매년 5월 3일부터 4일까지 2일간 후쿠오카 봄 최대 축제인 하카타 돈타쿠 미나토 마츠리博多どんたく港まつり가 열린다. 후쿠오카 시내 전체가 축제의 장이 되는 하카타 돈타쿠 미나토 마츠리, 짧게는 '하카타 돈타쿠'라고 부른다.

하카타 돈타쿠博多どんたく는 1179년 시작된 '마츠바야시松囃子'가 그 기원인 약 830년이 넘은 전통 행사이다. 옛 문헌에 의하면 헤이안 시대 교토 황궁의 정월 궁중 행사가 지방으로 전해져 하카타에서 1179년 정월 15일에 마츠바야시가 행해졌다는 기록이 있다. 하카타 상인들에 의해 약 400년 전 완성된 형태의 마츠바야시가 정월 축하의 행사로 발전하였으며, 후쿠오카와 하카타, 두 마을은 약 270년간 '하카타 마츠바야시博多松囃子'로 서로 교류를 하였다고 한다. 메이지 5년(1872년) 일본 새 정부에 의해 하카타의 '마츠바야시'와 '야마카사'가 모두 중지되었지만, 메이지 12년(1879년)에 다시 재개되어 '하카타 돈타쿠'라는 이름으로 불리게 되었다. '돈타쿠'는 네덜란드어 Zondag(존타쿠)가 그 어원으로, Zondag는 '휴일'이라는 뜻이다.

쇼와 37년(1962년), 하카타 돈타쿠는 후쿠오카 시민들이 참가하는 후쿠오카 시민의 축제로서 '하카타 돈타쿠 미나토 마츠리'로 이름이 정해져 매년 5월 3~4일 이틀 동안 열리게 되었다. 주요 행사는 후쿠오카 시민들이 참여하는 퍼레이드 행사로, 약 650개 단체, 약 3만 3천 명이 참가하며 관람객 200만 명 규모의 일본 골든위그 기간에 열리는 행사 중 최대 규모이다. 퍼레이드는 고후쿠마치吳服町에서 텐진天神까지의 약 1.3km 구간에서 열린다.

06 하카타 기온 야마카사 博多祇園山笠

매년 7월 1일부터 15일까지 열리는 후쿠오카 여름 최대 축제인 '하카타 기온 야마카사博多祇園山笠'는 후쿠오카의 상징적 마츠리로 약 770여 년의 역사를 지녔으며 일본의 국가중요무형민속문화재로 지정되어 있다.

하카타 기온 야마카사의 기원에 대해서는 여러 가지 설이 있는데, 그중에서도 1241년 하카타에 역병이 돌았을 때, 조텐지承天寺의 쇼이치 국사가 역병 퇴치를 위해 가마를 타고 하카타 전역을 돌며 감로수를 뿌린 것에서 유래되었다는 설이 가장 유력하다.

마츠리 기간에는 후쿠오카의 전역에 큰 카자리야마飾り山가 전시되는데, 그 웅장함과 화려함은 지나가는 사람들의 발걸음을 멈추게 하고 사진 촬영 및 구경을 하게 만든다. 일본 전통의 카자리야마뿐만 아니라 캐릭터 및 다양한 만화의 주인공이 등장하는 재미있는 카자리야마들도 많다. 후쿠오카 전역에 전시되는 카자리야마는 전시용일 뿐 하이라이트인 오이야마追い山 때 사용하는 카키야마舁き山는 아니다.

하카타 기온 야마카사의 하이라이트는 바로 이 '오이야마'이다. 오이야마는 무게 약 1톤에 달하는 카키야마를 시메코미締め込み를 두르고, 엉덩이를 드러낸 야마노보세山のぼせ라는 남성들이 메고 하카타 거리를 달리는 '하카타 기온 야마카사'의 하이라이트 행사이다. 오이야마 때는 "오이샷, 오이샷"이라는 응원 구호와 함께 힘차게 달리며, 달리는 야마노보세들을 응원하고 열기를 식혀주기 위해 물을 세차게 뿌리는데, 이것을 '이키오이미즈勢い水'라고 한다. 이키오이미즈는 카키야마를 지탱하는 밧줄을 튼튼하게 해주는 역할도 겸하고 있다. 가마 위에 앉아 카키야마를 멘 사람들을 격려하고 지휘하는 사람을 '다이아가리台上がり'라고 하는데, 모두 다이아가리의 지휘 아래 일사분란하게 움직인다.

오이야마는 새벽 4시 59분에 쿠시다 신사에서 시작되는데, 첫 번째 야마카사가 59분에 쿠시다 신사를 출발하여 경내를 한 바퀴 돈 뒤, 1분간 축제를 기리는 노래, 하카타 이와이우타博多祝い唄를 다함께 부르고, 5시에 다시 쿠시다 신사 밖으로 출발하게 된다.

야마카사는 현재 7개의 나가레流로 구성되어 있다. 나가레는 하나의 야마카사를 운영하는 조직으로, 하카타의 지역 마치町로 구성되어 있다.

하카타 기온 야마카사 기간에 남성들이 금하는 것 두 가지가 있는데, 쿠시다 신

사의 신 문양과 단면이 비슷하다고 해서 '오이'를 먹지 않는 것과, 여자와의 잠자리를 가지지 않는 것이다.

흥겨운 하카타 기온 야마카사가 끝나면 후쿠오카는 본격적인 여름 무더위로 접어들게 된다.

07 오호리 공원 하나비 西日本大濠花火大会

일본의 봄에 '하나미花見(꽃놀이)'가 있다면, 여름에는 '하나비花火(불꽃놀이)'가 있다. 하나비는 일본 여름밤의 낭만과 즐거움이다. 주로 7~8월에 집중되며 여름의 밤하늘을 수놓는 수천 발의 불꽃을 보며 탄성을 질러보고, 찰나지만 화려한 모습을 선보이고 꺼져가는 불꽃을 보며 한여름의 더위를 잊곤 한다.

후쿠오카에도 많은 하나비가 있는데, 최대 하나비 축제는 바로 '오호리 공원 하나비'이다. 정식 명칭은 '서일본 오호리 불꽃놀이 대회西日本大濠花火大会'로 오호리 공원의 연못 중앙에서 쏘아 올리는 이 행사는 약 6000발의 불꽃이 후쿠오카의 밤하늘을 수놓으며 후쿠오카 시민들에게 한여름의 멋진 추억을 만들어 준다.

후쿠오카 최대 규모의 하나비로 수많은 야타이에서 맛있는 음식들이 손님들을 기다리고 있고, 유카타를 입은 아름다운 여성들의 모습도 볼 수 있다. 한국인 여행자 중에서도 많은 여자분들이 유카타를 입고 하나비를 즐기는 모습을 종종 볼 수 있는데, 한 번쯤 여름 후쿠오카 여행에서 추억 만들기로 유카타를 입고 하나비 구경하기를 추천한다.

08 호조야 放生会

매년 9월 12일부터 18일까지 하코자키구宮崎宮에서 열리는 호조야는 하카타 돈타쿠, 하카타 기온 야마카사와 함께 하카타 3대 축제 중 하나이며, 가을의 시작을 알리는 마츠리이다.

호조야는 옛 기록에 의하면 919년부터 시작된 것으로 알려진 1000년 이상 계속된 행사로서, "모든 살아있는 생명에게 은혜를, 가을의 결실에 감사를" 드리는 가을 최대 마츠리이다. 예전에는 마츠리 기간 중 음식물을 삶거나 조려서 먹지 않으며 살생을 금하고 살아있는 생명을 소중히 여기며 보냈다고 한다. 현재도 잉어와 비둘기의 방생(放生)을 진행하고 있는데, 마츠리 기간 중 9월 18일 오후에 방생을 한다.

하코자키구까지 약 1km의 참배길에는 수백 개의 야타이(노점상)가 들어서 수많은 사람들이 몰려들어 인산인해를 이루고, 다양한 음식을 먹으며 초가을의 밤을 즐긴다.

호조야에서 볼 수 있는 명물 두 가지가 있는데, 그것은 바로 호조야 찬폰放生会ちゃんぽん과 햇생강新ショウガ이다.

호조야 찬폰은 에도 시대 말기부터 호조야에서 팔기 시작한 유리 공예품으로서, 다이쇼 시대에 잠시 사라졌다가 쇼와 46년(1971년)에 다시 부활한 공예품이다.

유리로 만든 찬폰은 하코자키구의 무녀들이 수작업으로 표면에 그림을 그려서 한정 수량만 제작, 판매하고 있는 호조야 인기 상품이다.

햇생강은 예전 하코자키구 주변 농가에서 재배, 판매하는 햇생강을 호조야 때 방문한 사람들이 구입하여 주변 사람들에게 선물로 돌리면서 널리 알려지게 된 호조야 오미야게로, 풋풋한 햇생강은 후쿠오카 가을의 시작을 알리는 호조야 명물이 되었다.

09 일루미네이션

12월이 되면 일루미네이션이 후쿠오카의 거리를 빛낸다. 하카타 역이 있는 JR 하카타시티, 백화점, 쇼핑몰이 밀집한 텐진, 캐널시티 하카타, 후쿠오카 타워 등이 일루미네이션으로 장식되어 겨울밤을 아름답게 만들어 준다.

보통 11월 말부터 시작되는 일루미네이션은 12월 말까지 후쿠오카의 거리를 밝혀 주는데, 거리를 걸어 다니는 후쿠오카 시민들은 추위를 잊고 밝고 아름다운 불빛에 감탄사를 내뱉으며 저마다 기념사진을 촬영하기에 여념이 없다.

JR 하카타시티는 '히카리노마치光の街', 말 그대로 빛의 거리를 만들어 JR 하카타시티 전체를 푸른 불빛의 몽환적 분위기로 만들어 준다.

텐진 거리는 다이마루, 미츠코시, 이와타야, 이무즈 등의 백화점, 쇼핑몰뿐만 아니라 와타나베도리의 가로수에도 아름다운 불빛이 빛난다. 텐진 거리에서 가장 아름다운 일루미네이션은 텐진의 케고 신사에서 만날 수 있다.

그 외에도 캐널시티 하카타는 운하를 중심으로 멋진 일루미네이션을 연출하며, 후쿠오카 타워, 마리노아시티, 후쿠오카 공항에도 일루미네이션이 장식되기 때문에 겨울에 후쿠오카를 방문한다면 어디에서나 아름다운 일루미네이션을 감상할 수 있다.

10 나가하마 선어시장 시민감사데이 長浜鮮魚市場 市民感謝デー

나가하마 선어시장은 규슈 각지에서 모인 약 300여 종의 해산물이 유통되는 곳이다. 1955년에 개장하였으며 약 20만 톤의 일본 전국 4위의 거래량을 자랑한다. 매일 새벽 경매가 벌어지며 신선도가 유지된 상태로 규슈 각지로 배송된다. 나가하마 선어시장에서는 매월 두 번째 토요일을 '시민감사데이'로 지정하여 시장 일부를 후쿠오카 시민들에게 개방한다. 원래 나가하마 선어시장에는 전문업자들만 들어갈 수 있지만, 9~12시까지 3시간 동안 열리는 시민감사데이 동안에는 누구나 출입이 가능하고 약 200m 내 약 40여 점포에서 다양한 해산물을 구입할 수 있다. 현장에서는 얼음도 제공해 주고, 구입한 해산물은 택배 배송도 가능하다.

시민감사데이의 하이라이트는 '참치 해체 쇼本マグロの解体ショー'로, 현장에서 바로 참치를 해체하는 모습을 볼 수 있으며, 해체된 참치는 저렴한 가격으로 즉시 판매된다. 시장 주변에는 많은 야타이가 설치되어 시장 구경도 하고 요기도 할 수 있는 즐거운 시간을 보낼 수 있다.

A 福岡市中央区長浜3-11-3 福岡市中央卸売市場鮮魚市場
T 092-711-6414
O 매월 두 번째 토요일 09:00~12:00

ABOUT FUKUOKA

4

후쿠오카 명물 음식

01 고보텐 우동 ごぼう天うどん

일본인들의 소울 푸드라고 할 수 있는 우동. 일본에는 전국적으로 수백 가지의 우동이 존재하지만, 후쿠오카 사람들은 단 하나의 우동만 알고 있는 듯하다. 후쿠오카 사람들이 좋아하는 고보텐 우동ごぼう天うどん 이야기이다.

1241년 중국 송나라에서 돌아온 쇼이치 국사가 우동과 소바의 제분, 제법 기술을 들여와 일본에 전하였는데, 그것을 기념하는 비석, '우동과 소바 발상지 기념비饂飩蕎麦発祥之地の碑'가 기온에 있는 사원 조텐지承天寺에 있다. 즉, 일본 우동의 발상지는 바로 후쿠오카이다.

후쿠오카 사람들이 좋아하는 우동은 우리나라 사람들이 좋아하는 쫄깃한 면발의 사누키 우동과는 조금 다르다. 넓적하면서 부드러운 면을 가츠오부시와 각종 해산물로 맛을 낸 국물에 담고 그 위에 다양한 토핑을 올려서 먹는데, 특히 고보텐ごぼう天(우엉튀김)을 올린 고보텐 우동은 모든 후쿠오카 사람들이 좋아하는 후쿠오카의 대표 우동이다.

고보텐 우동 추천집

01 카로노우롱(나카스 맛집 285P)
02 멘코보 나카(아카사카 맛집 189P)
03 우동 타이라(하카타 역 맛집 92P)
04 하가쿠레 우동(하카타 역 맛집 104P)

02 돈코츠 라멘 豚骨ラーメン

일본 음식을 떠올릴 때 스시와 함께 많은 사람들이 생각하는 것이 바로 라멘이다. 일본은 라멘 천국으로 쇼유(간장) 라멘, 미소(된장) 라멘, 시오(소금) 라멘 등 다양한 라멘이 있는데, 후쿠오카는 돼지뼈 국물의 돈코츠 라멘豚骨ラーメン이 유명하다. 후쿠오카 라멘은 하카타 라멘과 나가하마 라멘으로 나눌 수 있다. 하카타 라멘은 1941년 오픈한 산마로三馬路와 1946년 오픈한 아카노렌赤のれん에서부터 시작되었으며, 깔끔한 육수와 다소 넓은 면이 특징이다. 나가하마 라멘은 1955년 오픈한 간소 나가하마야元祖長浜屋에서부터 시작되었으며, 하카타 라멘보다는 옅은 맛의 육수와 얇은 면이 특징이다.

기본적으로 돈코츠 라멘은 진한 돼지뼈 국물에 가는 면을 말아서 내주며 토핑으로는 잘게 썬 파와 차슈라고 불리는 돼지고기를 올려 준다. 각자의 취향에 따라 베니쇼가(붉은색 생강), 깨, 후추 등을 추가해서 먹으면 더욱 맛있게 먹을 수 있다. 돈코츠 라멘은 덜 익힌 면인 카타멘이 특징으로 이것은 나가하마 라멘의 특징이기도 하다. 카타멘은 나가하마 선어시장의 상인들이 바쁜 와중에 급히 허기를 면하기 위해 덜 익힌 면을 주문하면서 생기게 되었다고 한다.

돈코츠 라멘의 특징 중에 면을 추가해서 먹는 카에다마替玉가 있는데, 라멘 맛이 마음에 들면 국물을 넉넉히 남겨놓은 뒤 "카에다마~"를 외치고 면을 추가해서 먹어 보자.

돈코츠 라멘은 우리나라 부산의 돼지국밥을 많이 닮아 입맛에 맞아서 좋아하는 사람도 있지만, 그 진한 맛과 냄새 때문에 꺼려하는 사람들도 있다. 하지만, 후쿠오카에는 다양한 돈코츠 라멘집이 있으니 분명 각자의 입맛에 맞는 맛있는 돈코츠 라멘집을 찾을 수 있을 것이다.

돈코츠 라멘 추천집

01 아카노렌(다이묘 맛집 196P)
02 간소 나가하마야(아카사카 맛집 181P)
03 멘게키조 겐에이(야쿠인 맛집 226P)
04 핫짱라멘(야쿠인 맛집 247P)

03 멘타이코 明太子

일본 내에서 후쿠오카를 대표하는 명물 음식은 바로 멘타이코明太子이다. 우리나라의 명란젓에 그 뿌리를 두고 있는 후쿠오카의 멘타이코는 1949년 창업한 후쿠야ふくや가 그 원조집으로, 후쿠야의 창업자인 카와하라 토시오가 어린 시절을 보낸 부산에서 맛본 명란젓의 맛을 잊지 못해 수많은 시행착오 끝에 일본 사람들의 입맛에 맞는 멘타이코를 만들어 판매하기 시작한 것이 시초이다. 일반적으로 일본의 멘타이코라고 하면 고춧가루와 소금에 절인 카라시멘타이코辛子明太子를 말한다.

멘타이코는 일반적으로 그대로 먹거나 살짝 구운 뒤 반찬으로, 또는 오니기리(주먹밥)나 오차즈케의 토핑으로 많이 먹고 있는데, 요즘은 다양한 멘타이코 식품을 개발하여 손님들을 유혹하고 있다.

멘타이코를 넣고 달걀말이를 만든 멘타이코 타마고야키, 파스타에 멘타이코를 넣은 멘타이코 파스타, 멘타이코 빵, 마요네즈와 버무린 멘타이코 마요네즈 등 다양한 멘타이코 음식을 후쿠오카에서 즐길 수 있다.

멘타이코 추천집

01 후쿠야(나카스 쇼핑 299P)
02 시마모토(기온 쇼핑 320P)

04 모츠나베 もつ鍋

일본어로 '모츠もつ'는 소의 내장을 말하는 것으로, 모츠를 넣어서 만든 나베 요리를 모츠나베라고 한다. 일본식 곱창전골이라고 생각하면 이해가 빠르다.

실제로 일본의 모츠나베는 그 시초가 한국인들이다. 일제강점기 때 일본으로 끌려가서 후쿠오카 일대의 탄광에서 일하던 한국인들이 그 당시만 해도 일본인들이 잘 먹지 않던 모츠를 전골로 끓여 먹던 것이 일본인들에게 전해져 후쿠오카 지방의 명물음식으로 발전하게 되었다. 어찌 보면 우리의 슬픈 역사 속에 탄생한 음식이라 할 수 있다.

1940년대 후반 이후 후쿠오카 지방만의 음식으로 알려져 있다가 1990년대 초반 도쿄에서 오픈한 모츠나베집이 공전의 히트를 치면서 신조어 및 유행어 상을 받을 정도로 일본 전국으로 인기를 얻게 되었다.

일반적인 모츠나베는 가다랑어와 다시마로 맛을 낸 국물에 쇼유(간장) 또는 미소(된장)로 간을 하여 내장, 부추, 양배추 등을 넣고 끓여서 먹는다. 취향에 따라 고춧가루나 유즈코쇼柚子胡椒(유자와 고추를 혼합하여 만든 양념)를 추가해서 먹는다. 마지막에는 남은 국물에 면을 넣어서 먹는 것도 꼭 잊지 말자.

모츠나베 추천집

01 야마나카(아카사카 맛집 197P)
02 모츠코(기온 맛집 309P)
03 킨교(야쿠인 맛집 242P)

06 미즈타키 水たき

미즈타키水たき는 추운 겨울 따뜻한 음식이 생각날 때 후쿠오카의 가정에서 많이 해 먹는 음식으로 일본식 닭곰탕 정도로 말할 수 있을 것 같다.

후쿠오카의 명물음식 중 하나인 미즈타키는 1905년 오픈한 스이게츠水月가 처음으로 후쿠오카에서 선보인 음식이다. 스이게츠의 창업자인 하야시다 헤이자부로는 15살 때 홍콩으로 건너가 영국인 가정에서 지내며 음식을 배웠다. 홍콩 생활에서 접한 서양요리 콘소메コンソメ와 중국식 닭요리의 접목을 꾀하다가 후쿠오카로 귀국한 뒤 하카타 사람들의 입맛에 맞는 일본식 나베 요리로 착안한 것이 바로 미즈타키이다.

여러 번의 시행착오 끝에 규슈의 수탉만을 사용하여 1905년 스이게츠를 창업하고 하카타 미즈타키博多水たき를 선보이게 되었다.

미즈타키는 먹는 순서가 있다. 오랜 시간 동안 닭뼈와 닭고기로 우려낸 국물을 먼저 그릇에 조금 덜어서 실파를 곁들여 마신다. 그 뒤에 닭고기, 양배추, 배추, 두부, 버섯, 닭고기 민치 등을 넣고 한소끔 끓인 뒤 폰즈, 간장 또는 유즈코쇼와 함께 먹는다. 마지막에는 밥을 넣고 조스이(죽)를 만들어서 먹으면 아주 든든하다.

현재 후쿠오카에는 수많은 미즈타키집이 있으며, 후쿠오카 사람들에게 나베 요리라고 하면 처음으로 떠올리는 음식이 '미즈타키'가 될 정도로 가정에서도 자주 해 먹는 요리이다.

미즈타키 추천집

01 스이게츠(야쿠인 맛집 232P)
02 신미우라(텐진 맛집 131P)

06 히토쿠치교자 ひとくち餃子

일본에는 다양한 재료와 독특한 형태를 한 수많은 교자가 존재하는데, 후쿠오카에서 인기 있는 교자는 바로 히토쿠치교자ひとくち餃子이다.

히토쿠치교자란 히토쿠치(一口) 즉, 한입에 먹을 수 있을 만큼 작은 사이즈의 교자를 말하는 것으로 보통 그 크기는 4~6cm 정도로 정말 딱 한입에 넣기 좋은 크기이다.

일본에서 히토쿠치교자라고 하면, 오사카 히토쿠치교자와 하카타 히토쿠치교자가 있는데, 최초의 히토쿠치교자는 후쿠오카 쪽이다.

히토쿠치교자는 기본적으로 야키교자(군만두)이기 때문에 구워내는 데 알맞은 교자의 피 두께를 유지하도록 만들고 있다. 구웠을 때 한쪽 면은 바삭하고 다른 한쪽 면은 쫄깃하며 한입에 쏙 넣어 교자를 먹는 순간, 안에서는 육즙이 퍼져 즐거움을 준다. 취향에 따라 폰즈나 간장을 찍어 먹으면 더욱 맛있다.

히토쿠치교자 추천집

01 호운테이(나카스 맛집 295P)
02 테무진(다이묘 맛집 210P)
03 아사히켄(하카타 역 맛집 87P)
04 바조소(기타 맛집 348P)

ABOUT FUKUOKA

5

후쿠오카의 즐거움, 야타이
(포장마차)

후쿠오카 밤거리의 낭만인 '야타이(屋台)'. 밤이 되면 수많은 야타이의 불빛들이 퇴근길 후쿠오카 시민들과 여행자들의 마음을 흔들고 라멘, 교자, 야키토리 등 맛있는 음식에 술 한잔 걸치고 가라며 유혹하기 시작한다.

현재 후쿠오카에는 약 150여 개의 야타이가 성업 중인데 일본 내에서 가장 많은 야타이가 있는 곳이 바로 후쿠오카이다.

일본의 야타이는 에도 시대 때부터 생겼다고 한다. 음식점 앞에 지붕이 달린 가판을 설치하고 지나가는 손님들을 상대로 음식과 물건을 팔던 것에서 시작된 야타이. 그 뒤 사람들이 몰리는 곳으로 이동하여 음식을 팔기 위해 가판에 바퀴를 달고 이동하면서 영업을 시작한 것이 지금의 형태로 자리 잡은 것이다. 에도 시대의 야타이는 스시, 텐푸라, 소바 등 바로 만들어서 손님들에게 대접할 수 있는 음식을 취급했는데 하나의 '패스트 푸드점'의 형태를 이루고 있었다. 메이지 시대에 야키토리 야타이가 등장하면서 술도 함께 제공하기 시작했다고 한다.

후쿠오카에 지금과 같은 형태의 야타이가 등장하기 시작한 것은 1945년경이라고 한다. 1970년대에는 최대 전성기였는데 그때 야타이의 수가 약 400여 개였을 정도라고. 그 후 도시 환경 및 위생 문제 등으로 야타이가 모두 없어질 위기도 있었으나. 야타이는 후쿠오카의 명물로서 명맥을 이어간다는 의식을 함께 한 후쿠오카 관민의 노력으로 야타이 허가제가 정착되고 건전한 야타이 운영 제도가 생기면서 후쿠오카 시민들과 여행자들의 사랑을 계속 받고 있다.

현재 후쿠오카 시내에서 영업하는 야타이 수는 약 150여 개로 돈코츠 라멘을 비롯하여 야키토리, 교자, 오뎅 등의 음식과 함께 맥주, 소주, 사케 등 다양한 주류를 즐길 수 있다. 요즘은 독특한 야타이가 많이 생겨서 이탈리아 요리, 프랑스 요리, 와인, 칵테일 등을 즐길 수 있는 개성파 야타이들도 많다.

나카가와 강변의 나카스 지역, 와타나베도리, 쇼와도리의 텐진 지역, 나가하마 선어시장 근처의 나가하마 지역이 야타이가 밀집해 있는 3대 야타이 지역이고, 기타로는 레이센 공원 주변이나 캐널시티 하카타 주변에도 야타이들이 성업 중이다.

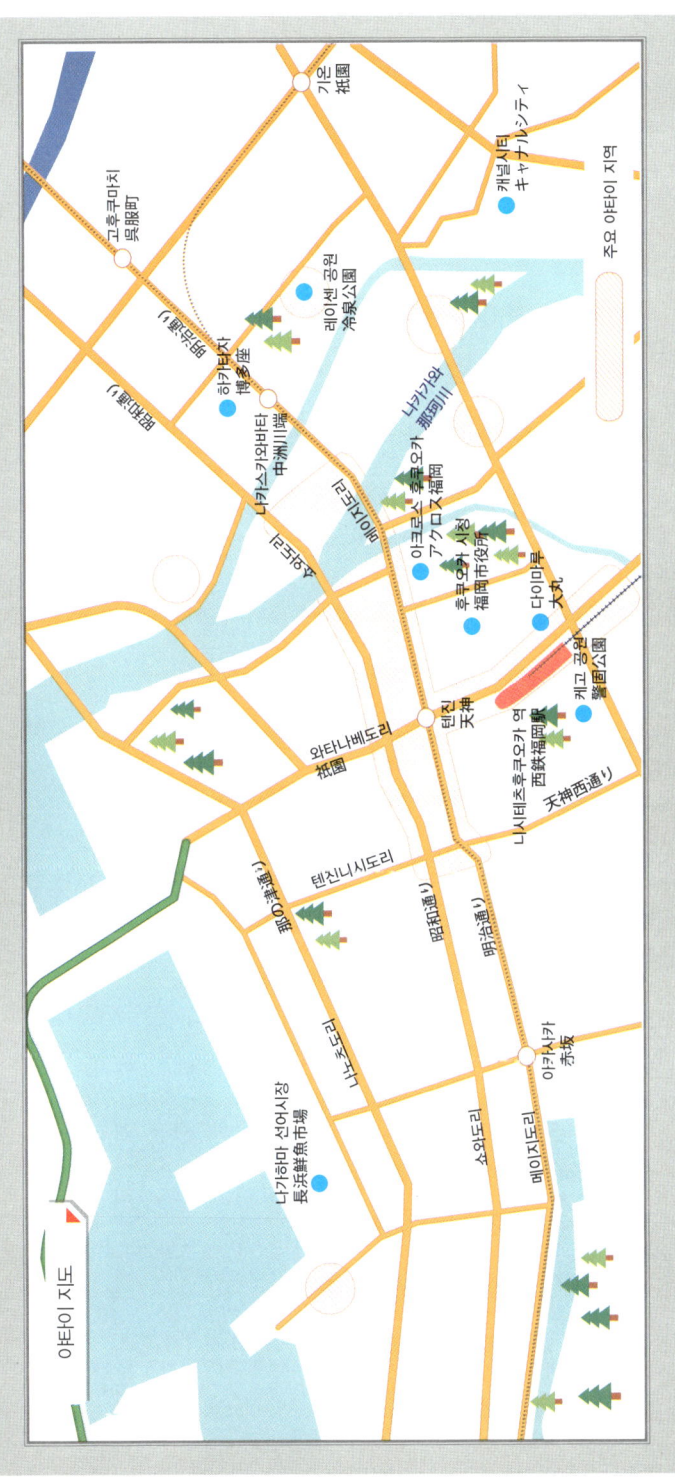

◆ **야타이를 즐기는 방법** ◆

01 야타이에 들어가기 전, 주인장에게 인원수를 말하고 빈자리를 안내받는다.
02 자리를 잡고 앉으면 먼저 마실 것부터 주문한다. 음식은 천천히 주문해도 되며, 일단 맥주나 음료수 등의 마실 것을 주문하는 것이 기본.
03 야타이 내부에 붙어 있는 메뉴판이나 주인장이 제공해 주는 메뉴판을 보고, 먹고 싶은 음식을 주문한다. 가끔 주인장이 메뉴판에 없는 음식을 추천할 때가 있는데, 이것은 그날 특별히 들어온 좋은 식재료가 있을 때 추천하는 것으로 가격 확인 후 괜찮다면 한번 먹어 보는 것도 좋다.
04 야타이에서도 우리의 선주후면 방식으로 즐기는 것이 좋다. 맥주, 소주와 함께 교자, 오뎅, 멘타이코 타마고야키 등의 안주들을 먼저 먹고, 마지막으로 돈코츠 라멘 또는 야키라멘을 먹는 것이 야타이를 즐기는 정석.
05 짧은 일본어와 영어를 사용하더라도 야타이 주인장, 다른 손님들과 대화를 나누면서 즐기는 것이 야타이의 재미이다. 누구나 친절히 받아주며 화기애애한 분위기 속에서 후쿠오카의 밤을 보낼 수 있다.
06 마음껏 즐긴 후 계산을 하고 나갈 때는 여러 명이 왔어도 한 명이 한꺼번에 지불하는 것이 좋으며, "고치소사마데시타(잘 먹었습니다)."라고 주인장에게 이야기하고 나가는 것이 예의이다.

◆ **참고사항** ◆

01 야타이는 대부분 21시경이 피크 타임이다. 대부분의 야타이들이 18:00~01:00까지 영업을 하기 때문에 21시 1~2시간 전에 방문하는 것이 좋다.
02 우천이나 기상 악화 때는 오픈하지 않는 야타이가 많다.
03 야타이에서는 신용카드 결제가 되지 않으니 현금을 꼭 준비하도록 한다.
04 야타이에는 화장실이 없기 때문에 근처 공중화장실을 체크해 두는 것이 좋다.
05 메뉴판에 요금이 명시되어 있지 않은 야타이는 가급적 피하는 것이 좋다.
06 흥겨운 분위기에 취기가 올라 물건을 잃어버리는 일이 없도록 짐은 잘 챙기면서 야타이를 즐기자.

추천 야타이

01 츠카사 司

후쿠오카의 야타이 중에서 가장 많은 사람들이 방문하는 지역은 역시 나카스이다. 나카가와 강변을 따라 쭉 늘어서 있는 야타이들의 그 분위기만으로도 술맛이 난다. 나카스의 야타이들 중에서 가장 많은 손님들이 찾는 곳 중의 한 곳이 바로 '츠카사'이다. 거칠 것 같은 야타이 장사이지만 여장부의 꿋꿋함과 섬세함으로 많은 단골손님들이 찾는 곳이다. 언제나 신선한 재료를 준비해서 손님들을 맞이하며, 유리 박스 안에 들어 있는 다양한 식재료를 보면서 그날그날 끌리는 메뉴를 주문할 수 있는 것도 츠카사에서 즐길 수 있는 재미 중 하나이다.

츠카사의 메뉴 중에서는 텐푸라가 맛있는데, 특히나 츠카사의 명물음식은 바로 멘타이코 텐푸라明太子の天ぷら이다. 멘타이코를 차조기에 말아서 튀긴 것인데 멘타이코의 짭조름함과 차조기의 향긋함이 별미이다.

A 福岡県福岡市博多区中洲春吉橋那珂川沿い
T 비공개
O 17:30~01:00, 수요일 휴무

02 키타로 鬼多郎

후쿠오카 텐진 역 주변 후쿠오카 은행 본점에서부터 텐진 삼정빌딩까지 약 10여 개의 야타이가 몰려 있는데, 관광객들보다는 일본 직장인들이 많이 방문하는 곳이다.

야타이 메뉴라고 하면 보통 야키토리, 교자, 돈코츠 라멘을 많이 생각하게 되는데, 실제로는 야타이식 야키라멘도 많은 사람들이 찾는 메뉴 중 하나이다. 그 야타이식 야키라멘이 맛있는 곳이 바로 '키타로'이다.

주문과 동시에 철판에서 지글지글 만들어 내는 야키라멘은 정말 별미이며 맥주의 단짝이다. 굴소스에 얇은 면을 빠르게 요리해 내는데, 돼지고기, 부추, 양파, 숙주나물 등을 면과 함께 볶은 뒤 그 위에 깨를 뿌려 준다. 고들고들한 면에 잘 배어 있는 소스의 맛이 좋고, 국물을 극단적으로 줄여서 마른 스타일로 빠르게 볶아낸 불 맛이 매력적이다.

A 福岡県福岡市中央区天神2
T 090-8229-3914
O 18:30~02:30, 일요일 휴무

03 코킨짱 小金ちゃん

텐진 지역의 야타이, 아니 후쿠오카 전체 야타이 중에서 가장 유명한 야타이라고 하면 바로 1968년에 창업한 '코킨짱'을 말할 수 있다. 후쿠오카 야타이에서 탄생한 인기 메뉴인 '야키라멘焼きラーメン'의 원조집이다.

코킨짱의 야키라멘은 돼지고기, 양파, 오뎅 등을 볶은 후 삶은 면, 돼지뼈 육수, 특제 소스를 첨가해서 철판에서 볶은 다음, 마지막에 도테야키どて焼き 소스를 추가했는데, 자작한 국물에 먹는 부드러운 면과 감칠맛이 일품이다. 그 야키라멘의 맛을 보기 위해 저녁때면 언제나 코킨짱 앞에 사람들이 줄을 서서 자신의 차례를 오랜 시간 동안 기꺼이 기다리고 있다. 그 외에 멘타이 타마고야키めんたい玉子焼き와 도테야키도 인기메뉴이니 꼭 드셔 보시길.

아쉽게도 야타이 노렌에 새겨진 초대 사장님의 모습은 이제 코킨짱에서 볼 수 없지만(연세가 많으셔서 더 이상 영업이 어려워 같이 일하던 스태프가 물려받아 계속 영업 중), 그 맛은 그대로 유지되고 있다.

A 福岡県福岡市中央区天神2
T 090-3072-4304
O 18:00~02:00, 목요일, 일요일 휴무

04 야타이야 뽕키치 屋台屋ぴょんきち

뽕키치는 후쿠오카 다이마루 백화점 앞 텐진 야타이 거리에 위치해 있다. 원래 뽕키치는 마이즈루에 있는 이자카야로, 그 뽕키치의 야타이가 바로 '야타이야 뽕키치'이다. 다른 야타이보다 한국인 손님이 많기로 유명한데, 그 이유는 주인장이 재일교포라 한국어가 어느 정도 통하기 때문이다. 주인장 특유의 넉살과 좋은 인상 덕에 단골손님들이 많은 편. 그래서 뽕키치의 메뉴들은 한국음식이 꽤 많다. 한국인 할머니에게 배운 음식 솜씨에 고추와 고추장은 한국에서 공수받아 사용하고 있다.

뽕키치의 인기 메뉴는 바로 야키교자이다. 일반 야키교자, 시소 야키교자, 멘타이코 야키교자의 세 가지를 판매하고 있는데, 겉은 바삭하고 안은 뜨겁기 때문에 먹을 때 조심할 필요가 있지만, 한번 맛보면 계속 맥주를 부르는 마약 같은 교자이다. 한국식 떡볶이 소스 맛의 곱창 볶음인 '호르몬 미소 이타메 ホルモン味噌炒め'도 꼭 먹어 보자.

A 福岡県福岡市中央区天神1
T 090-9074-4390
O 19:00~03:00. 부정기 휴무

05 DON!

후쿠오카 텐진의 와타나베도리에 있는 야타이로, 일반 야타이와는 달리 맥주나 소주보다 위스키, 양주, 와인 등이 많은데, 특히 칵테일을 마실 수 있는 칵테일 야타이로 알려진 곳이다. 일반 야타이처럼 일본 요리들도 준비되어 있지만 칵테일과 함께 간단한 이탈리아, 프랑스 요리를 먹을 수 있는 독특한 곳이다.
캄파리 소다, 블루 하와이 같은 칵테일에 피자, 파스타를 먹으며 특색 있는 야타이 분위기를 느낄 수 있다.

🅐 福岡県福岡市中央区渡辺通4-6-2 パーキング303前歩道
📞 090-4517-6009
🕒 19:30~02:00, 기본적으로 연중무휴, 기상 악화 시 휴무

06 아야 あや

카와바타 레이센 공원 옆에 노포 중의 노포인 야타이가 있다. 바로 '아야'인데, 아야는 40여 년이 넘는 오랜 시간 동안 노부부가 오손도손 영업하고 있는 곳이다. 할머니께서 주로 손님들을 상대하시고, 숫기 없어 보이는 할아버지께서는 조용히 음식을 만드신다.
아야의 대표 메뉴는 역시나 텐푸라이다. 주문과 동시에 갓 만든 텐푸라를 맛볼 수 있는데, 새우, 아나고, 전갱이, 학꽁치, 오징어, 보리멸, 키비나고 등 다양한 재료를 다이콘 오로시(무를 간 것)와 츠유에 찍어 먹으면 그만이다. 맥주와 함께 텐푸라를 먹은 뒤에는 선주후면으로 아야의 맛있는 우동도 꼭 한 그릇 드셔보시길.

번잡한 나카스와 텐진의 야타이 말고 조용히 술 한잔과 함께 포근한 야타이의 분위기를 느끼며 맛있는 텐푸라를 먹고 싶은 분들에게 추천한다.

A 福岡県福岡市中央区渡辺通4-6-2 パーキング303前歩道
T 090-4517-6009
O 19:30~02:00, 기본적으로 연중무휴, 기상 악화 시 휴무

◆ 알아 두면 좋은 텐푸라 종류 ◆

일본어	뜻	일본어	뜻	일본어	뜻
에비	새우	타코	문어	나스	가지
아나고	붕장어	사요리	학꽁치	렌콘	연근
아지	전갱이	키비나고	샛줄멸	카보차	호박
키스	보리멸	고보	우엉	피망	피망
이카	오징어	시이타케	버섯	타마네기	양파

ABOUT FUKUOKA

6

후쿠오카 오미야게 (선물)

01 히요코 ひよ子

히요코는 1897년에 창업한 요시노도 吉野堂가 1912년에 만든 병아리 모양의 만주로, 탄생한 지 100년이 넘은 오랜 전통의 명물 과자이다.

후쿠오카의 명물 과자라고 하지만, 그 시작은 후쿠오카 현 치쿠호筑豊의 이즈카飯塚이다. 당시 이즈카에 있던 요시노도의 사장님이 남녀노소 누구나 다 좋아할 만한 과자 만들기에 열중하고 있었는데, 꿈에서 본 병아리의 모습에서 아이디어를 얻어 히요코를 만들었다고 한다. 치쿠호 지역의 인기를 등에 업고 1957년 드디어 후쿠오카에 출점하였으며, 이때부터 후쿠오카뿐만 아니라 규슈 전체에 인기를 끌면서 후쿠오카의 명물 과자로 등극하게 되었다. 1963년에는 회사의 정식 명칭으로 '주식회사 히요코'를 사용하기 시작하였고, 1966년에는 도쿄에도 1호점을 출점하였다.

히요코의 만주 소는 강낭콩에 설탕과 달걀노른자를 사용하여 황금빛이 도는 노란색이다. 예쁜 모양만큼이나 무언가 친숙한 맛이면서 달지 않아서 좋다. 일반 히요코뿐만 아니라 계절 한정으로 나오는 분홍색의 사쿠라 히요코, 녹차가 들어간 녹차 히요코도 인기가 있다.

02 하카타 토리몬 博多通りもん

하카타 토리몬은 1929년 창업한 메이게츠도明月堂가 1993년부터 만들어서 판매하기 시작한 과자로, 만주의 발상지인 하카타의 전통 화과자에 서양과자를 접목한 것이다. 후쿠오카 최대 마츠리인 하카타 돈타쿠 때 돈타쿠 의상을 입고 악기를 연주하고 북을 울리며 행진하는 모습을 하카타 사투리로 '토리몬通りもん'이라고 하는데, 하카타의 개성과 명물을 담아서 과자의 이름을 '하카타 토리몬'으로 지었다.

히요코는 후쿠오카 이외의 다른 일본 지방에서도 판매하고 있지만, 하카타 토리몬은 오직 후쿠오카 내에서만 판매하고 있다.

시로앙しろ餡(흰 팥소)에 버터와 생크림을 첨가해서 만든 소는 달콤한 향과 부드럽고 촉촉한 맛이 매력이다. 하카타 토리몬은 2001년부터 14년 연속 몽드 셀렉션 금상을 수상했다.

03 니와카 센베이 二○加煎餅

니와카 센베이는 토운도東雲堂가 1906년부터 판매하고 있는 센베이(일본식 구운 과자)이다. 니와카는 하카타의 향토 예능으로 일종의 웃음을 주는 촌극이다. 니와카 센베이는 니와카에 사용하는 눈이 처진 독특하고 재미있는 가면을 센베이에 새긴 것으로, 과자 모양도 가면 모양이나. 실세로 니와카 센베이를 사면 박스 안에 센베이와 함께 니와카 가면도 들어 있다. 후쿠오카 사람들이 과자와 가면을 쓰고 재미있는 사진을 많이 찍는 과자이기도 하다.

밀가루, 설탕, 달걀을 주원료로 사용하여 옛날 과자의 맛이 나는 소박한 센베이다. 친구와 싸움을 하고 어머니의 꾸중을 들은 후 니와카 가면을 쓰고 그 친구를 찾아가 니와카 센베이를 건네면서 미안하다고 말하는 TV 광고는 1974년부터 현재까지 TV에 등장하고 있는 니와카 센베이의 재미있는 광고이다.

04 멘베이 めんべい

멘베이는 후쿠오카의 멘타이코 전문회사 후쿠타로福太郎가 판매하는 후쿠오카 명물 센베이다. 이름에서 알 수 있듯 멘타이코를 넣어서 만든 센베이다. 멘타이코뿐만 아니라 오징어, 낙지도 들어가서 바삭한 식감에 짭조름하면서 살짝 매운 맛이 계속 손이 가게 된다. 아이들에게는 간식으로, 어른들에게는 술안주로 좋다. 기본 맛의 멘베이뿐만 아니라 파, 녹차, 양파, 마요네즈 등 다양한 맛이 있다. 후쿠타로 공장에서 하루에 25만 장을 구워낼 정도로 후쿠오카의 인기 센베이다.

05 츠쿠시 모치 筑紫もち

츠쿠시 모치는 후쿠오카의 화과자점 조스이안如水庵이 1977년부터 판매하기 시작한 모치로, 조스이안의 사장이 어린 시절 할머니가 만들어 주셨던 콩가루 모치에서 힌트를 얻어 만들었다. 츠쿠시 모치는 하카타 전통 종이로 만든 작은 보자기 같은 포장지에 포장되어 있는데, 쫄깃하고 말랑말랑한 모치에 콩가루를 입혔으며, 함께 제공하는 흑설탕 조청을 뿌려서 먹는 것이 특징이다.

후쿠오카 사람들에게는 츠쿠시 모치가 유명하지만, 일본 전국적으로는 츠쿠시 모치와 비슷한 모양과 맛이면서, 보다 먼저 만들어진 야마나시 현山梨県의 신겐 모치信玄餅가 더 유명하기는 하다.
츠쿠시 모치는 2014년까지 7년 연속 몽드 셀렉션 최고 금상을 수상했다.

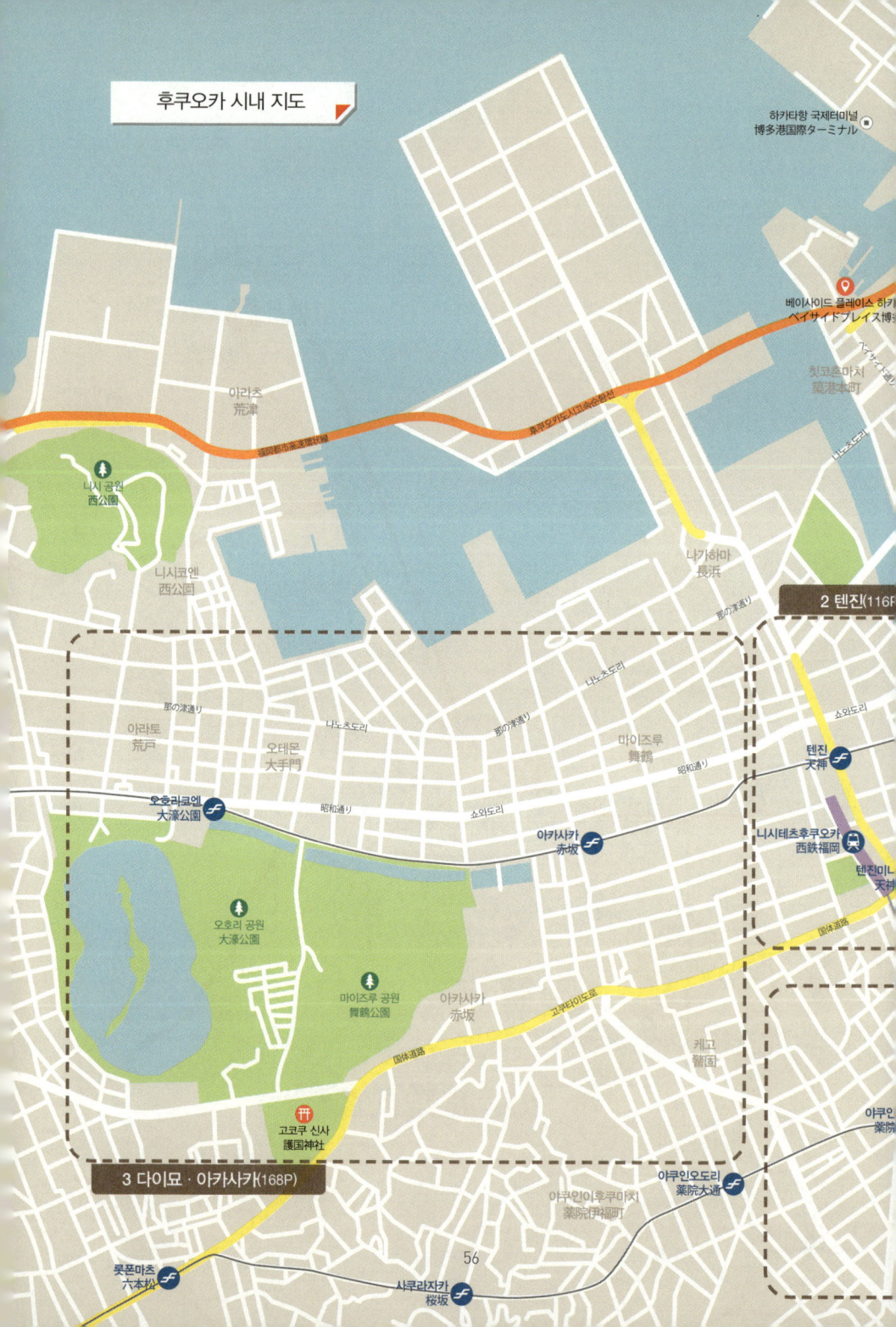

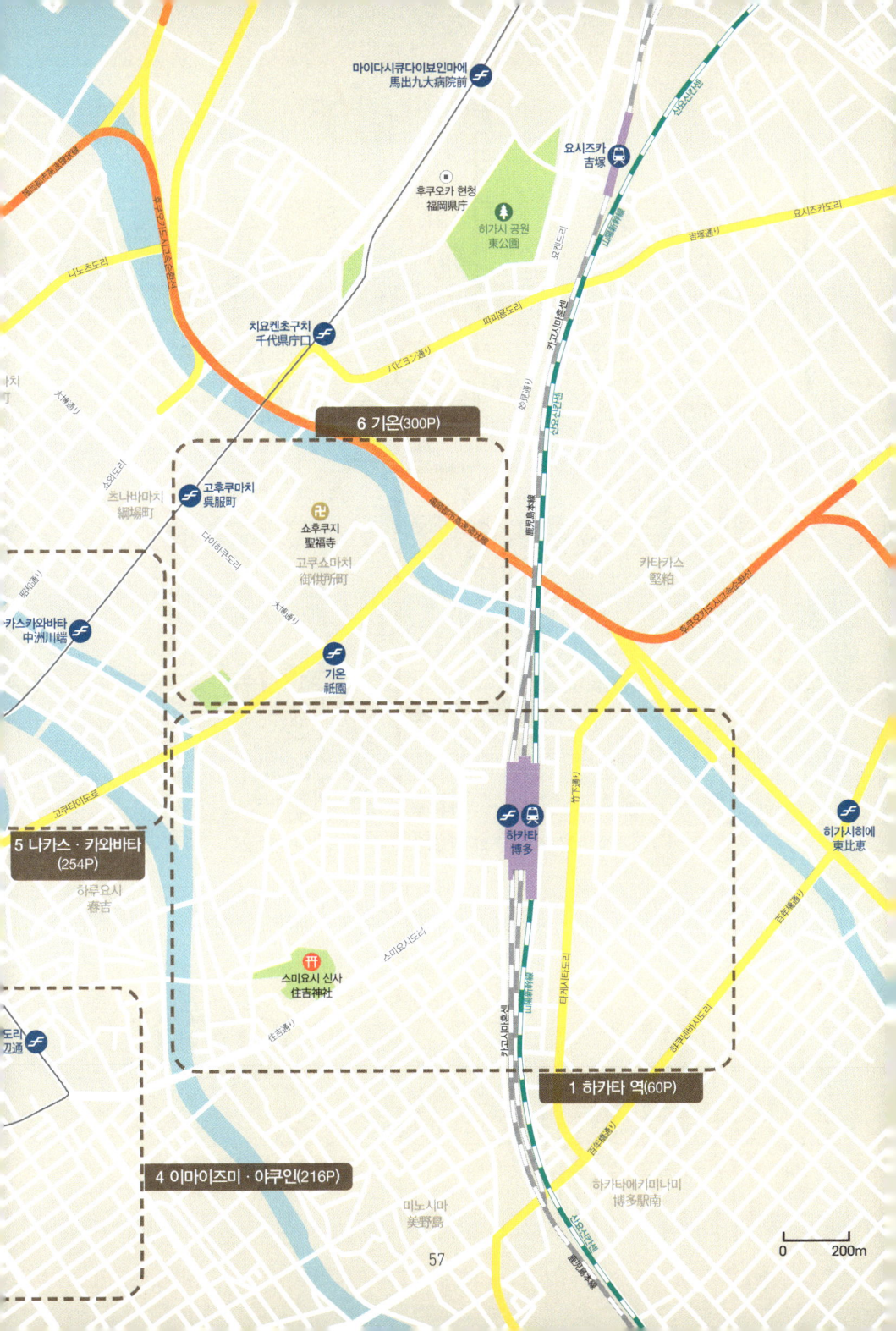

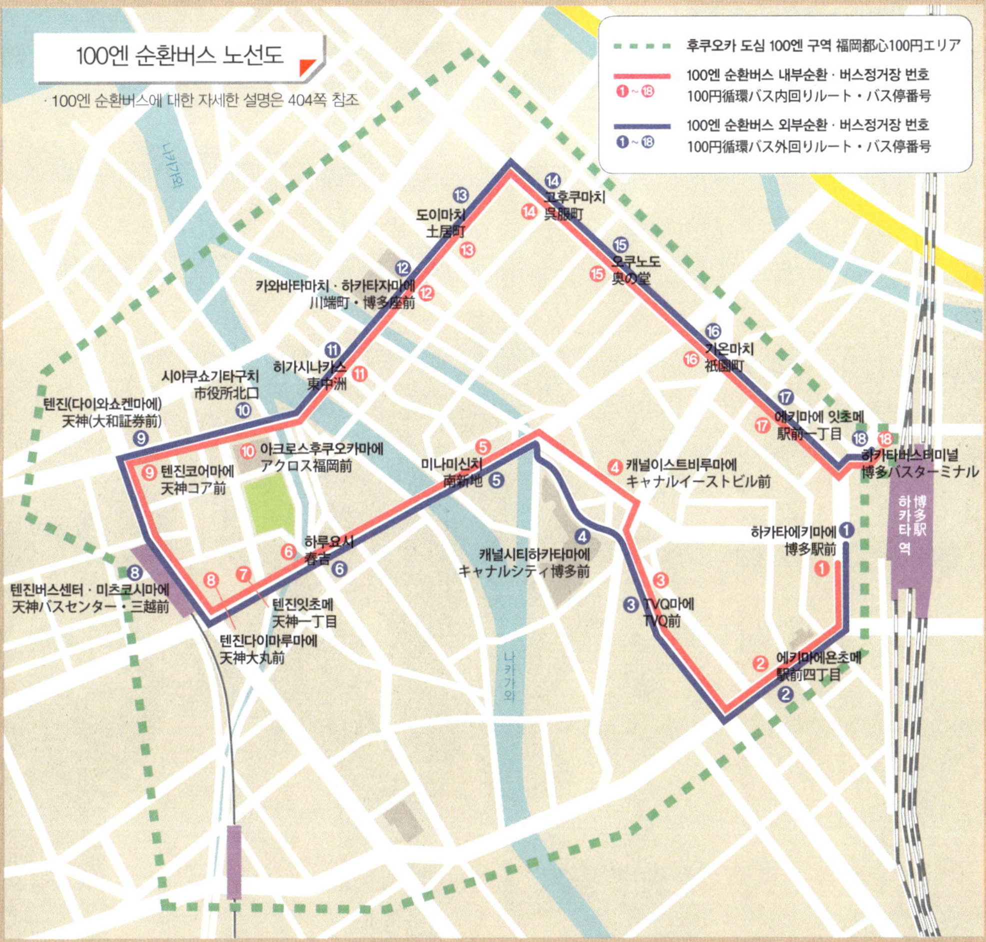

규 슈 여 행 의

출 발 점

하카타 역

博多駅

JR 하카타시티
JR博多シティ

A 福岡県福岡市博多区博多駅中央街1-1
T 092-431-8484
H www.jrhakatacity.com
O 판매점 10:00~21:00,
  음식점 11:00~01:00(점포에 따라 상이함)
M 63P-I

2011년 3월에 개장한 하카타 역의 신역사인 JR 하카타시티는 규슈 교통의 중심지로서의 역할뿐만 아니라 생활, 관광, 쇼핑의 복합시설로 변모하였다.
도큐핸즈, 무지루시료힌, 마루젠(Maruzen), ABC Mart 등 200여 개 이상의 점포로 이루어진 '아뮤 플라자 하카타', 최신 브랜드 및 여성 전문 쇼핑 매장인 Hakata Sisters가 인기 있는 백화점 '하카타 한큐', 11개 스크린을 완비한 'T Joy 하카타', 일본 최대 규모 식당가인 '시티 다이닝 쿠텐' 등이 있다.

하카타 역

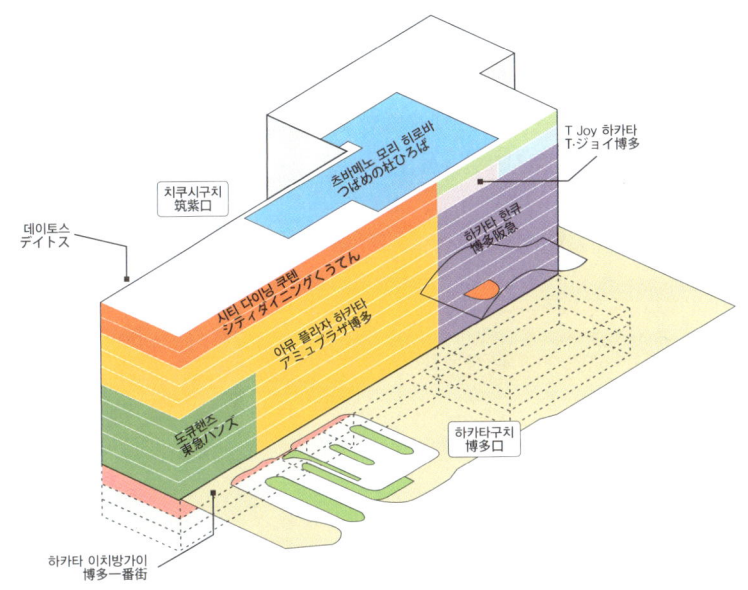

하카타 역 博多駅

규슈 교통의 중심이며 시작점인 후쿠오카의 하카타 역은 JR 규슈, JR 시일본, 후쿠오카 지하철의 역이기도 하다. 하루 열차 이용객은 평균 10만 명 이상, 지하철 이용객은 평균 6만 명 이상으로 규슈 최대 역이다. 하카타 역내에는 승객의 편의를 위해 종합안내소와 코인로커가 있으며, 츠바메 카페도 운영하고 있다.
열차 여행의 재미는 역시 '벤토(도시락)'이다. 하카타 역내에 있는 '에키벤駅弁' 점포에서 도시락을 구입해 차창 밖 풍경을 보며 기차 안에서 도시락을 먹어 보는 것도 잊지 말자.
하카타 역 앞 광장에는 후쿠오카 국제마라톤대회 역대 우승자들의 발도장이 전시되어 있는데, 1996년 제50회 후쿠오카 국제마라톤대회에서 우승한 이봉주 선수의 발도장도 전시되어 있다.

아뮤 플라자 하카타 アミュプラザ博多

JR 하카타시티 내에 있는 패션, 잡화, 영화관, 레스토랑이 집결된 복합상업시설이다. 일본 대표 종합 잡화 전문점인 '도큐핸즈', '무지루시료힌', 서점 '마루젠', 식당가 '시티 다이닝 쿠텐', 영화관 'T Joy 하카타', 옥상 정원 '츠바메노모리 히로바' 등 200여 개 이상의 전문점으로 구성되어 있다.

- O 1~8층 숍&카페 10:00~21:00(점포에 따라 상이)
  9~10층 시티 다이닝 쿠텐 11:00~01:00(점포에 따라 상이)
  지하 1층 08:00~21:00
  T Joy 하카타 09:00~24:00
  츠바메노모리 히로바 10:00~23:00

01 도큐핸즈 東急ハンズ

일본의 대표적인 종합 잡화 전문점인 도큐핸즈. 아뮤 플라자 하카타 1~5층에 위치한 도큐핸즈는 약 5000㎡의 매장에서 약 10만 개의 상품이 판매되고 있다. 생활, 여행, 헬스, 뷰티, 아이디어 상품 등 다양한 상품이 쇼핑의 재미를 더해 주며, 특히 1층 하카타비 はかた・び는 규슈와 후쿠오카의 명물 상품을 모아 놓아서 여행 선물을 사기에 좋다.

- T 092-481-3109
- O 10:00~21:00, 연중무휴

하카타 역

02 시티 다이닝 쿠텐 *シティダイニングくうてん*

아뮤 플라자 하카타 9~10층에 위치한 시티 다이닝 쿠텐은 전국 각지의 유명 음식점 46개 점포가 모인 일본 최대 규모의 식당가이다. "세계의 중심, 일본의 기술, 하카타의 제철음식"을 테마로 일식에서 양식, 중식, 카페까지 다양한 음식을 접할 수 있다. 자연, 전망, 여유가 있는 공간에서 즐거운 음식 문화를 즐길 수 있다.

O 11:00~01:00(음식점에 따라 상이함), 연중무휴

♦ 시티 다이닝 쿠텐 추천 음식점 ♦

01 고항야 쇼보안 *ごはん家 椒房庵*

1893년 후쿠오카에서 창업한 간장 및 식초 전문점 쿠바라혼케久原本家가 식품 부분 업체로 1990년에 창업한 것이 바로 쇼보안이다. 고항야 쇼보안은 멘타이코와 다양한 식제품을 만드는 쇼보안이 JR 하카타시티의 오픈과 함께 쿠텐에서 직접 운영하고 있는 음식점이다. 쇼보안이 직접 만드는 멘타이코가 포함된 일본의 가정식, 특히 후쿠오카 가정식 요리를 선보이고 있다.

인기 메뉴는 야키타테 타마고야키 정식 *焼きたて玉子焼き御膳*이다. 쇼보안의 특제 다시가 들어간 타마고야키, 하가마羽釜(솥)에서 갓 지은 따뜻한 밥과 멘타이코 및 몇 가지 반찬이 함께 나온다. 타마고야키와 멘타이코의 맛도 좋지만, 무엇보다도 하가마에서 지은 밥이 너무나도 맛있다. 무제한으로 제공하는 오카와리(밥 추가)는 필수이다.

T 092-409-6611
O 11:00~16:00, 17:00~23:00, 연중무휴

02 시센한텐 四川飯店

1958년 도쿄에서 오픈한 시센한텐은 일본 최초의 본격 사천요리 전문점으로, 일본의 탄탄멘担担麺과 마보도후麻婆豆腐(마파두부)의 원조집이기도 하다. 현재 오너인 친 켄이치陳建一는 일본에서 '요리의 철인'으로 일본인 대부분이 알고 있는 유명 셰프이다.

자극적인 매운맛과 고소하면서 부드러운 맛을 함께 느끼게 해주는 탄탄멘과 산초의 맛에 혀가 얼얼해지면서도 숟가락을 멈출 수 없는 마력의 마파두부는 역시 시센한텐의 최고 인기 메뉴이다. 일본 사천요리의 진수를 맛볼 수 있는 곳이다.

☎ 092-413-5098
🕐 11:00~16:00, 17:00~23:00, 연중무휴

03 미소카츠 야바톤 みそかつ 矢場とん

1947년 나고야에서 오픈한 미소카츠 야바톤은 미소타레를 얹은 돈카츠인 '미소카츠'의 원조집이다. 야타이에서 안주로 먹고 있던 쿠시카츠串かつ(꼬치)를 도테나베どて鍋(내장 된장조림 요리) 소스에 우연히 찍어 먹다가 아이디어를 얻어서 만든 미소카츠는 나고야 최고의 명물음식이다.

엄선된 남규슈의 돼지고기를 사용하고, 단맛과 짠맛의 오묘한 조화를 선보이는 미소타레를 돈코츠 소스로 사용한다. 탄탄한 육질의 돼지고기와 어디에서도 맛본 적이 없는 독특한 미소타레의 나고야 명물요리를 후쿠오카에서도 맛볼 수 있다.

☎ 092-471-8810
🕐 11:00~23:00, 연중무휴

04 닌교초 이마한 人形町 今半

1895년 도쿄에서 오픈한 닌교초 이마한은 스키야키, 샤브샤브, 스테이크 등의 일본 고기요리 전문점이다. 그중 최고 명물음식은 바로 스키야키すき焼이다.

최고급 와규를 사용하고 특제 타레로 맛을 내는 스키야키는 부드럽게 입안에서 녹는 소고기의 맛이 일품이다. 직원이 처음부터 끝까지 눈앞에서 조리해서 손님에게 대접하기 때문에 편안하게 음식을 즐길 수 있다. 스키야키의 마지막에 나베에 남은 소스로 만들어 주는 후와타마고항ふわ玉ご飯도 일품이니 꼭 드셔 보시길.

☎ 092-409-6600
◐ 11:00~23:00, 연중무휴

05 이소라기 磯らぎ

카이센동과 오차즈케 전문점인 이소라기. 나오는 음식만큼이나 깔끔한 인테리어는 여성들의 마음에 쏙 드는 곳이며, 통유리를 통해서 밖의 풍경을 내다보며 음식을 먹을 수 있는 창쪽 카운터석은 추천 자리이다.

이소라기의 추천 메뉴는 카키아게동かき揚げ丼과 카이센동海鮮丼이다. 6~7가지의 야채로 만든 카키아게(튀김)를 올린 카키아게동은 바삭하고 고소한 맛이 일품이다. 부리(방어), 타이(도미), 이쿠라(연어알), 우나기(장어) 등 신선한 해산물을 올려서 내주는 카이센동은 예쁜 색감만큼이나 맛도 좋다. 이소라기의 돈부리는 아고다시あごだし(날치 육수)를 부어서 오차즈케로도 즐길 수 있다. 돈부리와 오차즈케 두 가지를 한꺼번에 맛볼 수 있는 재미가 있는 곳이다.

☎ 092-409-6637
◐ 11:00~23:00, 연중무휴

06 이치니산 いちにいさん

이치니산은 가고시마가 본점인 쿠로부타(흑돼지) 샤브샤브黒豚しゃぶしゃぶ 전문점이다. 가고시마의 쿠로부타는 돼지의 성장기에 고구마를 먹여서 키우는데, 독특한 지방의 맛과 단맛이 증가하여 부드러운 살코기와 절묘한 조화를 이룬다. 그런 가고시마의 쿠로부타를 사용한 샤브샤브는 파와 함께 먹으면 더욱 맛이 좋다. 이치니산은 샤브샤브 소스로 일반적인 폰즈가 아닌 소바츠유そばつゆ를 사용한다. 가고시마 간장과 가츠오로 맛을 낸 소바츠유는 돼지고기의 맛을 더 풍부하게 해 준다. 쿠로부타 샤브샤브뿐만 아니라 쿠로부타 돈코츠와 쿠로부타 야채찜 요리도 인기 메뉴이다.

T 092-477-8123
O 11:00~23:00

07 쿄하야시야 京はやしや

교토에 본점을 두고 있는 쿄하야시야는 1753년에 창업한 차 제조 및 판매, 차를 이용한 상품 및 차 카페 전문점이다.

맷돌로 곱게 갈아서 만든 말차抹茶를 이용하여 맛과 풍미가 좋고 모양이 예쁜 스위츠를 선보이고 있어서 여성들의 절대적 인기를 얻고 있는 곳이다. 파르페, 젠자이, 와라비모치, 소프트아이스크림 등 다양한 메뉴가 있는데, 특히 안미츠あんみつ와 카키고리カキ氷가 유명하다. 특히 곱게 간 얼음 위에 녹차 소프트아이스크림을 올려주는 엄청난 양의 유키야마雪山라 불리는 카키고리는 한국 여행자들에게도 인기가 높다.

T 092-292-7686
O 11:00~23:00, 연중무휴

하카타 역

03 T Joy 하카타 T・ジョイ博多

아뮤 플라자 하카타 9층에 있는 T Joy 하카타는 11개의 스크린, 1972석을 완비하였고 최첨단 디지털, 3D 영상을 체험할 수 있는 차세대 시네마 콤플렉스이다. 라이브 음악, 스포츠 이벤트 등 다양한 영상 엔터테인먼트를 제공한다.

T 092-413-5333
O 09:00~24:00(시기, 영화에 따라 상영시간은 변경), 연중무휴

04 츠바메노모리 히로바 つばめの杜ひろば

JR 하카타시티 옥상에 위치한 츠바메노모리 히로바는 사시사철 아름다운 꽃과 벽면을 만 개의 타일로 장식한 개방형 옥상 정원이다. 높이 60m의 옥상에 있는 츠바메노모리 히로바는 후쿠오카의 경치를 파노라마로 한눈에 볼 수 있는 전망 명소이다. 여행의 안전을 기원하는 철도 신사鉄道神社라는 독특한 신사와 규슈 각지의 토산품을 판매하는 오모테산도 상점가表参道仲見世가 있으며, 광장을 순회하는 츠바메 미니 열차つばめ電車는 아이들에게 인기 있다.

T 092-413-8484
O 10:00~23:00(우천 시 폐점하는 경우도 있음), 연중무휴

하카타 한큐(한큐 백화점) 博多阪急

오사카에 본점을 둔 한큐 백화점이 규슈 지역에서는 최초로 2011년 JR 하카타시티에 하카타 한큐를 오픈했다. 최신 트렌드의 패션과 레스토랑이 한 곳에 모여 있으며, 유행의 선두주자인 여성들이 만족할 만한 품격 높은 상품이 가득하다. 특히 여성 전문 매장 'Hakata Sisters', 지하 1층 식품코너의 스위츠 매장 등은 인기 명소이다.

T 092-461-1381
O 10:00~20:00(지하 1층~4층 10:00~21:00)

하카타 역

마잉구 マイング

JR 하카타시티 1층에 위치한 마잉구는 1963년에 개업한 하카타 역 구내 쇼핑타운이다. 후쿠오카뿐만 아니라 사가, 나가사키 등 규슈 각지의 명물을 모아 놓은 오미야게(선물) 전문 상점가로 후쿠오카에 출장이나 여행 온 사람들이 집으로 돌아가기 전 선물을 사러 많이 방문한다. 규슈의 명물을 여행 선물로 사가려는 사람이라면 꼭 한번 방문해볼 만한 곳이다.

마잉구 내에는 기념품을 살 수 있는 잡화점과 간단한 음식을 먹을 수 있는 음식점이 모여 있는 하카타도리 はかた通り 도 있다.

T 092-431-1125
O 09:00~21:00(점포에 따라 상이), 연중무휴

하카타 이치방가이 博多1番街

JR 하카타시티 지하 1층에 있는 하카타 이치방가이는 구 하카타 역 시절부터 후쿠오카 사람들의 사랑을 받아오고 있는 약 45년 역사의 식당가이다. 우동, 스시, 라멘, 중식 등 14개의 음식점이 있으며, 아침 7시부터 영업하고 있는 점은 이른 아침식사를 원하는 사람들에게는 큰 매력이다.

T 092-431-1125
O 07:00~23:00(음식점에 따라 상이), 연중무휴

하카타 데이토스 傳多デイトス

JR 하카타시티 치쿠시구치筑紫口 쪽에 위치한 하카타 데이토스는 지하 1층, 지상 1, 2층의 총 3개의 플로어로 150여 개의 점포가 모여 있으며, '하카타 멘카이도', '하카타 호로요이도리', '미야게몬 이치바', '잇핀도리', '하카타노 고향도코로'로 구성되어 있다.

T 092-451-2561

하카타 역

01 하카타 멘카이도 博多めん街道

JR 하카타시티 내 데이토스 2층에 위치한 하카타 멘카이도는 일본 각지의 유명 면 음식점 12개가 모여 있는 면 음식 천국이다. 라멘, 우동, 소바, 파스타, 탄탄멘 등 취향대로 다양한 면 요리를 즐길 수 있다는 장점으로 많은 여행객들이 방문하는 곳이다.

🄾 11:00~21:00(음식점에 따라 상이)

02 하카타 호로요이도리 博多ほろよい通り

JR 하카타시티 1층에 있는 하카타 호로요이도리는 모츠나베, 텐푸라, 야키토리 이자카야들이 모여 있는 이자카야 거리이다. '호로요이'는 얼큰하게 취한 상태를 말하는 일본어로, 하카타 호로요이도리 대부분의 음식점이 술을 판매하는 이자카야라서 붙여진 이름이다. 또한, 대부분의 이자카야가 낮부터 술을 판매하고 있기 때문에 낮술을 즐기는 많은 사람들을 볼 수 있다.

🄾 11:00~23:00(음식점에 따라 상이)

03 미야게몬 이치바 みやげもん市場

JR 하카타시티 1층 신칸센 개찰구 앞에 있는 미야게몬 이치바는 멘타이코부터 과자, 라멘, 사케 등 하카타 명물들이 집합된 곳으로, 후쿠오카의 여행 선물을 사기에 좋다.

🄾 08:00~21:00

04 잇핀도리 いっぴん通り

JR 하카타시티 1층 신칸센 개찰구 근처의 푸드 컬렉션 코너로 유명 화과자, 양과자, 빵, 도시락 등을 파는 다양한 점포가 모여 있는 곳이다.

🄾 08:00~22:00(음식점에 따라 상이)

05 하카타노 고항도코로 博多のごはん処

JR 하카타시티 지하 1층에 있는 하카타노 고항도코로는 피자, 파스타, 카레, 돈카츠 등 세계의 다양한 음식들을 골라 먹을 수 있는 하카타 데이토스의 식당가이다.

🄾 11:00~23:00(음식점에 따라 상이)

라쿠스이엔
楽水園

- **A** 福岡県福岡市博多区住吉2-10-7
- **T** 092-262-6665
- **H** rakusuien.net
- **O** 09:00~17:00, 화요일 휴무(화요일이 공휴일인 경우는 그 다음날)
- **?** 하카타博多 역 하카타구치博多口에서 도보 10분, 스미요시 신사에서 도보 1분
- **C** 100엔 **M** 62P-D

스미요시 신사의 인근 북쪽에 위치한 라쿠스이엔은 1906년에 세워진 하카타 상인의 별장을 개조하여 만든 곳으로, 1940년대 료칸으로 사용되던 것을 1995년에 후쿠오카 시가 일본 정원으로 정비하여 개원하였다. 정원의 이름인 '라쿠스이楽水'는 처음 별장을 만든 하카타 상인의 아호雅号이다.

정원의 외부는 기와를 점토로 굳혀서 만든 담장인 하카타베이博多塀로 되어 있으며, 내부에는 정원과 함께 차를 마실 수 있는 다실도 있다.

라쿠스이엔은 전형적인 일본식 정원의 모습을 보여 주고 있으며, 도심 속 작은 휴식처로 현지인과 여행객의 많은 사랑을 받고 있는 곳이다. 또한, 기모노를 입고 방문하는 일본 여성과 일본 전통복장으로 웨딩 촬영을 오는 일본인을 종종 볼 수 있다.

작은 정원의 풍경과 함께 차 한잔의 여유를 즐겨 보자.

스미요시 신사
住吉神社

A 福岡県福岡市博多区住吉3-1-51
T 092-291-2670
H chikuzen-sumiyoshi.or.jp
O 09:00~17:00
? 하카타博多 역 하카타구치博多口에서 도보 11분
C 무료 **M** 62P-F

약 1800년의 역사를 자랑하는 후쿠오카의 스미요시 신사는 오사카의 스미요시 타이샤, 시모노세키의 스미요시 신사와 함께 일본 3대 스미요시 신사로서, 전국에 있는 2129개의 스미요시 신사 중 가장 오래된 신사로 알려져 있다. 현재의 본전은 1623년에 재건된 것으로 국가 중요 문화재로 지정되어 있다.

스미요시 신사는 스미요시 삼신住吉三神을 모시는 곳으로, 특히 소코츠츠노오노카미底筒男神는 항해 및 해상의 수호신으로 알려져 있어서 하카타 앞 바다에서 항해 및 어업에 종사하는 사람들에게는 절대적 추앙을 받고 있는 신이기도 하다.

스미요시 양식이라는 신사 건축 양식 중 가장 오래된 특수 건축 양식의 멋과 사계절 열리는 다양한 행사가 관광객을 맞이하고 있다. 특히 10월에 있는 스모협회의 행사는 요코즈나(스모의 최고 지위, 씨름에 비유하면 천하장사)를 비롯한 많은 스모선수를 직접 만날 수 있는 기회이기도 하다.

하카타 역

간소 피카이치
元祖ぴかいち

A 福岡県福岡市博多区博多駅前3-9-5 チサンマンション 1F
T 092-441-3711
O 11:00~20:30(L.O. 19:45), 일요일 휴무
? 하카타博多 역 하카타구치博多口에서 도보 6분
M 62P-D

후쿠오카 하카타 역 인근에서 사라우동으로 유명한 간소 피카이치. 점심시간이 한참 지난 뒤에도 계속해서 사람들이 음식을 먹으러 들어오는 인기 음식점이다.

간소 피카이치의 인기 메뉴로는 사라우동皿うどん과 야키메시焼きめし를 들 수 있다.

사라우동에 사용하는 면은 직접 만들고 있으며, 면 이외에 양배추, 배추, 숙주나물, 오징어, 가리비, 바지락, 돼지고기, 한펜(다진 생선살로 굳힌 반달 모양의 어묵), 새우, 어묵 등 풍성한 재료가 한데 어우러져 알록달록 색감까지 맛있는 사라우동 한 그릇이 완성된다. 주문과 동시에 만들기 때문에 10분 정도는 기다려야 하는데 그 기다림이 즐겁다. 사라우동을 더욱더 맛있게 먹는 방법은 바로 카라시 타카나辛子高菜(갓 무침)와 함께 먹는 것이다. 간소 피카이치에서 직접 만든 카라시 타카나는 살짝 짭조름하면서 매콤한데, 기름기를 줄여줘서 느끼하지 않게 사라우동을 먹을 수 있다.

사라우동처럼 불을 쓰는 요리가 능숙한 집에서는 야키메시도 맛있다는 사실. 고슬고슬 잘 볶아낸 야키메시는 다양한 재료를 풍성하게 넣어 색깔도 버라이어티하다. 야키메시에 카라시 타카나를 넣어서 섞어 먹으면 딱 김치볶음밥의 맛이 난다.

1 야키메시 650엔 **2** 사라우동 750엔 **3** 카라시 타카나 **4 5** 간소 피카이치 외관

다이치노우동 하카타 역 지하점
大地のうどん 博多駅ちかてん

- A 福岡県福岡市博多区博多駅前2-1-1 福岡朝日ビルB2F
- T 092-481-1644
- H daichinoudon.com
- O 11:00~16:00, 17:00~21:00, 일요일 휴무
- ? 하카타博多 역 하카타구치博多口에서 도보 4분
- M 62P-B

1

2

후쿠오카에는 수백 개가 넘는 우동집의 숫자만큼이나 다양한 고보텐ごぼう天(우엉 튀김) 우동이 존재한다. 그중 독특한 고보텐의 모양과 우동 맛으로 인기 있는 곳이 있는데, 바로 다이치노우동이다. 후쿠오카 시 외곽의 카미야마토上山門에 본점이 있으며, 언제나 우동을 먹으려는 사람들로 긴 행렬을 이루고 있다. 하카타 역 지하점은 2호점이다. 다이치노우동의 최고 인기 메뉴는 고보텐 우동ごぼう天うどん으로, 우동 그릇을 가득 덮어서 나오는 고보텐은 압도적인 크기를 자랑한다. 그 모양도 소용돌이와 같아 재미와 함께 맛에 대한 기대감도 커진다. 바삭바삭한 고보텐을 씹을 때 경쾌한 소리는 한층 식욕을 돋우어 주며, 고소한 맛 또한 일품이다. 우동 국물에 적셔 부드럽게 즐겨도 맛있는 것이 바로 고보텐의 매력이다.

다이치노우동에서 우동을 주문하는 사람들은 꼭 미니카츠동ミニかつ丼도 함께 주문해서 먹는다. 작은 공기에 아담하게 나오는 미니카츠동은 돈카츠 위에 짭조름한 소스와 달걀을 부어서 내주는데 우동만으로는 뭔가

1 카키아게 붓카케 우동 650엔 **2** 고보텐 우동+미니카츠동 세트 580엔
3 다이치노우동 하카타 역 지하점의 외관 **4** 고보텐 우동 450엔
5 미니카츠동

허전한 사람들에게 마지막 한 부분을 채워 주는 돈부리이다. 고보텐 우동+미니카츠동 세트는 다이치노우동의 최고 인기 조합이라고 할 수 있다.

지름 15cm가 넘는 큼직한 카키아게(해산물과 야채를 함께 튀긴 것)가 함께 나오는 카키아게 붓카케 우동かき揚げぶっかけうどん도 인기 메뉴이다. 각종 야채와 함께 새우가 튀겨 나오는 박력 넘치는 카키아게가 인상적이며, 식감이 경쾌하고 다양한 야채와 함께 새우의 맛을 제대로 느낄 수 있어서 많은 사람들이 찾는 메뉴이다. 또한, 가다랑어포, 김, 파가 면 위에 듬뿍 올려져 나오며 쫄깃한 우동 면도 훌륭하다.

마카나이야
まかない屋

- A 福岡県福岡市博多区住吉2-15-3
- T 092-262-0008
- O 11:30~13:30, 18:00~24:00
  (일요일은 저녁만 영업), 부정기 휴무
- ? 하카타博多 역 하카타구치博多口에서 도보 11분, 캐널시티에서 도보 5분
- M 62P-C

1 2 마카나이야동 500엔
3 언제나 긴 행렬을 이루고 있는 마카나이야

당일 수산시장에서 구입한 신선한 해산물을 합리적인 가격으로 맛볼 수 있는 마카나이야. 저렴한 가격과 신선한 맛으로 낮이나 밤이나 언제나 손님이 많은 카이센海鮮 요리 이자카야인데, 특히 점심 식사 시간에 많은 사람들이 몰린다.

점심시간 오픈 전부터 이자카야 앞에 사람들이 긴 줄을 늘어서는데, 원 코인 '500엔'이라는 파격적인 가격으로 제공되는 '마카나이야동まかない屋丼'을 먹기 위함이다.

마카나이야동은 당일의 상황에 따라 10여 가지 정도의 해산물로 구성된 카이센 모리아와세海鮮盛り合わせ(해산물 모둠) 한 접시와 함께 미소시루, 고마타레, 김을 올린 밥 한 공기가 나온다. 메뉴 이름은 돈부리이지만 취향에 따라 해산물을 고마타레에 찍어서 따로 먹어도 되고, 밥 위에 해산물들을 올린 뒤 고마타레를 뿌려서 돈부리로 먹어도 좋다.

마카나이야동은 1일 20명 한정으로 제공되니 조금 서둘러 방문하는 것이 좋다. 또한, 1일 2~5명 한정으로 제공되는 연어 오야코동, 우니동, 아와비 우니동, 우니 이쿠라동도 인기 메뉴이다. 무료 반찬으로 제공되는 유자 맛의 이카즈케(오징어 절임)도 별미이다.

점심시간에는 많은 사람들이 몰리기 때문에 카운터석을 제외하고 테이블석은 합석이 기본인 것은 유념해 두시길.

무라시마
むらしま

A 福岡県福岡市博多区祇園町3-6
T 092-281-7843
O 11:30~14:00, 17:30~23:00, 일요일 및 공휴일 휴무
? 하카타博多 역 하카타구치博多口에서 도보 7분
M 62P-B

무라시마는 오코노미야키お好み焼き 및 텟판야키鉄板焼き 전문점으로, 오코노미야키의 양대 산맥이라고 할 수 있는 간사이풍関西風과 히로시마풍広島風 을 모두 맛볼 수 있는 곳이다. 무라시마에서는 또한 모단야키モダン焼き도 맛볼 수 있는데, 모단야키는 새로운 현대풍 오코미노야키라는 뜻으로 '모단'은 영어 Modern의 일본식 발음이면서, 음식이 넘치도록 수북이 담겨 나오는 것을 뜻하는 '모리닥상もりだくさん'의 준말의 의미도 있다.

무라시마의 모단야키는 간사이풍 오코노미야키 위에 면을 추가하고, 달걀을 풀어 얇은 지단으로 만들어서 면 위에 올린 뒤 오코노미야키 소스와 파래, 가다랑어포를 뿌려서 완성한다. 어찌 보면 간사이풍과 히로시마풍의 믹스로 양쪽 모두를 맛볼 수 있는 별미이다. 그 넉넉한 양은 먹고 난 뒤 기쁜 포만감으로 다가온다.

◆ 두 오코노미야키의 차이점은 만드는 방식과 면의 유무 ◆

01 간사이(오사카)풍 오코노미야키

오사카의 오코노미야키는 일단 그릇에 반죽과 함께 각종 재료를 넣고 섞는다. 섞은 재료들을 철판에 지져서 만드는데, 만드는 방식은 우리나라의 부침개와 비슷하다고 할 수 있다. 간사이풍 오코노미야키에는 우동이나 라멘 면이 들어가지 않기 때문에, 대부분은 야키소바도 함께 주문해서 먹는다.

02 히로시마풍 오코노미야키

히로시마의 오코노미야키는 내용물을 섞어서 만들지 않고, 먼저 얇은 반죽 피를 만들고 그 위에 재료들을 쌓아 올리는 방식으로 만든다. 아래서부터 돼지고기, 양배추, 숙주나물, 면, 그리고 달걀 등을 차례차례 올린다.

1 2 모단야키 890엔 **3** 무라시마

비스트로 앙 코코트
Bistro en cocotte

A 福岡県福岡市博多区住吉2-4-7 エクセランスクエア博多1F
T 092-291-6147
H www.encocotte.com
O 11:30~14:30(L.O. 14:00), 18:00~23:00 (L.O. 21:30), 월요일 휴무
? 하카타博多 역 하카타구치博多口에서 도보 10분. 캐널시티에서 도보 5분
M 62P-C

캐널시티 근처에 있는 코코트 요리 전문점인 비스토로 앙 코코트. 코코트(cocotte)는 프랑스의 두꺼운 주물 냄비를 말하는 것으로, 앙 코코트(en cocotte)는 그 주물 냄비를 사용해서 만든 요리를 말한다. 비스트로 앙 코코트는 코코트를 사용한 소고기, 햄버그, 소시지 등 고기 요리를 중심으로 프랑스 가정 요리를 선보이고 있다. 코코트는 스타우브(STAUB) 제품을 사용하고 있다.

인기 메뉴 중 하나는 바로 코코트에 담겨 나오는 앙 코코트 햄버그アンココットハンバーグ인데, 뜨거운 열기가 올라오는 코코트의 맨 아래에 야채들이 깔려 있고, 그 위에 두툼하고 튼실한 햄버그가 올려져 나온다. 햄버그를 가르면 뜨겁고 진한 육즙이 주르륵 흘러나온다. 아래에 깔려 있는 감자, 고구마, 호박, 가지, 피망, 버섯 등도 코코트에 푹 익혀져 나오기 때문에 풍미도 좋고 질감도 좋다. 고기의 육즙과 함께 야채들에서 우러나오는 소스가 어우러져 풍부한 맛의 햄버그를 즐길 수 있다.

1 비스트로 앙 코코트 전경 **2 3 4** 앙 코코트 햄버그 920엔

하카타 역

사라만제슈
Salle a manger Shu

A 福岡県福岡市博多区住吉2-4-7 マイアトリア 住吉1F
T 092-402-0862
H www.salleamanger-shu.com
O 11:30~14:00, 17:55~21:30, 월요일 휴무
? 하카타博多 역 하카타구치博多口에서 도보 10분. 캐널시티에서 도보 5분
M 62P-C

프렌치 레스토랑 사라만제슈는 비스토로 앙 코 코트 바로 옆에 위치해 있다. 저녁때 프랑스 요리와 와인을 함께 하기 좋은 곳이며, 내부 공간은 아늑하고 따뜻한 조명으로 편안함을 준다. 점심에는 저렴한 가격의 원 플레이트 런치(One Plate Lunch)를 판매하는데, 인기 있는 원 플레이트 런치는 그릴 비프 플레이트, 그릴 소시지 플레이트, 비프 햄버그 플레이트 등이다.

그릴 비프 플레이트는 그릴에 잘 구운 비프와 함께 샐러드, 10가지 야채로 만든 스프가 하나의 접시에 담겨 나온다. 넉넉한 비프가 든든한 한 끼를 제공해 주며, 10가지 야채로 만든 스프도 별미이다. 사라만제슈에서 식섭 만든 빵도 함께 제공된다. 그릴 소시지 플레이트는 사라만제슈에서 직접 만든 큼직한 수제 소시지가 프렌치 프라이 위에 얹어져서 나온다. 노릇노릇 잘 구운 소시지를 한 입 물면 뽀드득하는 소리와 함께 입안에서는 육즙이 터진다. 비프 햄버그 플레이트는 달궈진 그릇 안에 두툼한 햄버그와 함께 감자, 당근, 호박 등이 담겨져 나온다.

식사 후에는 역시 원 플레이트로 나오는 디저트 모리아와세를 꼭 먹어 보자.

1 그릴 소시지 플레이트 850엔 **2** 비프 햄버그 플레이트 850엔 **3** 디저트 모리아와세, 음식 메뉴에 200엔 추가로 먹을 수 있음

쇼키치
庄吉

A 福岡県福岡市博多区博多駅東2丁目4-31
T 092-474-6943
O 10:30~14:00, 17:00~22:00, 일요일 휴무
? 하카타博多 역 치쿠시구치筑紫口에서 도보 3분
M 63P-I

하카타 역 치쿠시구치 쪽에 있는 소바차야 쇼키치는 주변 직장인들의 인기 음식점이다. 소바, 우동, 돈부리 모두 맛이 좋아서 선택의 폭이 넓지만, 그중 추천 메뉴는 토리난 우동鴨南うどん과 돈타쿠ドンタク이다.

토리난 우동은 닭을 기본으로 다시마, 고등어를 넣어 육수를 내 시원한 맛이 일품이다. 오동통한 우동 면과 함께 닭고기와 파, 양파를 토핑으로 올려 주는데, 육수가 잘 밴 부드러운 면발과 아삭아삭한 양파의 식감이 좋다. 같은 육수와 토핑에 면만 소바로 바꾼 토리난 소바鴨南そば도 있다.

돈타쿠는 찬물에 헹군 시원한 우동 면에 츠유를 자작하게 붓고 가다랑어포, 김, 달걀과 큼직한 새우튀김을 올린 음식이다. 사누키 우동에 뒤지지 않을 만큼 면발이 쫄깃하고, 갓 만들어서 튀김옷이 살아 있는 통통한 새우튀김까지 개인적으로 아주 마음에 드는 메뉴이다.

우동과 소바가 주력인 집이지만 돈부리도 맛있다. 단품 돈부리뿐만 아니라, 돈부리에 우동이나 소바가 함께 나와서 푸짐한 양을 자랑하는 세트 메뉴가 배고픈 직장인들에게 인기 만점. 오야코동 세트, 스키야키동 세트, 카츠주 세트, 텐동 세트 등 다양하다.

1 카츠주 세트 800엔 **2** 돈타쿠 700엔
3 쇼키치 전경 **4** 토리난 우동 600엔

아사히켄
旭軒

A 福岡県福岡市博多区博多駅前2-15-22
T 092-451-7896
O 15:00~01:00(L.O. 24:30), 일요일 휴무
? 하카타博多 역 하카타구치博多口에서 도보 6분
M 62P-B

1 히토쿠치교자 350엔 **2** 아사히켄 전경 **3** 테바사키 90엔

아사히켄은 1954년 야타이에서 출발한 히토쿠치교자一口餃子 전문점이다. 하루 교자 판매량만 5천 개가 넘을 정도로 인기가 많은 곳이며, 후쿠오카 시내에 여러 개의 분점이 있는데 총본점은 바로 하카타 역 앞에 있는 아사히켄 에키마에 본점旭軒 駅前本店이다.
야채를 메인으로 14가지 재료가 들어간 아사히켄의 교자는 겉은 바삭하고 안은 육즙으로 촉촉한, 전형적인 후쿠오카의 히토쿠치교자이다. 3~4cm밖에 안 되는 크기라 그 이름처럼 한입에 쏙 들어가서 끝도 없이 먹을 수 있을 것 같다. 육질이 쫄깃한 간장 맛의 테바사키手羽先(닭날개 튀김)도 추천 메뉴이다.
후쿠오카의 직장인들이 이곳에서 교자와 테바사키를 안주 삼아 하루의 피곤을 풀고 가듯 아사히켄에서 시원한 맥주와 함께 여행의 피로를 풀어 보시길.

아운노 야키토리 이자카야
あ・うんの焼鳥居酒屋

A 福岡県福岡市博多区博多駅東2-3-1
T 092-418-1688
O 11:30~14:00(런치는 평일만),
   17:30~24:00, 연중무휴
? 하카타博多 역 치쿠시구치筑紫口에서 도보 6분
M 63P-I

하카타 역 주변의 직장인들이 퇴근길에 많이 찾고 있는 야키토리 이자카야이다. 아운노 야키토리는 포도나무 가지를 사용해서 훈제한 훈향이 닭과 돼지고기에 은은하게 배어 맛을 더욱 좋게 만들어 준다. 오토시お通し(주문한 요리가 나오기 전에 나오는 간단한 음식)로는 마요네즈, 미소와 함께 야채 스틱을 내 준다.

닭의 목살과 차조기를 함께 구워 쫄깃한 맛과 차조기의 향긋함이 좋은 세세리せせり, 오독거리는 독특한 식감의 부타 난코츠豚なんこつ, 다진 살로 뭉쳐서 만든 츠쿠네つくね, 돼지 삼겹살 부위로 만든 부타 바라豚バラ, 달짝지근한 소스에 아삭한 양파와 녹진한 맛의 돼지 간이 맛있는 부타 레바豚レバー 등이 추천 메뉴이다. 또한 미즈타키, 치킨난반, 타마고야키 같은 일반 이자카야 메뉴도 있어서 선택의 폭이 넓다.

야키토리에는 시원한 맥주와 하이볼이 제격이다.

1 아운노 야키토리 이자카야 전경 **2** 세세리 136엔 **3** 츠쿠네 242엔 **4** 훈와리 타마고야키 410엔
5 우즈라다마고&햄 130엔

하카타 역

아지미도리
味味どり

- A 福岡県福岡市博多区博多駅前3丁目18-28 福岡Zビル1階
- T 092-411-7177
- O 11:00~14:00, 17:00~23:00(L.O. 22:30), 비정기 휴무
- ? 하카타博多 역 하카타구치博多口에서 도보 7분
- M 62P-D

후쿠오카 캐널시티 근처에 있는 닭요리 전문점 아지미도리는 후쿠오카 현 쿠루메 시의 닭고기 가공·유통업체인 '토리안푸즈トリアンフーズ'가 운영하는 음식점이다. 미즈타키를 비롯하여 다양한 닭요리를 즐길 수 있는 곳인데, 특히 토리사시미(닭고기 회)와 토리즈시(닭고기 초밥)가 유명하다.

메인 요리가 나오기 전 술안주로 좋은 것은 바로 가슴살과 다리 살 두 가지 종류의 생햄을 내주는 토리나마햄 모리아와세鶏生ハムの盛り合わせ이다. 가슴살은 훈제향이 나는 부드러운 맛이고, 다리 살은 쫄깃하고 식감이 좋다.

아지미도리 사시미 모리아와세味味どり刺身盛り合せ는 7종류의 닭의 각 부위를 회로 내주는데, 이렇게 닭의 거의 모든 부위를 회로 먹을 수 있는 집은 흔치 않다.

1 아지미도리 사시미 모리아와세 1500엔
2 아지미도리 토리즈시 모리아와세 1200엔
3 토리나마햄 모리아와세 750엔
4 야마우니군칸 310엔, 타타키모모군칸 250엔

붉은색의 스나즈리사시미砂ずり刺し身(닭 모래집)는 사각사각 씹히는 맛이 일품이며, 무네유비키むね湯引き는 끓는 물에 살짝 데친 닭가슴살을 두껍게 썰어 내놓는데 맛이 담백하다. 닭다리살을 살짝 구워 불향이 매력적인 토리모모노아부리鷄もも の炙り, 쫄깃하면서 기름기가 많은 꼬리살을 살짝 구워 주는 테일 사시미テール刺し身는 쉽게 먹을 수 없는 음식이다. 세세리 아부리せせり炙り(목살)와 토리 타타키鷄たたき, 하츠 사시미はつ刺し身(심장) 등 다리, 꼬리, 목, 가슴, 심장까지 닭의 모든 것을 맛볼 수 있다. 함께 내주는 고추냉이, 생강, 유즈코쇼, 간장과 함께 즐기면 그 맛은 배가된다.

또 다른 인기 메뉴로 토리즈시鷄寿司가 있는데, 그중 야마우니군칸山うに軍艦은 닭의 간을 올린 것으로 성게를 먹는 듯한 부드러움과 녹진한 맛이 좋다. 다진 다리 살을 올린 타타키모모군칸たたきもも軍艦도 별미이다. 일본에서 흔치 않은 닭요리를 접할 수 있는 곳이므로, 닭을 좋아한다면 방문해볼 만한 곳이다.

엘르 카페
Elle Cafe

- 福岡県福岡市博多区博多駅中央街1-1 博多阪急 4F
- 092-419-5832
- ellecafe.jp
- 10:00~21:00(L.O. 20:30), 연중무휴
- 하카타 한큐(한큐 백화점) 4층
- 63P-I

JR 하카타시티의 하카타 한큐 4층에 잡지 'ELLE'가 세계 최초로 프로듀스한 카페인 엘르 카페가 2011년 3월 오픈하였다.

여성들이 좋아할 만한 밝은 조명과 하얀색의 인테리어는 깔끔한 느낌을 주며 카페 곳곳에는 ELLE 잡지가 진열되어 있다. 차와 함께 디저트, 음식을 즐길 수 있으며, ELLE 관련 상품을 판매하는 가게도 함께 운영하고 있다. 비정기적으로 음식, 패션, 화장품 브랜드들과 콜라보레이션 이벤트를 개최하기도 한다.

카페의 한쪽에는 iPad가 설치되어 있는 카운터석이 있으며, 전원도 연결할 수 있어서 인터넷뿐만 아니라 식사 또는 디저트를 먹으며 간단한 업무 및 인터넷 서핑을 할 수 있다.

1 말차 쉬폰 케이크 590엔
2 베리 스파이스 프렌치 토스트 980엔
3 밝은 인테리어의 내부

우동 타이라
うどん平

A 福岡県福岡市博多区博多駅前3-17-10
T 092-431-9703
O 11:30~19:00, 일요일 및 공휴일 휴무
(재료가 떨어지면 영업 종료)
? 하카타博多 역 하카타구치博多口에서 도보 9분.
캐널시티에서 도보 5분
M 62P-D

1 니쿠고보 우동 570엔
2 골목길에 늘어선 행렬

캐널시티 근처 골목 안에 자리 잡고 있는 우동 타이라는 창업한 지 40여 년이 되어 가는 후쿠오카의 인기 우동집이다. 11시쯤이 되면 조용한 골목에 사람들이 모여들어 긴 줄을 서서 문이 열리기만을 기다리고 있는데, 오랜 시간 동안 후쿠오카에서 타베로그 우동 부문 1위를 굳건히 지키고 있는 인기를 실감할 수 있다.

20여 석 정도의 자리는 오픈과 동시에 바로 만석이 되며, 카운터석에서는 면을 만들고, 삶고, 우동 국물을 붓고, 토핑을 올리는 수타 우동 한 그릇이 만들어지는 전 과정을 지켜볼 수 있어서 흥미롭다. 우동 면은 일반적인 후쿠오카 우동과 마찬가지로 부드러운 면으로, 흐물거리지 않고 찰기 있으며, 국물은 진하지 않고 감칠맛이 있어 매력적이다.

단품과 조합 메뉴까지 포함하면 약 20여 가지의 메뉴가 있는데, 가장 인기 메뉴는 조합 메뉴인 에비고보 우동えびごぼううどん과 니쿠고보 우동肉ごぼううどん이다. 메뉴판에는 없지만 각각 단품으로 에비(새우), 니쿠(고기), 고보(우엉)라고 적혀 있는데, 이 단품 메뉴를 조합해서 주문이 가능하다.

하카타 역

3 에비고보 우동 520엔 **4** 진한 맛의 니쿠고보 우동 **5** 점심시간 가득 찬 내부

에비고보 우동은 새우튀김과 슬라이스한 우엉튀김이 토핑으로 올라가는 우동인데, 특히 새우튀김은 한정 수량으로 만들어 놓기 때문에 오픈할 때 줄 서 있지 않으면 맛보기 어렵다. 새우튀김과 우엉튀김은 바삭한 튀김 자체로도 즐길 수 있고 국물에 적셔 부드러운 맛으로도 즐길 수 있다. 니쿠고보 우동은 우엉튀김과 함께 부드럽고 야들야들한 소고기를 토핑으로 올린 우동으로, 은은하고 구수한 국물에 고기의 향과 맛이 추가되어 진한 우동 맛을 느낄 수 있다.

우동 타이라는 기본적으로 취재를 거부하고 있기 때문에 TV나 잡지에 소개되는 것을 보기 어려운 음식점 중 한 곳이다. 그 때문인지 2014년 발간된 '미슐랭 가이드 후쿠오카&사가 특별판'에도 소개되지 않았는데, 오히려 우동 타이라에서 우동 수행을 한 분이 오픈한 가게 '하가쿠레 우동巢隱うどん'이 소개되있다.

우동야 코메짱
うどん屋 米ちゃん

- **A** 福岡県福岡市博多区博多駅前3-9-5 1F
- **T** 092-483-3630
- **O** 월~금요일 11:30~15:30, 토요일 11:30~14:30, 일요일 및 공휴일 휴무
- **?** 하카타博多 역 하카타구치博多口에서 도보 7분
- **M** 62P-D

하카타 역에서 도보 5분 거리에 있는 우동 전문점 우동야 코메짱은 주변 직장인들에게 인기 있는 우동집이다. 우동집이지만 독특하게도 우동보다 치킨난반의 인기가 더 높다.

다양한 단품 우동 메뉴들이 있는데, 대부분의 사람들은 치킨난반&우동 세트チキン南蛮とうどんのセット를 많이 먹는다. 세트에는 A, B, C의 세 가지 종류가 있는데, 함께 나오는 치킨, 우동, 밥의 양에 따라 나누어 놓은 것으로 각자 자기 양에 맞게 주문할 수 있다. 세트로 나오는 치킨난반, 우동, 밥이 푸짐하기 때문에 먹기 전부터 흐뭇해진다.

심플한 스타일의 우동은 쫄깃한 면과 연한 맛의 우동 국물이 마음에 든다. 치킨난반은 촉촉한 닭튀김 위에 타르타르소스를 듬뿍 올려서 내주는데, 새콤달콤한 맛에 더해진 마요네즈의 고소함이 부드러운 닭고기와 어우러져 매력적이다. 함께 나오는 텐카츠, 유즈코쇼, 츠케모노도 밥, 우동과 함께 먹으면 좀 더 다양한 맛으로 즐길 수 있다.

학생들은 우동 오모리(곱배기)가 공짜이며 치킨난반 한 조각을 더 주기 때문에 학생들에게도 인기 있는 곳이다.

1 우동야 코메짱의 내부 **2 3** 치킨난반&우동 세트 A 850엔, 세트 B 680엔, 세트 C 580엔

하카타 역

우에시마 커피
上島珈琲店

A 福岡県福岡市博多区博多駅中央街1-1 博多デイトス1F
T 092-461-0110
H www.ueshima-coffee-ten.jp
O 07:00~23:00, 데이토스 영업일에 준하여 비정기 휴무
? 하카타博多 역 데이토스 1층
M 63P-I

1 사람들로 가득 찬 우에시마 커피 **2** 흑설탕 밀크커피 410엔(M사이즈) **3** 아이스 흑설탕 밀크커피 410엔(M사이즈)

1933년 고베에서 창업한 우메시마 커피는 옛 일본의 커피 문화를 소중히 함과 동시에 맛있는 커피를 제공하는 따뜻한 커피점을 목표로 하고 있는 곳이다. 커피 맛을 가장 잘 이끌어 내는 추출법으로 알려진 '넬 드립' 커피를 제공하기 위해 우에시마 커피에서 자체 개발한 '넬 드립 머신'으로 부드럽고 향기 깊은 커피를 제공하고 있다.

인기 커피는 구리 머그잔에 담겨 시원하게 나오는 아이스 흑설탕 밀크커피アイス黒糖ミルク珈琲이다. 부드러운 밀크 커피에 흑설탕으로 단맛을 낸 것으로, 한 번 맛을 보면 계속 생각나는 중독성 강한 커피이다.

캐러멜 밀크 커피生キャラメルミルク珈琲, 참깨 밀크 커피金胡麻ミルク珈琲, 두유 밀크 커피豆乳ミルク珈琲 등 다양한 종류의 커피가 있기 때문에 독특한 커피를 골라 즐길 수 있어 좋다. 또한, 토스트와 샌드위치 같은 메뉴도 준비되어 있어서 커피와 함께 아침식사를 위해 방문하기에도 좋은 곳이다.

후쿠오카 시에는 하카타 역 데이토스, 텐진, 후쿠오카 적십자병원에 3개의 점포가 있다.

일 포르노 델 미뇽
il FORNO del MIGNON

A 福岡県福岡市博多区博多駅中央街1-1 マイング博多名店街
T 092-412-3364
H www.crown-pan.co.jp
O 07:00~23:00, 연중무휴
? 하카타博多 역 중앙 통로
M 63P-I

JR 하카타시티 내에 있는 크루아상 테이크아웃점이다. 언제나 크루아상을 사려는 긴 행렬이 늘어서 있는 곳으로, 갓 구운 빵 냄새와 달콤한 향기가 하카타 역 전체에 퍼져 있어 유혹을 뿌리치기 힘든 곳이다. 바삭하면서 부드러운 식감과 버터의 풍미로 먹어 본 사람은 꼭 다시 찾게 되는 크루아상이다.

멘타이코, 치즈, 아몬드 등 다양한 맛의 크루아상이 있는데 가장 인기 있는 크루아상은 기본 맛인 플레인 크루아상과 초코 크루아상, 그리고 달콤한 고구마가 들어 있는 사츠마이모 크루아상이다.

일반적인 빵집과는 달리 크루아상의 개수가 아닌 그램으로 가격이 결정된다. 크루아상을 골라 저울에 올려놓고 무게에 따라 돈을 지불하면 되기 때문에 합리적인 가격 산정 방법을 채용하고 있는 것이 특징이다.

1 진열장을 가득 채운 빵들 **2** 개수가 아닌 그램으로 결정되는 가격
3 언제나 긴 행렬이 늘어서 있다 **4** 플레인 크루아상 158엔(100g)
5 사츠마이모 크루아상 189엔(100g) **6** 초코 크루아상 179엔(100g)

카네이시 우동
かねいしうどん

- A 福岡県福岡市博多区博多駅東3-9-20
- T 092-451-7003
- O 평일 10:30~20:00, 토요일 10:30~18:00, 일요일 휴무
- ? 하카타博多 역 치쿠시구치筑紫口에서 도보 10분
- M 63P-J

심플하지만 전통의 하카타 우동을 먹을 수 있는 우동 소바 전문점이다. 낡아 보이는 가게의 외관과 나무로 된 테이블, 의자들이 편안한 분위기를 연출하며, 무엇보다도 일하시는 할머니들의 모습에서 이 우동집의 역사가 보이는 듯하다.

우동은 날치, 멸치, 고등어 등으로 국물을 우려내 해산물 향이 물씬 나며, 약간은 굵은 우동 면을 사용하고 있다. 세련된 맛은 없지만 투박하면서도 친근함이 느껴지는 우동이다. 큼직한 새우튀김이 하나 올라간 에비텐 우동, 우엉을 큼직하게 썰어 여러 개를 함께 뭉쳐 튀긴 우엉 튀김이 올라간 고보 우동, 간이 잘 밴 부드러운 고기와 썰지 않고 그냥 뜯어낸 듯한 큰 양파가 들어간 니쿠 우동 등 전형적인 하카타 우동의 맛을 느낄 수 있다.

이런 심플한 스타일의 우동에는 파를 잔뜩 올려서 먹거나 중간에 고춧가루를 뿌려 맛에 변화를 줘가면서 먹는 것이 하카타 우동을 제대로 즐기는 방법이다.

사이드 메뉴로 먹을 수 있는 유부초밥은 특별히 주문할 필요 없이 직접 들고 와서 먹으면 되는데, 다른 가게의 유부초밥보다는 조금 크다. 단맛과 신맛 사이를 넘나드는 묘한 맛이 우동과 함께 먹기에 좋다.

1 에비텐 우동 550엔 **2 3** 니쿠고보 우동 730엔 **4** 이나리즈시(유부초밥) 200엔 **5** 카네이시 우동의 외관

쿠시쇼
串匠

A 福岡県福岡市博多区博多駅中央街5-15 ホテルセンチュリーアート 1F
T 092-483-1556
H www.kushisho.com
O 평일 11:30~14:00, 17:00~21:00,
일요일 및 공휴일 17:00~21:00, 연중무휴
? 하카타博多 역 치쿠시구치筑紫口에서 도보 1분
M 63P-I

JR 하카타시티에서 도보 1분 거리에 있는 쿠시아게串揚げ(꼬치 튀김) 전문점이다. 주변 직장인들에게 인기가 있어 점심시간이면 언제나 만석을 이룬다.

가장 인기 있는 메뉴는 점심시간에 방문하는 손님의 90% 이상이 주문한다는 쿠시아게 테이쇼쿠串揚げ定食로, 7개의 쿠시아게와 함께 밥, 미소시루, 몇 가지의 반찬이 같이 제공된다. 탱탱한 새우, 부드러운 소고기, 후쿠오카 사람들이 좋아하는 부타네기마豚ねぎま(삼겹살과 파 꼬치), 다진 고기를 넣은 가지, 츠쿠네(고기 경단) 등을 쿠시아게로 즐길 수 있으며, 흰살 생선에 타르타르소스와 파를 올린 쿠시아게도 맛볼 수 있다. 각각의 쿠시아게는 종류에 따라 소스나 소금에 찍어 먹으면 된다. 밥은 테이블에 놓여 있는 세 종류의 후리카케와 함께 먹으면 더욱 맛있으며, 밥과 미소시루는 리필이 가능하다.

낮이라도 쿠시아게를 먹다 보면 맥주 생각이 간절해지는 위험한 곳이다.

1 꼬치 튀김 전문점 쿠시쇼 2 쿠시아게 정식 900엔 3 쿠시쇼에서 제공하는 세 가지 후리카케

클럽 하리에 B-스튜디오
CLUB HARIE B-studio

A 福岡県福岡市博多区博多駅中央街1-1 博多阪急 B1F
T 092-419-5185
H clubharie.jp/b-studio
O 10:00~21:00, 하카타 한큐의 영업에 준하며, 기본적으로 연중무휴
? 하카타 한큐(한큐 백화점) 지하 1층
M 63P-I

1953년 창업한 양과자 전문점 클럽 하리에는 2011년 JR 하카티시티의 리뉴얼 오픈과 함께 하카타 한큐 지하 1층에 바움쿠헨 전문점인 클럽 하리에 B-스튜디오를 오픈하였다.

하카타 한큐 입구 옆 약 60평 규모에 바움쿠헨 판매 매장, 공방, 카페를 함께 운영하고 있으며, 맛있는 바움쿠헨이 만들어지는 전 과정을 지켜볼 수 있다.

따뜻한 차와 함께 바움쿠헨을 먹을 수 있는 카페는 대형 유리창으로 밝고 시원한 인테리어와 달콤한 바움쿠헨의 향으로 지나가는 사람들을 강하게 유혹하고 있다. 또한, 바움쿠헨 모양의 카페 입구 손잡이는 잔잔한 재미를 준다.

인기 메뉴는 야키타테 바움쿠헨焼きたてバームクーヘン. 클럽 하리에의 장인이 한 층 한 층 정성껏 구워 낸 것으로, 달콤하고 촉촉하며 입안에서 녹는 듯한 식감의 제대로 된 바움쿠헨의 맛을 보여주고 있다. 같이 나오는 생크림에 찍어 먹으면 더욱 배가된 바움쿠헨의 맛을 즐길 수 있다.

바움쿠헨에는 따뜻한 홍차가 잘 어울리기 때문에 꼭 같이 주문해 보기를 추천한다.

1 클럽 하리에의 화려한 내부 **2** 야키타테 바움쿠헨 486엔 **3** 홍차 519엔

키친 글로리
キッチングローリ

- 福岡県福岡市博多区博多駅前4-8-3
- 092-441-7867
- 11:00~21:30, 일요일 휴무
- 하카타博多 역 하카타구치博多口에서 도보 9분
- 62P-F

하카타 역 근처 조용한 골목 안에 자리 잡고 있는 노포 경양식당으로, 30년 가까이 노부부가 꾸밈없이 정성스럽게 음식을 만들고 있다. 옛 기억 속 경양식당을 보는 듯한 정감 있는 식당이다.

햄버그, 튀김, 스파게티 등 다양한 경양식 메뉴가 있는데, 그중 인기 메뉴는 바로 믹스 후라이ミックスフライ로 게살 크림 고로케, 새우 튀김, 가리비 튀김, 프라이드 치킨이 한꺼번에 나온다.

게살 크림 고로케에는 베샤멜 소스가 살짝 발라져 나오는데, 부드럽게 녹는 크림의 진한 맛과 게살의 단맛이 좋다. 타르타르소스가 잔뜩 올려져 나오는 큼직한 새우 튀김은 바삭한 튀김옷과 탱탱한 육질의 새우 맛이 그만이다. 그 외에 타르타르소스와 함께 나오는 쫄깃한 가리비 튀김, 데리 소스와 어울리는 넓적하고 큼직한 닭가슴살로 만든 치킨도 별미이다.

탄수화물이 그리운 사람들을 위해 서비스로 나오는 스파게티도 만족스럽다. 한국에서 찾아보기 어려운 옛 경양식당의 정취를 느끼며 다양한 맛의 튀김을 즐겨 보고 싶다면 꼭 방문해야 하는 곳이다.

1 옛 경양식당 정취가 묻어나는 외관 **2** 햄버그 스테이크 650엔 **3** 믹스 후라이 1000엔

하카타 역

텟페이
てっ平

A 福岡県福岡市博多区博多駅前3-23-12 光和ビル 1F
T 092-471-9244
O 평일 11:00~24:00(L.O. 22:30), 토요일 17:00~24:00(L.O. 22:30), 일요일 및 공휴일 휴무
? 하카타博多 역 하카타구치博多口에서 도보 5분
M 62P-D

한국인 여행자들에게도 많이 알려져서 유명세를 떨치고 있는 이자카야이다. 텟페이의 장점은 싸고, 맛있고, 양이 많다는 것. 점심시간에 나오는 런치 메뉴는 하나같이 넉넉한 양을 자랑하는데, 그중에서도 꽁치와 참치를 듬뿍 올린 마구로동, 두툼하고 큼직한 돈카츠, 갖은 고기와 야채가 한 그릇 가득 채워져 나오는 진한 맛의 카레 등은 한 끼 식사로 과한 것이 아닌가 생각될 정도로 양이 많다.

저녁 이자카야 타임 때는 두툼하게 썰려 나오는 사시미 모리아와세, 이베리코 돼지고기 요리, 돈카츠 등이 인기 메뉴이다. 술과 안주를 즐긴 뒤, 마지막으로 생선과 양파가 들어가 단맛이 도드라지는 미소시루를 마시는 것이 텟페이를 즐기는 정석. 입구에 있는 과일은 서비스이므로 계산을 하고 나갈 때 꼭 챙기도록 하자.

저렴하면서 볼륨 만점의 음식들도 맛있고, 손님들과의 소통을 좋아하고 재미있는 퍼포먼스로 손님들을 기분 좋게 해주시는 사장님 덕분에 더욱 즐거운 곳이다. 텟페이의 사장님을 좋아하는 한국 팬이 만든 한국어 메뉴판이 있기 때문에 주문의 어려움은 걱정하지 않고 방문할 수 있다.

1 로스카츠 680엔 **2** 사시미 모리아와세 2400엔
3 텟페이 외관 **4** 무료로 제공되는 미소시루
5 오토시(기본 안주) **6** 야마카케 텟카동 650엔
7 히레카츠 카레 670엔

토이치
十一

A 福岡県福岡市博多区博多駅南3-6-20
T 092-483-9183
O 11:00~14:00, 17:00~21:00, 수요일 휴무
? 하카타博多 역 치쿠시구치筑紫口에서 도보 13분
M 63P-L

구마모토의 무균 돼지를 사용해 만든 부타 스테이크豚ステーキ가 맛있는 곳이다. 특이하게도 간판이 따로 없고 오직 벽에 그려진 돼지 그림만이 전부이기 때문에 그냥 지나치기 쉽다. 내부는 깔끔하고 시원한 분위기이며, 고기도 별도의 공간에서 따로 굽기 때문에 냄새도 전혀 나지 않아 일반 카페와 같다.

토이치에서는 메뉴판이 필요 없다. 점심 메뉴는 오직 부타 스테이크 하나이기 때문에 일본어를 모르더라도 마음 편히 갈 수 있다. 음식을 주문하면 먼저 신선한 샐러드가 나오고, 샐러드를 먹고 잠시 기다리면 지글지글거리는 소리와 함께 뜨거운 철판 위에 담긴 부타 스테이크가 밥, 반찬, 미소시루 등과 함께 한 상으로 나온다.

하카타 역

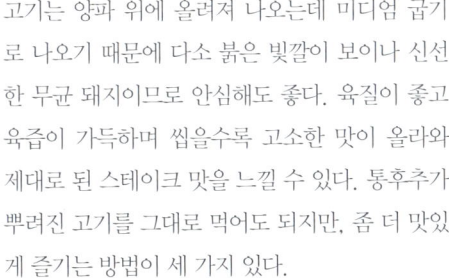

고기는 양파 위에 올려져 나오는데 미디엄 굽기로 나오기 때문에 다소 붉은 빛깔이 보이나 신선한 무균 돼지이므로 안심해도 좋다. 육질이 좋고 육즙이 가득하며 씹을수록 고소한 맛이 올라와 제대로 된 스테이크 맛을 느낄 수 있다. 통후추가 뿌려진 고기를 그대로 먹어도 되지만, 좀 더 맛있게 즐기는 방법이 세 가지 있다.

바로 생강 맛의 '쇼가쇼유しょうが醬油'에 찍어 먹는 방법, 간 무에 와사비를 추가한 '와사비오로시わさびおろし'를 올려 먹는 방법, 마늘이 들어간 '카라이미소辛味噌'와 함께 먹는 방법이다. 같은 부타 스테이크라도 먹는 방법에 따라 전혀 다른 맛을 느낄 수 있으니 취향에 따라 선택해서 먹어 보자. 그날그날 두 가지 종류의 밥이 준비되어 있어 선택이 가능하고, 리필이 가능하기 때문에 두 가지 종류의 밥을 다 먹어 보는 것도 좋은 방법이다.

1 간판이 따로 없는 토이치 **2 3** 부타 스테이크 1000엔 **4** 카페 같은 내부

하가쿠레 우동
葉隠うどん

- 福岡県福岡市博多区博多駅南2-3-32
- 092-431-3889
- 11:00~21:00, 일요일 및 공휴일, 오봉 연휴 휴무
- 하카타博多 역 치쿠시구치筑紫口에서 도보 11분
- 63P-K

하가쿠레 우동은 캐널시티 근처에 있는 인기 우동집 '우동 타이라'에서 우동 수행을 하신 분이 오픈한 우동집이다. 그래서 우동의 면, 토핑 등 전체적으로 우동 타이라와 흡사한 점이 많다. 후쿠오카 사람들 중에서는 하카타 역을 중심으로 '서쪽에는 우동 타이라, 동쪽에는 하가쿠레 우동이 있다'라고 말을 할 정도로 인기 있다.

모든 면은 호주산 밀가루를 사용하여 직접 만들고 있으며, 삶았을 때 면의 가운데는 납작하고 양 끝은 살짝 부풀어 올라 겉은 부드럽고 안은 찰기가 있다. 우동 국물은 가다랑어, 다시마, 눈퉁멸을 사용하여 우려낸 국물로 향과 여운이 긴 멋진 맛을 선보인다.

하가쿠레 우동의 인기 메뉴는 보리새우로 만든 에비카키아게 우동えびかき揚げうどん이다. 처음에는 바삭한 맛으로, 시간이 지날수록 국물에 젖어 부드러운 맛으로 즐길 수 있는 새우튀김 토핑을 올린 우동이다. 토핑을 조합해서 에비카키아게 고보 우동, 니쿠고보 우동 등으로도 먹을 수 있으니 좋아하는 토핑을 함께 주문해서 드셔 보시길. 또한, 우동과 함께 사이드 메뉴로 닭고기, 버섯, 야채를 넣어서 만든 카시와메시かしわ飯와 유부초밥인 이나리いなり를 같이 먹으면 더욱 더 맛있다.

2014년 발간된 '미슐랭 가이드 후쿠오카&사가 특별판' 빕 구르망(Bib Gourmand)의 수많은 후쿠오카의 우동집 중에서 유일하게 선정된 우동집이기도 하다.

1 에비카키아게 고보 우동 520엔 2 평범한 외관의 하가쿠레 우동 3 니쿠고보 우동 570엔

하카타 우오가시
博多魚がし

A 福岡県福岡市博多区博多駅中央街1-1 JR博多シティ B1F
T 092-413-5223
O 10:00~22:00, 1/1 휴무
? 하카타博多 역 지하 1층 하카타 이치방가이
M 63P-I

JR 하카타시티 지하 1층 하카타 이치방가이에 있는 회전초밥집이다. 매일 아침 수산시장에서 일괄 구매해 오는 신선한 해산물을 중심으로, 한 접시에 120~690엔까지 다양한 스시 60여 종이 준비되어 있다.

레일을 타고 돌아다니는 스시를 자유롭게 선택해서 먹어도 되고, 먹고 싶은 스시를 직원에게 하나씩 직접 주문해서 먹을 수도 있다. 하카타 우오가시의 스시들은 모두 재료가 큼직하고 신선해서 가격대비 맛과 양이 좋다.

저렴한 회전초밥인 100엔 스시와는 비교할 수 없을 정도로 회전초밥집 중에서는 상위 클래스의 스시를 선보이고 있다. 자신이 좋아하는 스시뿐만 아니라 제철 스시를 추천받아서 맛보는 것이 제대로 즐기는 방법이다.

사바さば(고등어), 엔가와えんがわ(광어 지느러미살), 이쿠라いくら(연어알), 우니うに(성게알)뿐만 아니라 붕장어 한 마리가 통째로 길고 큼직하게 나오는 야키아나고焼き穴子 스시와 한국에서는 스시로 접하기 어려운 타치우오太刀魚(갈치) 스시는 꼭 먹어볼 만하다.

1 상위 클래스를 자랑하는 하카타 우오가시 2 타치우오 260엔 3 우니 470엔, 이쿠라 470엔 4 엔가와 320엔 5 야키아나고 260엔 6 텟카마키 260엔 7 주토로 470엔

하카타 잇코샤 하카타 본점
博多一幸舎 博多本店

- **A** 福岡県福岡市博多区博多駅前3-23-12 光和ビル 1F
- **T** 092-432-1190
- **H** www.ikkousha.com
- **O** 월~토요일 11:00~24:00, 일요일 11:00~21:00, 연중무휴
- 하카타博多 역 하카타구치博多口에서 도보 6분
- **M** 62P-D

수백 개가 넘는 후쿠오카의 라멘집들 중 2004년 다이묘에 오픈한 하카타 잇코샤는 단기간에 후쿠오카 사람들의 입맛을 사로잡았으며, 이곳의 사장인 요시무라 코스케 씨는 현재 후쿠오카에서 주목받고 있는 젊은 사장이다.

하카타 잇코샤의 돈코츠 라멘은 대량의 돼지머리와 척추뼈의 피를 뽑아 비린내를 없애고, 여러 번 뼈와 스프를 교체하면서 맛을 조절하며, 소스는 후쿠오카 간장 세 종류와 20가지 이상의 조미료, 그리고 다섯 종류의 해산물을 혼합해서 만들어 낸다. 면도 자사제면소에서 모두 직접 만들고 있다.

진한 육수에 얇은 차슈와 파, 목이버섯이 토핑으로 올라간다. 면은 하카타 라멘의 특징인 조금 덜 익은 '카타멘'으로 주문할 것을 추천한다. 기본 맛인 잇코샤 라멘一幸舎ラーメン뿐만 아니라 진한 맛은 줄이고 깔끔하게 만든 시오돈코츠 라멘塩豚骨ラーメン, 특제 마유를 사용한 검은 빛깔의 쿠로 라멘黒ラーメン, 붉은색만큼이나 매운 아카 라멘赤ラーメン 등이 있다. 취향에 따라 달걀이나 차슈를 추가해서 먹으면 좋다. 사이드 메뉴로 차항(볶음밥)과 교자(만두)도 빼먹지 말자.

1 잇코샤 라멘 700엔 2 아카라멘 750엔
3 잇코샤의 다양한 메뉴 4 가게 전경

후키야
ふきや

🅐 福岡県福岡市博多区博多駅中央街2-1 博多バスターミナル8F
🅣 092-473-7471
🅞 11:00~20:00, 연말연시 휴무
❓ 하카타博多 역 하카타구치博多口에서 도보 3분, 하카타 버스터미널 8층
🅜 63P-G

하카타 버스터미널 8층에 위치한 후키야는 1965년에 창업한 오코노미야키집이다. 간사이풍도 히로시마풍도 아닌 후키야풍의 오코노미야키를 선보이고 있는데, 무엇보다 가격대비 양이 아주 만족스러운 곳이다.

오코노미야키에 들어가는 재료에 따라 에비(새우), 이카(오징어), 치즈, 타마고(달걀), 니쿠(고기) 오코노미야키가 있는데 인기 메뉴는 고기와 달걀이 함께 들어간 니쿠다마 오코노미야키肉玉子お好み焼き와 3가지 이상의 재료를 넣어서 만든 믹스 오코노미야키ミックスお好み焼き이다.

후키야의 오코노미야키는 두께뿐만 아니라 지름도 큼직하다. 여성에게는 기본 사이즈, 남성은 그보다 좀 더 크게, 학생들은 더욱 더 크게 만들어 준다. 주문할 때 "오오키메大きめ"라고 말을 하면 특대사이즈로 만들어 주는데 가격은 모두 동일하다.

후키야의 오코노미야키는 특제 소스를 바르고 아오노리(파래)를 뿌려서 마무리하는데, 그 진한 빛깔 때문에 탄 것으로 오해를 많이 받지만 소스 때문이니 안심해도 좋다. 맛의 완성은 특제 마요네즈와 후키야만의 오코노미야키 소스이다. 크리미하고 부드러운 마요네즈와 살짝 단맛이 돌면서 농후한 오코노미야키 소스를 얹어서 먹는 것이 후키야에서 오코노미야키를 맛있게 먹는 방법이다. 아삭한 야채와 함께 볶아서 내주는 야키소바도 추천 메뉴이다.

1 야키소바 550엔 **2** 마요네즈와 오코노미야키 소스 **3** 니쿠다마 오코노미야키 650엔

후톳파라
ふとっぱら

A 福岡県福岡市博多区博多駅前2-3-14 アコム博多ビル 2F
T 092-477-6101
H www.futoppara.com
O 18:00~06:00, 연중무휴
? 하카타博多 역 하카타구치博多口에서 도보 4분
M 62P-D

하카타 역 앞에 위치한 후톳파라는 가격이 저렴하고 새벽 늦게까지 영업을 하기 때문에 늦은 밤 방문하는 손님들이 많은 이자카야이다. 지금 후쿠오카의 30~40대 중에서는 대학생 때 많이 방문한 곳이라고 말하는 사람들이 많을 정도로 친숙한 이자카야이다. 이자카야 이름인 '후톳파라'는 배포가 큰 사람을 뜻한다.

간단한 에다마메, 두부, 아보카도, 스모츠 같은 '토리아에즈とりあえず' 메뉴부터, 야키토리 메뉴, 타타키, 에비 마요네즈, 교자 같은 일품 메뉴, 크로켓, 테바카시, 치킨난반 같은 튀김 메뉴, 그리고 미즈타키, 모츠나베 같은 나베 요리까지 준비되어 있다.

후톳파라의 최고 인기 메뉴는 라소멘ラーソーメン이다. 라멘 면을 소면처럼 말아서 츠유에 찍어 먹는다고 붙여진 이름으로, 후톳파라에 와서 라소멘을 안 먹고 가는 사람이 없을 정도로 인기 No.1 메뉴이다. 삶은 생라멘 면이 얼음을 넣은 찬물에 담가져 나오는데 큰 그릇에 놀라고 한 입 먹은 뒤 그 맛에 놀라게 된다. 시원하고 목 넘김이 좋은 면에 쇼유(간장) 베이스의 약간 단맛의 츠유가 잘 어울려 과식을 유발하는 메뉴이다. 계속 끌리는 맛에 카에다마(면 추가)는 기본이다.

1 늦은 밤까지 영업하는 후톳파라 **2** 토리 타타키 630엔 **3** 멘타이코 오믈렛 730엔 **4** 라소멘 450엔

하카타 역

다이소
ダイソー, DAISO

- A 福岡県福岡市博多区博多駅中央街2-1 博多バスターミナル店 5F
- T 092-475-0100
- H www.daiso-sangyo.co.jp
- O 10:00~21:00, 연중무휴
- ? 하카타博多 역 하카타구치博多口에서 도보 3분, 하카타 버스터미널 5층
- M 63P-G

1977년 창업한 다이소는 일본의 대표적인 '100엔숍'이다. 모든 제품을 100엔이라는 균일가에 판매하여 일본 현지인뿐만 아니라 관광객들도 많이 방문하는 곳으로, 일본 내에 약 2800여 개 점포, 해외 25개국에 약 840여 개의 점포가 있으며 한국에도 다이소 매장이 들어와 있다. 100엔숍이라고 하지만 실제로는 소비세가 있기 때문에 108엔에 판매된다.

하카타 버스터미널 5층에 위치한 다이소는 약 945평 규모로 서일본 최대 매장 크기를 자랑하고 있으며, 생활용품, 인테리어 용품, 문방구, 그릇, 과자 등 없는 것이 없는 종합 판매장이다. 100엔이라는 저렴한 가격에 그 이상의 가치가 있는 상품들이 많아서 수많은 아이템 속에서 숨은 보물찾기처럼 매장을 샅샅이 살펴보며 다니는 한국인 관광객들도 많다.

요도바시 카메라
ヨドバシカメラ

A 福岡県福岡市博多区博多駅中央街6-12
T 092-471-1010
H www.yodobashi.com
O 09:30~22:00(식당가 11:00~23:00), 연중무휴
? 하카타博多 역 치쿠시구치筑紫口에서 도보 2분
M 63P-I

1960년 창업한 요도바시 카메라는 카메라, PC, 가전제품 등을 판매하는 일본의 대표적인 전자제품 쇼핑몰이다. 일본 전국에 20여 개의 체인점이 있으며, 규슈에서는 후쿠오카의 요도바시 하카타가 유일한 점포이다.

1층은 카메라, 휴대폰, 시계, 2층은 생활 가전제품, 3층은 게임, 완구, CD/DVD 등을 판매하고 있으며, 4층에는 레스토랑과 어뮤즈먼트 시설이 있다. 특히 3층에는 건담 판매매장인 'GUNPLA'가 있어서 마니아들이 많이 방문하고 있다.

약 1150대 규모의 대형 주차장도 완비되어 있어서 규슈 전역의 많은 사람들이 방문하는 곳이다.

하카타 역

캐널시티 하카타
キャナルシティ博多

A 福岡県福岡市博多区住吉1-2
T 092-282-2525
H canalcity.co.jp
O 판매점 11:00~21:00, 음식점 11:00~23:00
? 하카타博多 역 하카타구치博多口에서 도보 12분
M 62P-C

캐널시티 하카타는 1996년 4월에 도심 재개발 프로젝트로 오픈하였으며, 270여 개의 다양한 숍과 2개의 대형 호텔(그랜드 하얏트 후쿠오카, 캐널시티 후쿠오카 워싱턴 호텔), 극장, 영화관, 레스토랑 등이 집합된 대형 복합 엔터테인먼트 시설이다. 캐널(운하)이라는 이름의 유래처럼 시설을 가로지르는 180m의 운하를 중심으로 스타 코트, 문 워크, 센터 워크, 선플라자 스테이지, 어스 워크, 시 코트의 공간을 거닐며 자연을 모티브로 한 유니크한 디자인의 건물을 즐길 수 있다.

선플라자 스테이지에서는 오전 10시부터 밤 10시까지 매시간 정각에 음악과 함께 즐거운 분수 쇼를 볼 수 있다. 음악에 따라 다양한 모습으로 변화하는 춤추는 물의 예술을 놓치지 마시길.

본관 및 별관 건물로서 노스 빌딩, 2011년 9월에 새롭게 오픈한 이스트 빌딩, 2012년 9월에 리뉴얼한 사우스 빌딩 등에서는 다양한 잡화, 패션, 스포츠, 의류 숍, 카페, 레스토랑 등이 쇼핑과 휴식의 공간을 제공하고 있다.

캐널시티 하카타 내에는 다양한 예술 작품도 있는데, 한국이 배출한 세계적인 아티스트 백남준의 작품 'Fuku/luck, fuku=Luck, Matrix'가 캐널시티 하카타 벽면에 설치되어 있으며, 세로 10대, 가로 18대의 TV 모니터가 백남준의 비디오 아트

1 2011년 9월 새롭게 오픈한 이스트 빌딩
2 캐널시티

3 선플라자 스테이지
4 분수 쇼
5 카페 무지
6 7 라멘 스타디움

세계를 표현하고 있다. 또한, 2011년 9월에 오픈한 이스트 빌딩 입구에는 타이완 출신 아티스트인 Hung Yi의 작품 'Lucky Frog'가 새로운 마스코트로 손님들을 맞이하고 있다.
캐널시티 하카타에서 꼭 방문할 만한 곳으로 라멘 스타디움을 꼽을 수 있다. 일본 전국의 유명한 라멘집 8곳이 모여 있는 푸드 테마파크로서 각 라멘집은 부정기적으로 교체되고 있으며, 평일 오후 6시 이후에는 라멘 이자카야 거리로 변신하여 현지인들과 관광객들을 유혹하고 있다.

하카타 101
HAKATA 101

A 福岡県福岡市博多区博多駅東2-4-30 101号
T 092-577-0769
O 10:00~19:00, 일요일 및 공휴일 휴무
? 하카타博多 역 치쿠시구치筑紫口에서 도보 5분
M 63P-1

후쿠오카를 여행하는 한국인 관광객을 위한 카페&숍인 하카타 101. 하카타 101은 하카타 역 치쿠시구치筑紫口 쪽으로 도보 5분 거리에 있으며, 다양한 일본의 유니크한 상품 판매뿐만 아니라 한국인들의 관광 안내도 도와주는 곳이다.

일본 전통 제품, 여성용 뷰티 상품, 커피 상품, 그릇 등 다양한 상품을 판매하고 있으며, 가장 인기 있는 상품은 달걀밥 전용 간장인 하카타마고한かたまごはん 간장과 토끼 모양의 고체 향수인 우사기 퍼퓸이다.

하카타 101에서는 후쿠오카 지자케地酒(그 고장의 술)와 일본 소주도 판매하고 있으며, 시음이 가능하기 때문에 직접 맛을 보고 선택할 수 있다. 또한 온라인 주류 쇼핑몰 '술마르쉐'에서 구입한 상품을 보관 및 수취할 수 있는 곳이기도 하다.

여름에는 유카타 구입 및 렌탈 서비스를 제공하고 있다. 하카타 101은 무료 와이파이가 설치되어 있고, 짐 보관 서비스(1000엔 이상 구매 고객 대상)도 함께 하고 있다. 하카타 101의 일본 스태프들은 모두 한국 유학 경험이 있어서 한국어가 유창하기 때문에 언어 걱정 없이 마음 편히 방문할 수 있는 곳이다. 쇼핑 시 면세 혜택도 있으니 여권을 꼭 챙기도록 하자.

1 후쿠오카 지자케들 **2** 우사기 퍼퓸 860엔 **3** 하카타마고한 간장 324엔 **4** 면세 쇼핑이 가능하다

후 쿠 오 카

쇼 핑 의 중 심

텐 진

天神

스이쿄 텐만구
水鏡天満宮

- A 福岡県福岡市中央区天神1-15-4
- T 092-741-8754
- O 06:30~20:00
- ? 텐진天神 역 12번 출구에서 도보 3분, 아크로스 후쿠오카 앞
- C 무료   M 118P-B

후쿠오카 텐진에 있는 스이쿄 텐만구는 그 이름에서 알 수 있듯이 다자이후와 관계 깊은 스가와라 미치자네菅原道真와 관련된 신사이다. 스이쿄水鏡라는 이름은 901년 교토에서 다자이후로 좌천되어 하카타에 도착한 스가와라 미치자네가 이마이즈미今泉 근처의 강을 건널 때 그의 수척한 모습이 강물에 비친 것에서 유래된 이름이다.

스이쿄 텐만구는 텐진사마天神様를 모시는 신사로, 텐진사마는 바로 스가와라 미치자네를 뜻하며 '스이쿄노텐진' 또는 '스가타미노텐진'이라고도 불렸다. 초기에는 이마이즈미에 있던 것을 1612년 후쿠오카 성주가 후쿠오카 성의 동쪽 수호신으로서 현재의 위치로 옮긴 것이다. 신사 내에는 다자이후 텐만구와 마찬가지로 고신규御神牛(소 동상)의 모습도 볼 수 있다.

후쿠오카의 '텐진天神'이라는 지명도 바로 이 신사에서 유래한 것이다.

아크로스 후쿠오카
アクロス福岡, ACROS Fukuoka

- **A** 福岡市中央区天神1-1-1
- **T** 092-725-9111
- **H** www.acros.or.jp
- **O** 3~4월 09:00~18:00, 5~8월 09:00~18:30, 9~10월 09:00~18:00, 11~2월 09:00~17:00
- **?** 텐진텐진 역 16번 출구와 연결
- **M** 118P-D

1995년 4월에 개관한 아크로스 후쿠오카는 후쿠오카의 새로운 랜드마크 및 국제, 문화 교류의 거점을 목표로 구 후쿠오카 현청 터에 건설되었다. 아크로스 후쿠오카는 'Asian Crossroad Over the Sea Fukuoka'의 약자이다.

아크로스 후쿠오카는 에콜로지 건축을 선보이는 녹음으로 가득한 계단형 외관이 특징으로, '산'을 주제로 대규모 옥상 녹화가 조성되어 바로 앞에 있는 텐진 중앙 공원天神中央公園과 일체화된 풍경을 연출한다. 녹화 면적은 5,400m²로 일본 내 옥상 녹화 시설 중에서는 최대 규모를 자랑하며, 열섬 현상의 완화, 단열 효과로 건물 내부의 냉방 경비의 저감 효과를 올리고 있다.

건물 내부의 커다란 아트리움은 시원한 개방감을 느끼게 해 주며, 후쿠오카 심포니홀, 국제회의장 등을 통해 다양한 공연과 문화 교류가 이루어지고 있다.

케고 신사
警固神社

- **A** 福岡県福岡市中央区天神2-2-20
- **T** 092-771-8551
- **H** www.kegojinja.or.jp
- **O** 09:00~19:00
- **?** 텐진 미츠코시 백화점에서 도보 2분
- **C** 무료　**M** 118P-F

후쿠오카 텐진 중심부에 있는 케고 신사는 카무나오비노카미神直日神, 오나오비노카미大直日神, 야소마가츠히노카미八十禍津日神를 모시는 신사로서, 예부터 질병이나 재앙을 막는 신을 모시는 곳으로 알려져 있다.

1608년 후쿠오카 성주에 의해 현재 자리에 축조되었으며, 1916년 현사県社로 지칭되었고 현재까지 후쿠오카 사람들의 액막이 및 수호 신사로 여겨지고 있다. 요즘은 합격 기원, 연애 성취 등을 위해 참배하러 오는 젊은이들이 많다.

케고警固라는 신사의 이름과 후쿠오카의 지명은 고로칸鴻臚館(헤이안 시대의 외교 시설)에 있던 치안 관청인 '케고쇼警固所'에서 유래된 것이다.

한편, 케고 신사가 모시는 신은 일본이 주장하는 삼한정벌三韓征伐을 이끈 신이기 때문에 불편한 일본 역사관의 단면을 볼 수 있는 곳이기도 하다.

텐진

후쿠오카 시 아카렌가 문화관
福岡市赤煉瓦文化館

A 福岡県福岡市中央区天神1-15-30
T 092-722-4666
O 09:00~21:00, 월요일(월요일이 공휴일인 경우 그 다음 날), 연말연시 휴무
? 텐진天神 역 12번 출구에서 도보 4분
C 무료 **M** 118P-B

1909년 구 일본생명보험 주식회사의 규슈 지점으로 준공된 건물로, 설계는 도쿄 역사를 설계한 타츠노 카타오카 건축사무소가 담당했다. 1969년 국가 중요 문화재로 지정된 이후, 일본생명보험이 이전하여 후쿠오카 시 교육위원회에서 후쿠오카 시 역사자료관으로 개관하였다. 1990년 후쿠오카 시 박물관에 자료를 이전한 후 중요 문화재로서 건물만 공개하던 것을 2002년에 '후쿠오카 시 문학관'으로 재개관하였다. 후쿠오카 시 문학의 역사, 특히나 근대 이후의 문학 그룹, 작자의 작품 및 잡지 등의 정보를 전시하고 있다.

붉은 벽돌과 흰색 화강암의 사용, 돔이나 첨탑, 창문 등은 19세기 말 영국의 퀸 앤(Queen Anne) 양식의 영향을 받은 건물로서, 외관의 붉은 벽돌(일본어로 아카렌가赤煉瓦) 때문에 '후쿠오카 시 아카렌가 문화관'으로도 불리고 있다.

라쿠텐치| 텐진 본점
楽天地 天神本店

- A 福岡県福岡市中央区天神1-10-14
- T 092-741-2746
- H www.rakutenti.jp
- O 17:00~23:30, 연중무휴
- ? 텐진天神 역 13번 출구에서 도보 1분
- M 118P-D

1 2 모츠나베 900엔(1인분)
3 2층에 위치한 라쿠텐치

1979년 오픈한 라쿠텐치는 후쿠오카 내에서 가장 대중적인 모츠나베(일본식 곱창전골) 전문점이다. 이곳 텐진 본점 이외에도 3개의 분점이 있다.

'맛있게, 배불리, 싸게'를 모토로 1인분 900엔의 모츠나베를 제공하고 있다. 저렴한 가격에 나베(냄비) 가득 양배추와 부추가 산처럼 쌓여 나오는 모습은 압권이라고 할 수 있다. 대창, 천엽, 양 등 6종류의 내장이 들어가며, 쇼유(간장) 베이스의 스프를 사용해서 깔끔한 맛이다. 끓일수록 내장과 양배추의 단맛이 국물에 듬뿍 우러나 좀 더 풍성한 맛의 모츠나베를 즐길 수 있고 중간에 고춧가루를 넣어서 매콤하게 맛의 변화를 즐길 수 있다. 모츠나베의 마무리는 역시나 짬뽕. 라쿠텐치에서는 짬뽕 면이 무제한으로 제공되기 때문에 부족함 없이 양껏 먹을 수 있다.

건물 1층은 다른 가게이고 라쿠텐치는 2~3층인데, 가게 안 계단을 통해서 2~3층으로 올라가는 조금 독특한 건물 구조이므로 당황하지 마시길.

로바타야키 이소가이
ろばた焼 磯貝

A 福岡県福岡市中央区今泉1-12-23 西鉄今泉ビル1F
T 092-732-3349
H www.hakata-isogai.net
O 17:30~01:00(L.O. 00:30), 부정기 휴무
? 텐진미나미天神南 역 1번 출구에서 도보 2분. 빅 카메라 1호관 옆
M 118P-F

텐진 빅 카메라 옆에 있는 로바타야키 이소가이는 해산물 중심의 이자카야로, 매일 아침 수산시장에서 경매로 받아오는 신선한 해산물을 카운터에 가득 전시해 놓고 손님들을 맞이하고 있다.

어부의 집에서 태어나 유년기 시절부터 고기잡이에 나섰고 현재도 수산업을 하고 있는 사장님이 운영하는 곳이라 값싸고 신선한 해산물을 먹을 수 있다는 것이 장점이다. 그 사실은 사시미 모리아와세刺身盛り合わせ만 주문해 봐도 바로 알 수 있다. 긴 접시에 담겨 나오는 사시미 모리아와세는 강한 임팩트와 함께 제

1 산쇼쿠즈시 1500엔, 아나고 스시 1200엔 2 시라코 폰즈 1260엔
3 로바타야키 이소가이 외관 4 사카나노육케 1200엔
5 사시미 모리아와세 2700엔 6 사카나노육케 7 우니 1720엔

철 재료의 맛을 최대한 살린 상태에서 손님들에게 제공하기 때문에 만족도가 높다.

아지鰺(전갱이), 사바鯖(고등어), 아와비鮑(전복) 등을 단품 회로 주문해서 먹어도 좋으며, 우니ウニ(성게), 카니カニ(게), 이쿠라イクラ(연어알)의 세 가지 색 초밥이 함께 나오는 산쇼쿠즈시三色壽司도 추천 메뉴이다. 호소마키 위에 재료들이 듬뿍 올려져 나와 맛도 양도 모두 잡은 메뉴이다. 또한 생선을 우리나라 육회와 같이 만든 사카나노육케魚のユッケ라는 재미있는 메뉴도 있다.

해산물을 회, 초밥, 튀김, 구이요리 등 다양한 맛으로 즐길 수 있어 손님들의 발길이 끊이지 않고 있으며, 이 자카야 안은 흥겨운 시간을 보내는 사람들로 언제나 왁자지껄한 분위기가 연출된다.

마코토
真

- **A** 福岡県福岡市中央区天神1丁目15-3
- **T** 092-712-0201
- **O** 11:00~13:45, 17:00~22:30, 일요일 및 공휴일 휴무
- **?** 텐진天神 역 12번 출구에서 도보 3분, 스이쿄 텐만구 옆
- **M** 118P-B

후쿠오카에서 고등어(사바)라고 하면 고마사바가 유명하지만 야키사바(고등어구이)로 점심시간에 많은 손님을 모으고 있는 곳이 있는데, 바로 마코토이다. 점심시간에는 특별히 주문을 받지 않는데, 메뉴가 오직 야키사바테이쇼쿠焼きサバ定食(고등어구이 정식) 한 가지뿐이기 때문이다.

자리에 앉으면 녹차 한 잔과 함께 두부와 츠케모노漬物를 준다. 고등어가 나오길 기다리며 두부에 간장을 살짝 부어 전채로 먹으면 입맛이 돋우어진다.

기름기 오른 고등어를 노릇노릇 맛있게 구워낸 야키사바는 역시나 고등어 배 쪽의 기름기가 눈에 확 들어온다. 마코토는 언제나 맛있는 고등어를 공급하기 위해 고등어 제철에 1년치 고등어 약 10톤을 한꺼번에 구입해서 저장한다고 한다. 따라서 언제나 제철 고등어를 구이로 맛볼 수 있는 곳이다.

조금 퍽퍽한 살 쪽은 다이콘오로시(간 무)를 올려서 먹으면 좋고, 고등어에서 제일 맛있는 부위 중 한 곳인 껍질 밑 검은 살과 바삭한 껍질이 야키사바의 진수를 맛보게 해 준다. 마코토는 스이쿄 텐만구 옆 골목에 위치하고 있다.

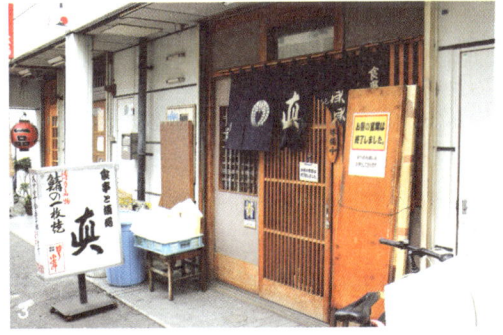

1 야키사바 테이쇼쿠 900엔 **2** 전채로 나오는 두부 **3** 고등어 전문 음식점 마코토

무스비메
Musubime

A 福岡県福岡市中央区天神4-3-30 天神ビル新館 1F
T 092-714-3910
H www.meshimaru.com/musubime
O 월~금요일 07:45~18:30, 토~일요일 및 공휴일 10:00~17:00, 부정기 휴무
? 텐진天神 역 11번 출구에서 도보 4분
M 118P-A

무스비메는 기타텐진 쪽에 있는 오무스비おむすび 전문점으로, 오무스비는 우리가 '오니기리'라고 부르는 주먹밥을 말한다. 음식점 이름은 사람과 사람을 음식으로 이어서 묶는다는 의미에서 '매듭'을 뜻하는 '무스비메結び目'에서 따온 것이다.

무스비메는 일본 전국농업협동조합연합회(JA全農) 후쿠오카 현 본부인 'JA젠노후쿠렌JA全農ふくれん'이 운영하는 곳으로, 쌀 카페를 표방하며 후쿠오카 현의 브랜드 쌀 홍보 및 보급을 위해 힘쓰고 있다. 따라서 후쿠오카의 브랜드 쌀인 '겡키츠쿠시元気つくし'로 주먹밥을 만들고 쌀의 판매도 겸하고 있다.

무스비메의 인기 메뉴는 이치주산사이 세트一汁三菜로 주먹밥 2개에 반찬 3가지, 그리고 미소시루가 포함된 세트 메뉴이다. 보통 '이치주산사이'라고 하면 국 한 가지와 반찬 세 가지로 된 일본식 기본 식단을 말한다.

흰 쌀밥에 김을 두른 주먹밥은 연어, 우메보시, 다시마 등이 안에 들어 있으며, 죽순, 차조기, 미역이 들어간 주먹밥도 있다. 반찬은 대부분 후쿠오카산 식재료로 만드는데 죽순, 야채, 닭튀김, 달걀말이 등이 있으며 맛이 심심해서 속을 편하게 해 주는 음식들이다.

1

2

3

4

1 야채 반찬 100엔, 카라아게 110엔
2 깔끔한 내부 **3** 이치주산사이 세트 600엔 **4** 우메보시 주먹밥 130엔

시라스 쿠지라
しらすくじら

- **A** 福岡県中央区天神1丁目11-17 福岡ビル B1F
- **T** 092-738-8002
- **O** 11:30~14:30, 17:00~24:00(주말은 저녁만 영업), 연중무휴
- **?** 텐진天神 역 11번 출구에서 도보 1분, 후쿠오카 빌딩 지하 1층
- **M** 118P-C

후쿠오카 텐진의 후쿠오카 빌딩 지하 1층에 있는 시라스 쿠지라는 어촌마을의 어머니가 만드는 가정요리를 콘셉트로 한 인기 이자카야이다. 이자카야의 이름은 '시라스(치어)부터 쿠지라(고래)까지'라는 의미로 모든 해산물을 망라한 재료를 사용한다는 뜻으로 붙인 이름이다.

술과 잘 어울리는 안주 요리를 300~400엔대로 저렴하게 제공하고 있으며, 가장 인기 있는 메뉴는 나마우니生うに, 마구로 나카오치まぐろ中落ち, 에비후라이エビフライ이다.

한 판 가득 나오는 나마우니는 신선하고 녹진한 성게의 맛이 일품. 마구로 나카오치는 살이 붙어있는 참치 뼈 한 덩어리가 그대로 나오는데, 참치 뼈에 붙어 있는 살을 스푼으로 긁어먹는 재미가 있다. 에비후라이는 큼직한 새우를 그대로 튀겨낸 것으로, 바삭한 튀김옷과 통통한 살의 새우 맛이 최고이다. 나마우니와 마구로 나카오치는 매일 한정 수량이니 일찍 방문해서 제일 먼저 주문하는 것이 좋다.

그날그날 만드는 가정식 반찬과 같은 친근한 안주 메뉴도 인기 있다.

1 에비후라이 480엔 **2** 언제나 만석을 이루는 가게 **3** 쿠지라 우네 580엔 **4** 마구로 나카오치 380엔 **5** 나마우니 500엔 **6** 마구로 나카오치와 나마우니

시라타마야 신자부로
白玉屋新三郎

- A 福岡県福岡市中央区天神1-4-1 大丸福岡天神店 B2F
- T 092-712-8181
- H www.shiratamaya.co.jp
- O 10:00~20:00, 부정기 휴무(다이마루 백화점 영업 기준에 준함)
- ? 다이마루 지하 2층
- M 118P-D

1 카라이모 시라타마 525엔 **2** 시라타마 아마미 262엔
3 화과자 전문점 시라타마야 신자부로

다이마루 백화점 지하 2층에 있는 시라타마야 신자부로는 1638년에 창업하여 약 380년의 역사를 자랑하는 화과자 전문점으로 특히 시라타마白玉가 유명하다.

시라타마는 찹쌀로 만든 일본식 경단을 말하는데, 시라타마야 신자부로의 시라타마는 일본산 찹쌀과 구마모토의 맑은 지하수로 만들어 탱글탱글하고 부드러운 질감과 함께 쫄깃한 맛으로 오랜 시간 규슈 사람들의 사랑을 받아오고 있다. 진열대에는 다양한 시라타마가 있어서 무엇을 먹어야 할지 즐거운 고민에 빠지게 된다. 매장 바로 옆에서는 시라타마야 신자부로의 다양한 화과자를 먹을 수 있는 카페가 마련되어 있다.

추천 메뉴는 카라이모 시라타마からいも白玉로, 시라타마를 넣은 구운 고구마 위에 캐러멜 소스를 얹은 것이다. 달콤한 군고구마와 쫄깃한 시라타마는 의외로 잘 어울리는 조합이다. 말랑말랑 쫄깃한 시라타마의 질감이 재미있고, 고구마에 캐러멜 소스까지 추가되어 단맛과 풍미가 배가된다. 속이 꽤 뜨겁기 때문에 주의해야 하며, 시원한 아이스크림과 세트 메뉴로 주문하는 것을 추천한다.

또한 쿠로미츠黒みつ(흑설탕으로 녹여 만든 액체), 키나코きなこ(콩가루), 아즈키あずき(팥) 등과 함께 먹는 다양한 시라타마 메뉴도 한번 먹어볼 만하다.

텐 진

신미우라
新三浦

A 福岡県福岡市中央区天神2-12-1 天神ビル B1F
T 092-721-3272
O 11:15~15:30, 17:00~21:00, 부정기 휴무
? 텐진天神 역 11번 출구에서 도보 1분, 텐진 빌딩 지하 1층
M 118P-C

1910년부터 이어온 오랜 전통의 미즈타키水炊き(백숙) 전문점이다. 신미우라의 본점은 하카타 항 국제터미널 근처 세키조마치石城町에 있으며, 이곳은 분점인 텐진점이다.

신미우라는 100년의 역사가 말해 주듯이 창업 때부터 현재까지 변함없는 맛으로 후쿠오카 사람들의 사랑을 받고 있으며, 미즈타키뿐만 아니라 오야코동親子丼 및 다양한 닭 요리로 인기를 얻고 있다. 특히 오야코동은 후쿠오카 내에서 No.1으로 손꼽는 사람들이 많은 인기 메뉴이다. 미즈타키의 진한 향은 텐진 빌딩 지하 입구에 들어서면 복도에서부터 맡을 수 있으며, 지나가는 사람들이 그 구수하고 진한 냄새에 이끌려 자연스럽게 가게 안으로 들어가게 된다.

1 미즈타키 코바치 테이쇼쿠 1950엔
2 오야코동 860엔 3 가게 이름이 적혀 있는 노렌 4 탄탄한 육질의 닭고기

신미우라의 미즈타키는 1인분 주문도 가능해서 혼자 방문해도 좋다. 1인분 미즈타키 메뉴는 미즈타키 코바치 테이쇼쿠水炊き小鉢定食인데, 뽀얗고 진한 닭 육수에 네다섯 덩어리의 닭고기가 담겨져 나온다. 미즈타키뿐만 아니라 밥과 반찬도 함께 나오며, 컵에 담긴 미즈타키 스프를 식사 전에 먼저 마시는 것이 미즈타키를 즐기는 정석이다. 탄탄한 육질의 닭고기와 금세 막이 생길 정도로 진한 닭 육수는 우리나라의 삼계탕처럼 먹고 나면 땀이 날 정도로 몸이 따뜻해지고 활기가 생기는 좋은 음식이다.

많은 사람들에게 호평받고 있는 오야코동은 신미우라의 점심 인기 메뉴로, 육질 좋은 닭고기 위에 부드럽게 달걀을 풀어서 올려 주는데, 진한 빛깔의 노른자를 따로 올려 줘서 더욱더 진한 맛의 오야코동을 맛볼 수 있다.

텐 진

신텐초 쿠라부
新天町俱楽部

A 福岡県福岡市中央区天神4-3-30 天神ビル新館 1F
T 092-731-4102
H www.shintencho.or.jp/shintencho_club
O 11:00~16:30, 연중무휴
? 텐진天神 역 1번 출구에서 도보 3분
M 118P-C

텐진의 아케이드 상가 신텐초 내에 있는 신텐초 쿠라부는 원래 신텐초의 각 점포 스태프들에게 점심 식사를 제공하기 위한 직원 식당이었는데, 후쿠오카 시민들에게도 개방하여 누구나 식사를 할 수 있게 되었다. 직원 식당답게 가격과 양이 아주 착하다.

입구에 있는 메뉴판과 실물 음식을 보고, 메뉴를 선택한 후 식판을 들고 줄을 서서 구두로 주문을 한다. 그 뒤 선택한 음식이 나오면 들고 계산대로 가서 계산을 하고 빈자리를 찾아 앉아서 식사를 하면 된다. 우리나라의 일반적인 직원 식당, 학생 식당과 비슷한 시스템이다.

메뉴는 돈카츠, 돈부리, 라멘, 카레 등 20여 가지가 넘는데, 인기 메뉴는 오므라이스와 스파게티이다. 케첩 맛 치킨라이스 위에 부드럽고 말랑말랑한 달걀을 올리고 데미그라스 소스를 뿌린 오므라이스는 오모리(곱빼기)로 주문해서 먹는 사람이 많다. 또한, 나폴리탄 스타일로 나오는 스파게티는 면과 함께 피망, 양파, 햄을 볶은 뒤 치즈가루를 뿌려 주는데, 카레라이스까지 주문해서 세트로 먹으면 든든하다.

신텐초 쿠라부는 일반 손님들이 많이 몰리기 때문에 신텐초 점포 스태프들의 자리 확보를 위한 테이블이 따로 있으니 여행객들은 앉지 않도록 주의할 필요가 있다.

1 입구에 있는 실물 음식들 **2** 오므라이스 600엔 **3** 스파게티 550엔

아운노 누쿠누쿠야
あ・うんのぬくぬく家

A 福岡県福岡市中央区天神2-3-36 ibbフクオカ 1F
T 092-739-1333
H www.aungroup.com
O 월~토요일 18:00~02:00(L.O. 01:00), 일요일 및 공휴일 18:00~01:00(L.O.24:00), 연중무휴
? 텐진미나미天神南 역 1번 출구에서 도보 4분
M 118P-E

1 하이볼 390엔
2 캐주얼한 분위기의 내부
3 후왓토 타마고야키(멘타이코) 680엔
4 바사시 모리아와세 1980엔
5 쿠로마메 크림치즈 550엔
6 아보카도 크림치즈 하루마키 650엔
7 고마 사바 980엔

텐진에 있는 아운노 누쿠누쿠야는 음식이 맛있는 캐주얼 이자카야이다. 자리에 앉으면 먼저 8종류의 오토시お通し를 보여 주며 인원수에 맞게 고르도록 해 주는데, 그날그날 바뀌는 오토시는 하나하나 허투루 만들지 않아서 첫 음식부터 이자카야 음식에 대한 기대치를 높여 준다.

아운노 누쿠누쿠야의 인기 메뉴 1~3위만 알고 가도 만족도 높은 시간을 보낼 수 있는데, 후왓토 타마고야키ふわっと玉子焼き, 쿠로마메 크림치즈黒豆のクリームチーズ和え, 아보카도 크림치즈 하루마키アボガドのクリームチーズ春巻き가 바로 그것이다.

후왓토 타마고야키는 폭신폭신하고 부드러운 달걀말이로 파, 치즈, 명란젓 등의 토핑을 추가할 수 있다. 쿠로마메 크림치즈는 크림치즈로 버무린 검은콩이 크래커와 함께 나오는데 고소하고 달콤한 맛으로 여성들에게 절대적 인기를 얻고 있다. 아보카도 크림치즈 하루마키는 아보카도, 크림치즈, 새우를 넣은 춘권을 그대로 튀겨서 내 주는데 아보카도의 진득함, 크림치즈의 고소함,

새우의 탱탱함이 입안에서 행복감을 느끼게 해 준다. 그 외에도 고마타레를 뿌려서 먹는 고마사바ごまサバ와 구마모토 명물음식인 말고기 회 바사시馬刺し도 인기 메뉴이다.
아운노 누쿠누쿠야의 자랑거리는 일본 전국에서 모아 온 100여 종의 우메슈梅酒(매실주)인데 각 지역별 맛의 차이를 비교하며 마시는 것도 재미 중 하나. 술과 음식을 좋아한다면 코스 요리와 함께 노미호다이飲み放題를 선택해, 2시간 동안 맛있는 음식과 다양한 주류를 마음껏 먹고 마실 수 있다.

아카이후센
赤い風船

- **A** 福岡県福岡市中央区天神2丁目 地下3号
- **T** 092-712-6544
- **H** www.akaifusen.jp
- **O** 10:00~21:00, 연중무휴
- **?** 텐진天神 역 11번 출구에서 도보 2분, 텐진 지하상가 내
- **M** 118P-A

1976년에 오픈한 아카이후센 텐진 지하상가점은 40여 년 가까이 변함없는 사랑을 받고 있는 스위츠 전문점이다. 가게 이름은 사장님이 감명 깊게 본 알베르 라모리스 감독의 프랑스 단편 영화 〈빨간 풍선〉(1956)에서 따온 것이다.

원래 아카이후센은 1968년 사세보佐世保에서 창업한 케이크 전문점으로 초창기의 치즈케이크가 개량과 발전을 거듭해서 현재의 맛과 모양을 선보이게 된 것은 1976년 후쿠오카 텐진 지하상가에 아카이후센을 오픈하면서부터이다.

아카이후센의 최고 인기 메뉴는 퐁당 프로마주(Fondant Fromage)이다. 2006년 판매를 시작한 이래 약 14만 개 이상이 팔린 초인기 상품으로, 폭신한 식감에 중독성 강한 농후한 치즈 맛이 매력이다. 폭신한 수플레 치즈케이크 안에 흘러내릴 듯이 부드러운 질감의 카망베르 커스터드가 절묘한 조화를 이루며 입안을 행복하게 해 준다. 텐진 스위츠 총선거에서 당당히 1위에 오른 인기 스위츠이다. 퐁당 프로마주는 딸기 맛도 있으니 함께 드셔 보시길.

그 외에 아카이후센의 스테디셀러 치즈케이크, 롤케이크, 타르트, 몽블랑, 푸딩 등 다양한 스위츠가 진열장에서 손님들을 유혹하고 있으니, 살짝 못 이기는 척 커피 한잔과 함께 잠시 동안 달콤한 시간을 보내고 가는 것도 좋겠다.

1 퐁당 프로마주 346엔 **2 3** 진열장에 가득한 색색의 케이크들
4 텐진 지하상가 내에 위치한 아카이후센

오토와즈시
音羽鮨

A 福岡県福岡市中央区天神2-7-22
T 092-741-0256
O 11:00~22:00, 연중무휴
? 텐진天神 역 1번 출구에서 도보 2분
M 118P-C

텐진 신텐초 부근에 있는 하카타 스시 명가인 오토와즈시는 1950년 5명만 앉을 수 있는 자그마한 스시 야타이로부터 시작되었다. 하카타의 전통 스시집답게 화려함보다는 깔끔함과 변하지 않는 맛, 서비스로 손님들을 맞이하고 있다. 60년이 넘는 노포답게 연식이 높으신 후쿠오카 어르신들의 단골집이다.

오토와즈시의 추천 메뉴는 점심에 제공되는 오스스메 니기리おすすめにぎり이다. 도미, 넙치, 가다랑어, 참치, 오징어, 성게, 새우 등 재료는 계절마다 바뀌지만 제철의 신선한 니기리즈시 10개에 호소마키, 차완무시, 미소시루까지 제공되어서 가격대비 양과 맛이 훌륭하다. 재료의 질과 맛만 생각하며 꾸밈없이 단정한 모습으로 나오는 스시에서 오랜 전통을 유지해온 스시의 공력을 느낄 수 있다.

그 외에 점심때 회 및 일품요리가 함께 나오는 정식 메뉴, 아지보우즈시あじ棒ずし, 사바보우즈시さば棒ずし, 치라시즈시ちらし寿司 등도 추천 메뉴이다. 특히 아지보우즈시는 나가사키산 전갱이를 사용해서 6~7월에만 맛볼 수 있는데, 두툼한 아지와 샤리 사이에 차조기를 넣고 독특하게도 김으로 감쌌다.

오토와즈시 바로 앞에는 스시를 테이크아웃할 수 있는 전문 코너도 마련되어 있다. 오토와즈시는 후쿠오카 노포 음식점의 모임인 하카타 구루메 클럽 중 한 곳이다.

1

2

3

5

1 2 5 오스스메 니기리 1500엔 **3** 치라시즈시 1100엔 **4** 오토와즈시 외관

요시다
よし田

A	福岡県福岡市中央区天神1-14-10
T	092-721-0171
H	www.kappo-yoshida.jp
O	11:30~14:00, 17:00~22:00, 일요일 및 공휴일 휴무
?	텐진天神 역 12번 출구에서 도보 2분
M	118P-B

텐진 골목 안에 조용히 자리 잡고 있는 요시다는 창업한 지 50여 년이 된 캇포割烹, 카이세키会席 요리 전문점이다.

저녁에는 카이세키 요리가 유명하고 점심에는 요시다 명물로 사랑받고 있는 타이차즈케鯛茶漬け가 인기 메뉴이다. 후쿠오카에서 타이차즈케라면 당연히 "요시다"라고 말하는 사람들이 많을 정도로 50여 년의 전통을 그대로 이어가며 후쿠오카 사람들에게 사랑받고 있다.

타이차즈케를 주문하면 도미 회가 담긴 그릇과 츠케모노가 함께 나온다. 도미 회는 고마타레가 부어져 나오며 그 위에는 김과 고추냉이가 올려져 나온다. 밥은 큰 밥통에 담겨져 나오는데 양이 넉넉하기 때문에 작은 그릇에 담아서 여러 번 덜어 먹을 수 있다.

타이차즈케를 맛있게 먹는 방법은 첫 번째 밥그릇은 도미 회를 고마타레, 고추냉이와 잘 버무려서 밥과 함께 먹고, 두 번째 밥그릇은 밥 위에 도미 회를 올리고 차를 부어서 오차즈케로 먹는 것이다. 즉, 도미를 첫 번째는 회로, 두 번째는 살짝 데친 것으로 먹어 두 가지의 느낌으로 즐길 수 있는 것이 매력이다. 쫄깃하고 탄력 있는 도미의 맛과 고소한 고마타레는 입 속에서 멋진 하모니를 만들어 준다.

1 2 타이차즈케 1080엔 **3** 카이세키 요리 전문점 요시다

◆ 캇포와 카이세키에 대하여 ◆

캇포割烹는 한자어대로 칼로 자르고(割), 불을 사용(烹)한다는 뜻으로, 대개 고급요리 또는 고급요리를 내놓은 음식점을 말한다. 메이지 시대 후기에 오사카에서 유행하던 음식 형태로, 카운터에서 손님과 마주한 상태에서 그날의 좋은 식재료로 고급 음식을 만들거나, 손님의 주문에 따라 즉석에서 음식을 만들어야 하기 때문에 그만큼 요리사가 뛰어난 실력을 가져야만 가능한 것이다.

카이세키에는 두 가지 형태의 음식이 있다. 그것은 懷石와 会席로, 같은 발음이지만 그 음식 형태와 목적은 완전히 다르다.

첫 번째 카이세키懷石는 다도의 한 형태로, 차를 대접할 때 공복에 자극이 강한 차를 마시는 것을 피하기 위해서 간단한 음식을 제공하는 것을 말한다. 말 그대로 배불리 먹는 음식이 아니라 차를 맛있게 마시기 위한 목적으로 제공되는 음식이다.

우리가 흔히 일본 온천에서 주로 접하는 코스 요리는 바로 두 번째 카이세키会席이다. 일반적으로 카이세키는 연회를 위한 음식으로, 대체로 젠사이(전채요리), 스이모노(국물), 사시미(회), 야키모노(구이), 니모노(조림), 식사, 과일순으로 나오는 코스 요리이다.

장 폴 에방
Jean-Paul Hevin

A 福岡県福岡市中央区天神2-5-35 岩田屋本店 本館 B2F
T 092-721-1111
H www.jph-japon.co.jp
O 10:00~20:00, 부정기 휴무(이와타야 영업 기준에 따름)
? 이와타야 백화점 본관 지하 2층
M 118P-C

이와타야 백화점 본관 지하 2층에 있는 장 폴 에방은 세계적으로 유명한 초콜릿 전문점이다. 1986년 프랑스 MOF(최우수 장인상)를 수상한 장 폴 에방의 초콜릿 상품을 맛볼 수 있는 곳으로, 일본 전국에 9개의 점포가 있으며 규슈에는 이곳이 유일한 매장이다.

장 폴 에방은 초콜릿과 케이크를 판매하는 케이브(Cave)와 커피, 차와 함께 초콜릿, 케이크를 맛볼 수 있는 바(Bar)의 두 공간으로 나뉘어 있다.

케이브에서는 장 폴 에방의 초콜릿, 케이크, 마카롱 등이 진열장 너머 손님들을 유혹하고 있다. 그 유혹을 참지 못하는 많은 여성들이 들뜬 얼굴로 상품들을 고르고 있다. 바에서는 장 폴 에방의 제품을 직접 먹을 수 있는데, 2014년 10월 말 리뉴얼 오픈으로 좀 더 넓은 공간에서 조용하고 달콤한 시간을 보낼 수 있다.

디저트를 좋아하는 사람들에게는 필수 코스가 되겠다.

1 봉봉 초콜릿(4개) 1681엔 **2** 초콜릿과 케이크를 판매하는 케이브 **3** 과아킬 618엔, 오렌지 마카롱 281엔 **4** 초콜릿 패션 662엔

추카소바 고야
中華そば郷家

- **A** 福岡県福岡市中央区渡辺通5-25-11
- **T** 092-713-1333
- **H** www.gouya-ramen.com
- **O** 11:00~23:00(일요일, 공휴일은 ~22:00), 연중무휴
- **?** 텐진미나미天神南 역 6번 출구에서 도보 1분
- **M** 118P-D

1995년에 개업한 추카소바 고야는 하카타에서 해산물계 스프의 원조로 불리는 추카소바(라멘의 옛말)집이다.

스프는 돈코츠(돼지뼈)를 베이스로 가다랑어포, 말린 고등어포, 다시마, 그리고 파, 인삼, 생강, 마늘, 버섯 등의 재료를 이용해서 만드는데, 일반적인 돈코츠 라멘의 단순한 맛보다는 좀 더 복잡하고 다양한 재료의 맛을 느낄 수 있다.

파의 흰색 부분만을 얇게 채 썬 뒤 아카미소(매운 소스)에 버무려서 토핑으로 올리는 카라네기 라멘辛ねぎらーめん이 인기 메뉴이다. 향긋한 참기름 내음에 알싸한 파의 맛이 라멘 토핑으로 아주 잘 어울린다. 무엇보다 라멘의 느끼함을 잡아 줘서 시원함을 느끼며 라멘을 먹을 수 있다는 것이 장점이다. 한국 사람들이 좋아할 만한 맛. 수북이 올려져 나오는 파와 함께 큼직한 차슈도 마음에 든다.

1 추카소바 고야의 외관 **2 3** 카라네기 라멘 680엔

카페 파디
Café Fadie's

- **A** 福岡県中央区天神2-11-3 ソラリアステージ B1F
- **T** 092-771-6556
- **H** www.fadie.com
- **O** 10:00~20:45(판매는 10:00~21:00), 연중무휴(솔라리아 영업 기준에 준함)
- **?** 텐진 솔라리아 스테이지 지하 1층
- **M** 118P-C

후쿠오카 텐진 솔라리아 스테이지 지하 1층에 있는 커피 전문점 카페 파디의 텐진점이다. 카페 파디는 1953년 창업한 후쿠오카 커피 전문점 체인으로 본사는 키타큐슈(361쪽 참조)에 있고, 규슈와 야마구치에 24개의 점포가 있다. 텐진점도 그중 하나.

단순히 커피만 마실 수 있는 곳이 아니라 신선한 원두도 함께 판매하고 있다. 원두커피의 신선도를 위해 로스팅한 지 2주 이내의 콩만 판매하고 있다. COE(Cup of Excellence) 인증을 받은 커피들을 판매하고 있는데, 커피 생산 국가에서 실시하는 품평회를 통해 엄선된 농가에서 출품된 최고급 커피 중 국제심사위원에 의한 심사회를 거친 커피만 COE 인증을 받고 있다.

1

텐 진

1 신선한 원두 2 카페 파디의 내부 3 판매되고 있는 원두들 4 커피 S 사이즈 120엔, M 사이즈 150엔 5 커피 플로트 300엔

카페 파디는 좋은 커피를 합리적인 가격에 즐길 수 있다. 커피 한 잔을 120엔(S 사이즈, M사이즈는 150엔, 아이스커피는 180엔)으로 마실 수 있다는 것. 시원한 커피 플로트와 커피 소프트크림도 추천 메뉴이다.

커피 관련 다양한 상품도 판매하고 있는데, 커피 기구부터 드립 커피, 카페오레 베이스 등이 있으며 독특하게도 커피 젤리도 판매하고 있다. 커피 젤리는 그냥 먹어도 좋지만, 카페오레나 아이스커피에 올려서 먹으면 더욱 맛있다.

카페 파디에서는 테이크아웃 메뉴로 컵만 제공해 주고 자신이 커피의 양과 맛을 조절할 수 있는 셀프 코너를 운영하고 있으며, 한국인을 위해 한국어 메뉴판도 준비되어 있으니 주문에 어려움이 없다.

키르훼봉

キル フェ ボン 福岡店, quil-fait-bon

- A 福岡県福岡市中央区天神2-4-11 パシフィーク天神 1F
- T 092-738-3370
- H www.quil-fait-bon.com
- O 11:00~20:00, 부정기 휴무
- ? 이와타야 백화점에서 도보 4분, 케고 신사에서 도보 3분
- M 118P-E

시즈오카에 본사를 두고 있는 키르훼봉은 일본 전국에 11개 점포가 있는 인기 타르트 전문점으로 규슈에는 오직 후쿠오카에만 분점이 있다. 오픈 시간에 맞춰 사람들이 줄을 서서 기다리고 있을 정도로 후쿠오카 20~30대 여성들의 절대적 인기를 얻고 있는 곳이다.

과일을 이용한 다양한 타르트를 선보이고 있으며, 계절마다 제철 과일을 사용한 신메뉴가 등장하기 때문에 타르트 메뉴에 따라 계절의 변화를 느끼는 재미도 있고, 그 계절에 가장 맛있는 과일과 타르트를 먹는 즐거움이 있다.

매장을 들어서면 바로 앞에 펼쳐지는 화려하고 아름다운 모습의 타르트에 마음을 뺏기며, 수많은 타르트가 손님들

텐 진

1 계절 후르츠 타르트 691엔(1조각) **2** 키르훼봉의 외관 **3** 딸기 타르트 615엔(1조각)
4 다양한 종류의 타르트들 **5** 블루베리 타르트 591엔(1조각)

을 유혹하기 때문에 한 가지만 고른다는 것이 너무나도 힘들다. 블루베리, 딸기, 복숭아, 무화과, 바나나, 포도, 파인애플 등 제철의 맛있는 과일이 듬뿍 올라가 화려한 색감을 자랑하며, 바삭한 타르트는 부드러운 커스터드와 신선한 과일의 맛이 절묘한 조화를 이루고 있다.

점내에는 타르트 판매 매장과 카페가 함께 운영되고 있기 때문에 테이크아웃도 가능하고 카페에서 커피, 홍차 등 음료와 함께 타르트를 먹으며 달콤한 시간을 보낼 수도 있다. 모든 타르트는 조각으로 판매하고 있기 때문에, 여러 명이 방문해서 각자의 취향에 따라 다양한 타르트를 선택해서 여러 가지를 한꺼번에 맛볼 수 있다.

키르훼봉 내의 전 직원은 모두 두건을 두르고 있는데, 재미있는 사실은 그 색깔로 신분을 알 수 있다는 것이다. 점장은 연지색, 사원들은 녹색, 기타 근무자들은 하늘색 두건을 하고 있다. 오렌지색 두건은 매달 투표하는 접객 No.1 직원에게 주어지는 두건이다. 방문할 때 두건의 색깔로 직원의 신분을 알아보는 것도 자그마한 재미 중 하나.

키스이마루
喜水丸

A 福岡県福岡市中央区天神2-11-3 ソラリアステージ専門店街 B2F
T 092-733-7165
H www.kisuitei.com/kisuimaru-tenjin
O 11:00~22:30(L.O. 22:00), 일요일 영업, 부정기 휴무
? 솔라리아 스테이지 지하 2층
M 118P-C

후쿠오카 텐진 솔라리아 스테이지 지하 2층에 있는 돈부리 전문점이다. 해산물을 주재료로 한 돈부리와 다양한 정식 메뉴들이 있는데, 가장 인기 메뉴는 하루 30그릇만 판매하는 키스이동喜水丼과 우니 한 판이 그대로 나오는 우니동ウニ丼이다.

키스이동은 방어, 고등어, 문어, 연어알, 도미, 연어, 새우 등 제철 생선 8종류가 함께 나오는 한정 돈부리이다. 선도가 좋고 풍성한 한 그릇인데 저렴하기 때문에 가격이 의심스러울 정도. 함께 나오는 고마타레에 찍어서 먹거나 메추리알과 함께 비벼 먹어도 좋다.

우니동은 성게를 좋아하는 사람들은 꼭 먹어 봐야 할 메뉴로, 신선하고 녹진한 맛의 성게가 호화롭게 한 판 통째로 나오는 모습에 반할 것이다. 성게와 밥을 따로따로 먹어도 좋고, 파, 달걀 지단, 김이 올려져 나오는 밥에 성게를 비벼 먹어도 좋다. 어떻게 먹어도 기분 좋고 맛있는 돈부리 한 그릇이다.

모든 돈부리 메뉴에는 미소시루가 함께 나오며, 100엔을 추가하면 밥이 오모리로 나온다.

1 3 키스이동 1280엔 **2** 우니동 1380엔

4 키스이동 5 우니동

키와미야
極味や

- A 福岡県福岡市中央区天神2-11-1 福岡パルコ B1F
- T 092-235-7124
- H www.kiwamiya.com
- O 11:00~23:00(L.O. 22:30)
- ? 후쿠오카 파르코 지하 1층 식당가 내
- M 118P-C

후쿠오카 파르코 지하 1층의 식당가 오이치카(Oichica)에 있는 키와미야는 야키니쿠 전문점이 운영하는 식당으로, '레어 햄버그'라는 새로운 개념의 햄버그로 인기몰이를 하고 있는 집이다. 많을 때는 한국인 손님이 전체 손님의 절반을 넘을 정도로 한국인 관광객들에게도 인기가 있으며, 키와미야의 햄버그를 벤치마킹한 햄버그집이 한국에도 생길 정도이다. 키와미야의 햄버그는 일본 내에서도 유명한 규슈의 이마리규伊万里牛를 사용하고 있으며, 고기 본연의 맛을 그대로 살리기 위해 차지게 뭉친 소고기를 겉만 굽고 안은 레어 상태로 제공한다. 육회처럼 레어 상태의 소고기를 그대로 먹어도 되지만, 함께 제공되는 달궈진 돌 위에 조금씩 올려서 각자 원하는 굽기로 구워서 먹는 것이 좋다.

1 이마리큐 햄버그 스테이크 단품 880엔부터. 세트 1180엔부터 2 깔끔한 내부 인테리어 3 고기 본연의 맛을 살려 겉만 익혀 레어 상태로 제공한다 4 달구어진 돌 위에 원하는 만큼 구워서 먹을 수 있다

키와미야의 햄버그는 두 가지 소스로 즐길 수 있다. 우선 기본 니쿠다레肉ダレ가 제공되고 추가적으로 5가지 중에서 하나를 선택하면 되는데, 아마다레甘ダレ, 유즈코쇼 폰즈柚子胡椒ポン酢, 히말라야 암염ヒマラヤ岩塩, 타마고&아마다레 토지玉子&甘ダレとじ, 와사비 쇼유わさび醤油가 있으니 취향에 따라 선택해서 먹어 보자. 햄버그의 양은 130, 160, 220g 중에서 선택이 가능하다. 또한 세트로 주문하면 밥, 미소시루, 소프트아이스크림까지 함께 제공된다.

같은 햄버그이지만 저녁이 점심때보다 조금 더 비싸기 때문에 가급적 점심에 방문하는 것이 좋다. 또한, 식사 시간에는 30분 이상 기다려 할 때가 많기 때문에 여행객들은 오픈 시간 전에 도착하거나 조금 늦은 오후에 방문하는 것도 하나의 방법이며, 1인 1메뉴 주문이 기본이니 꼭 주의하길. 한국인의 방문이 많아서 한국어 메뉴판도 준비되어 있고, 한국인 스태프도 상주하고 있으니 주문은 그리 어렵지 않다.

텐진 호르몬
天神ホルモン

- A 福岡県福岡市中央区天神2-11-3 ソラリアステージ専門店街 B2F
- T 092-733-7080
- O 11:00~22:00(L.O. 21:30), 1/1만 휴무
- ? 솔라리아 스테이지 지하 2층 식당가 내
- M 118P-C

후쿠오카 텐진의 솔라리아 스테이지 지하 2층에는 약 20여 개의 음식점이 모여 있는 식당가가 있다. 그곳에서 호르몬(곱창) 정식으로 인기 있는 곳이 바로 텐진 호르몬이다.
12석 정도의 작은 실내는 호르몬, 야키니쿠 굽는 냄새로 입안에 침이 돌며 밖에는 맛있는 호르몬을 맛보려는 사람들이 줄을 서고 있다.
텐진 호르몬의 인기 메뉴는 바로 마루초 테이쇼쿠丸腸定食이다. 소의 대창을 뜻하는 마루초가 밥, 반찬, 미소시루과 함께 나오는 정식 메뉴이다. 튼실한 대창을 호쾌하게 잘라서 철판에 굽고, 텐진 호르몬만의 특제 미소소스를 발라 내 준다. 대창과 함께 철판에 볶은 숙주나물, 당근, 부추도 함께 제공된다. 구워진 대창은 폰즈 소스, 레몬 소스, 스테이크 소스 중 취향에 따라 찍어 먹을 수 있다. 대창의 쫄깃한 식감과 고소함은 한 번 맛보게 되면 계속 찾게 될 수밖에 없다. 아삭한 숙주나물은 기름진 입안을 상큼하게 해 준다.
소 대창과 함께 야키니쿠, 스테이크, 돼지곱창 등을 조합해서 먹을 수 있는 마루초 믹스丸腸ミックス 메뉴도 있어서 선택의 폭이 넓다.

1 호르몬 정식으로 인기 있는 텐진 호르몬 2 마루초 테이쇼쿠 1280엔 3 폰즈 소스, 레몬 소스, 스테이크 소스 4 텐진 호르몬만의 특제 미소 소스

텐푸라 히라오
天ぷら ひらお

A 福岡県福岡市中央区天神2-6-27 天神東宝ビル 1F
T 092-752-7900
H www.hirao-foods.net
O 10:30~21:30, 연중무휴
? 이와타야 백화점에서 도보 2분
M 118P-C

영화관 '토호 東宝 시네마'가 있는 텐진토호빌딩 1층에 있는 텐푸라 히라오는 즉석에서 만든 튀김과 무제한 반찬이 합리적인 가격으로 제공되는 텐푸라 전문점이다. 후쿠오카 현에 6개의 점포가 있으며, 그중에 관광객들이 접근하기 좋은 곳이 바로 텐진점이다. 실내는 30명 정도 수용 가능하지만, 학생부터 일반인, 외국인 관광객까지 언제나 많은 사람들로 붐비는 인기 지점이다.

"맛있게, 싸게, 빠르게"를 모토로, 신선한 재료를 바로 눈앞에서 튀겨서 제공한다. 음식점 밖에 있는 식권 자판기에서 식권을 구입한 후, 안으로 들어와 자리에 앉으면서 식권을 내밀면 주문 완료. 다양한 재료가 모둠으로 나오는 정식 메뉴도 있고 단품으로 하나씩 주문할 수도 있다.

에비(새우), 니신(청어), 키스(보리멸), 이카(오징어), 사바(고등어) 등 10가지가 넘는 해산물과 나스(가지), 타마네기(양파), 카보차(호박), 피망 등 다양한 야채가 준비되어 있다.

텐푸라 히라오에서 꼭 먹어봐야 할 것은 바로 아나고(장어)와 사바(고등어) 텐푸라이다. 텐푸라와 함께 무료로 제공되는 반찬들도 인기가 있는데, 특히 유자가 첨가된 오징어 젓갈인 이카노시오카라 イカの塩辛가 손님들에게 가장 인기가 있다. 밥도둑이 따로 없어서 이카노시오카라 때문에 밥을 추가해서 먹는 사람들도 많다.

1 텐푸라 단품 120엔부터 **2** 텐푸라 테이쇼쿠 720엔, 아나고 텐푸라 단품 210엔 **3** 이카노시오카라

효탄 스시
ひょうたん寿司

A 福岡県福岡市中央区天神2-10-20 2F, 3F
T 092-722-0010
○ 11:30~15:00, 17:00~21:30, 연중무휴
? 솔라리아 스테이지에서 도보 2분
M 118P-C

니시테츠후쿠오카 역에서 도보 1분 거리의 쇼핑 빌딩 VIORO 옆에 있는 효탄 스시는 1973년에 오픈한 후쿠오카를 대표하는 스시집 중 한 곳이다. 간판에는 효탄ひょうたん(표주박)이라는 이름대로 표주박 그림이 그려져 있어서 찾기 쉽다.

효탄 스시는 점심 및 저녁 오픈 시간 10~20분 전에 방문하는 것이 좋다. 오픈도 하기 전에 이미 많은 사람들이 줄 서 있기 때문에 오픈 시간에 조금만 늦게 가도 꽤 오랜 시간을 기다려야 할 정도로 인기가 높다.

매일 신선하고 다양한 재료의 스시를 제공하고 있어서 먹고 싶은 스시를 하나씩 단품으로 주문해도 좋고, 무엇을 선택해야 할지 고민스러울 때는 10여 개의 스시가 모둠으로 나오는 니기리 모리아와세にぎり盛り合わせ나 제철이면서 당일 선도가 좋은 오스스메おすすめ를 먹는 것이 좋다. 효탄 스시에 꼭 빼먹지 말고 먹어 봐야 할 것이 바로 카니 크림 고로케蟹クリームコロッケ이다. 스시집에서 고로케가 나온다는 것이 조금 독특하지만, 큼직한 고로케 안에 있는 부드러운 게살 크림이 진한 맛을 주는 별미 메뉴이다. 한국인 여행자들에게도 많이 알려져 있는 솔라리아 스테이지 지하 2층의 효탄 스시는 카이텐즈시(회전초밥)로 운영되고 있으며, 역시 언제나 사람들이 줄 서 있는 초인기점이다.

1 니기리 모리아와세 1350엔부터
2 카니 크림 고로케 380엔
3 사시미 모리아와세 2880엔부터
4 표주박 그림의 간판

후루후루 텐진 빵 공방
フルフル天神パン工房

- A 福岡県福岡市中央区天神1-10-13 天神MMTビル 1F
- T 092-726-2655
- O 11:00~19:00, 화요일 휴무
- ? 텐진天神 역 12번 출구에서 도보 2분
- M 118P-D

1 2 MMT 빌딩 1층에 위치한 후루후루 **3** 먹음직스러운 다양한 빵들 **4 5** 명란을 넣은 멘타이 프랑스(335엔)가 가장 유명하다

2014년 9월 말 텐진 MMT 빌딩 1층에 오픈한 빵집이다. 명란을 넣은 바게트인 멘타이 프랑스明太フランス로 유명한 후쿠오카 시 외곽 마츠자키松崎에 있는 인기 빵집인 '후루후루'(349쪽 참조)의 텐진 분점이다.

본점보다 작은 규모라서 빵의 종류가 본점만큼 많지는 않지만, 인기 빵인 멘타이 프랑스를 마츠사키까지 가지 않더라도 먹을 수 있다는 사실만으로도 반가운 곳이다.

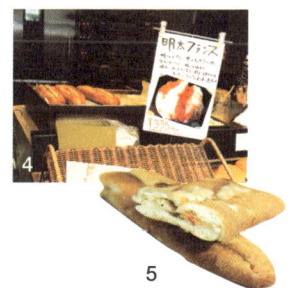

다이마루
大丸, Daimaru

- A 福岡市中央区天神1-4-1
- T 092-712-8181
- H www.daimaru.co.jp/fukuoka
- O 10:00~20:00, 부정기 휴무
- ? 텐진미나미天神南 역 3번 출구에서 도보 1분, 텐진 지하상가와 연결
- M 118P-D

지하철 텐진미나미 역과 인접한 와타나베도리 4초메에 있는 다이마루 백화점은 붉은 외관이 인상적이어서 텐진을 방문한 여행자라면 누구나 기억하는 백화점이다. 전국 체인인 다이마루 백화점의 후쿠오카 텐진점은 1953년 개업하였는데, 현재의 위치로는 1975년에 이전하였다. 본관과 동관 2개의 건물이 있으며, 본관과 동관을 연결하는 에르가라 파사주 광장에는 세련된 가게와 카페가 있어서 유럽에 온 듯한 기분이 들 정도로 멋진 곳이다.

텐 진

미츠코시
三越, Mitsukoshi

A 福岡市中央区天神2-1-1
T 092-724-3111
H www.m.iwataya-mitsukoshi.co.jp
O 10:00~20:00, 부정기 휴무
? 텐진미나미天神南 역 1번 출구에서 도보 3분.
텐진 지하상가와 연결
M 118P-D

텐진의 니시테츠후쿠오카(텐진) 역, 니시테츠 텐진 버스센터와 연결되어 있는 백화점이다. 1982년 나카스에서 개업하였으며, 현재 모습의 백화점은 1997년에 텐진에서 개업하여 현재까지 영업 중이다. 각 층마다 일본과 세계를 대표하는 톱 브랜드 매장이 입점해 있으며, 9층에서는 다양한 전시회 및 행사가 개최된다. 2010년 10월에는 이와타야 백화점을 흡수, 통합하여 후쿠오카 최대 규모의 백화점이 되었다.
미츠코시 정문 양쪽에 있는 사자상은 미츠코시의 상징적 동상이며, 그 앞은 많은 사람들의 약속 장소로 이용되고 있다. 또한, 니시테츠후쿠오카(텐진) 역과 텐진 버스센터와 직접 연결되어 있어서 접근성이 아주 좋다.

파르코

パルコ, Parco

A 福岡県福岡市中央区天神2-11-1
T 092-235-7000
H fukuoka.parco.jp
O 10:00~20:30
? 텐진天神 역 7번 출구에서 도보 1분
M 118P-C

예전 이와타야 백화점 본관 부지에 2010년 3월 개업한 파르코는 후쿠오카에서 가장 최근에 오픈한 백화점이다. 지하 1층부터 8층까지 잡화, 뷰티 관련 150여 점포가 입점해 있으며, 특히 캐릭터 숍으로 지하 1층의 디즈니 스토어, 8층의 텐진 캐릭터 파크 내 리락쿠마 스토어는 인기가 높은 매장이다.

여행자들에게 가장 인기 있는 곳은 지하 1층에 있는 오이치카オイチカ이다. '지산지소地産地消'를 콘셉트로, 규슈와 후쿠오카의 먹거리들을 모아 놓은 식당가이다. 특히 이마리규伊万里牛를 레어 햄버그로 즐길 수 있는 키와미야極味や(148쪽 참고)는 언제나 행렬을 이루는 인기점이다. 2014년 11월 초 파르코 건물 옆에 '파르코 신관'이 새롭게 오픈하였다.

텐 진

이와타야
岩田屋, Iwataya

A 福岡市中央区天神2-5-35
T 092-721-1111
H www.i.iwataya-mitsukoshi.co.jp
O 10:00~20:00(신관 7층은 11:00~22:00)
? 텐진天神 역 7번 출구에서 도보 4분
M 118P-C

이와타야 백화점은 규슈 최초의 터미널 백화점으로 1936년 개업하였다. 그 전신은 1754년 창업한 이와타야 포목상으로, 후쿠오카 최대 포목상으로 성장한 뒤 백화점업으로 진출하였다. 이와타야 백화점은 전국적 인지도는 낮으나 후쿠오카에서는 역사와 전통의 지역 대표 백화점이다.
본관과 신관 2개의 건물이 있으며, 2010년 10월에 미츠코시 백화점에 흡수, 통합되었지만 이름은 그대로 유지한 채로 영업하고 있다.

텐진 지하상가
天神地下街

A 福岡県福岡市中央区天神2 地下1~3号
T 092-711-1903
H www.tenchika.com
O 판매점 19:00~20:00, 음식점 10:00~21:00, 연중무휴
? 텐진天神 역에서 텐진미나미天神南 역 사이 지하
M 118P-C, 118P-D

텐진 지하상가는 후쿠오카 시 텐진 지하에 있는 지하상가로 후쿠오카 시내에 있는 2개의 지하상가 중 하나이다(다른 하나는 하카타 역 지하상가). '텐치카てんちか'라는 애칭도 있다.
1976년 개관하였으며, 2005년 지하철 나나쿠마센七隈線의 개통으로 남쪽으로 더욱 연장되어 현재는 텐진 1~12번가에 걸쳐 약 600m 구간에 150여 개의 점포가 입점해 있다. 텐진 지하상가의 하루 보행자 통행량은 약 40만 명에 달한다고 한다.
텐진 지하상가는 19세기 유럽의 이미지로 디자인되었으며, 돌바닥과 덩굴무늬 천장이 특징이다. '극장'이라는 콘셉트로 통행로의 조명은 다소 어둡게, 매장은 밝게 강조하고 있다.
지하철 텐진 역, 텐진미나미 역과 바로 연결되어 있을 뿐만 아니라 니시테츠후쿠오카(텐진) 역, 니시테츠 버스센터와도 연결되어 있어서 접근성이 좋으며 무료 Wi-Fi도 이용할 수 있어서 편리하다.

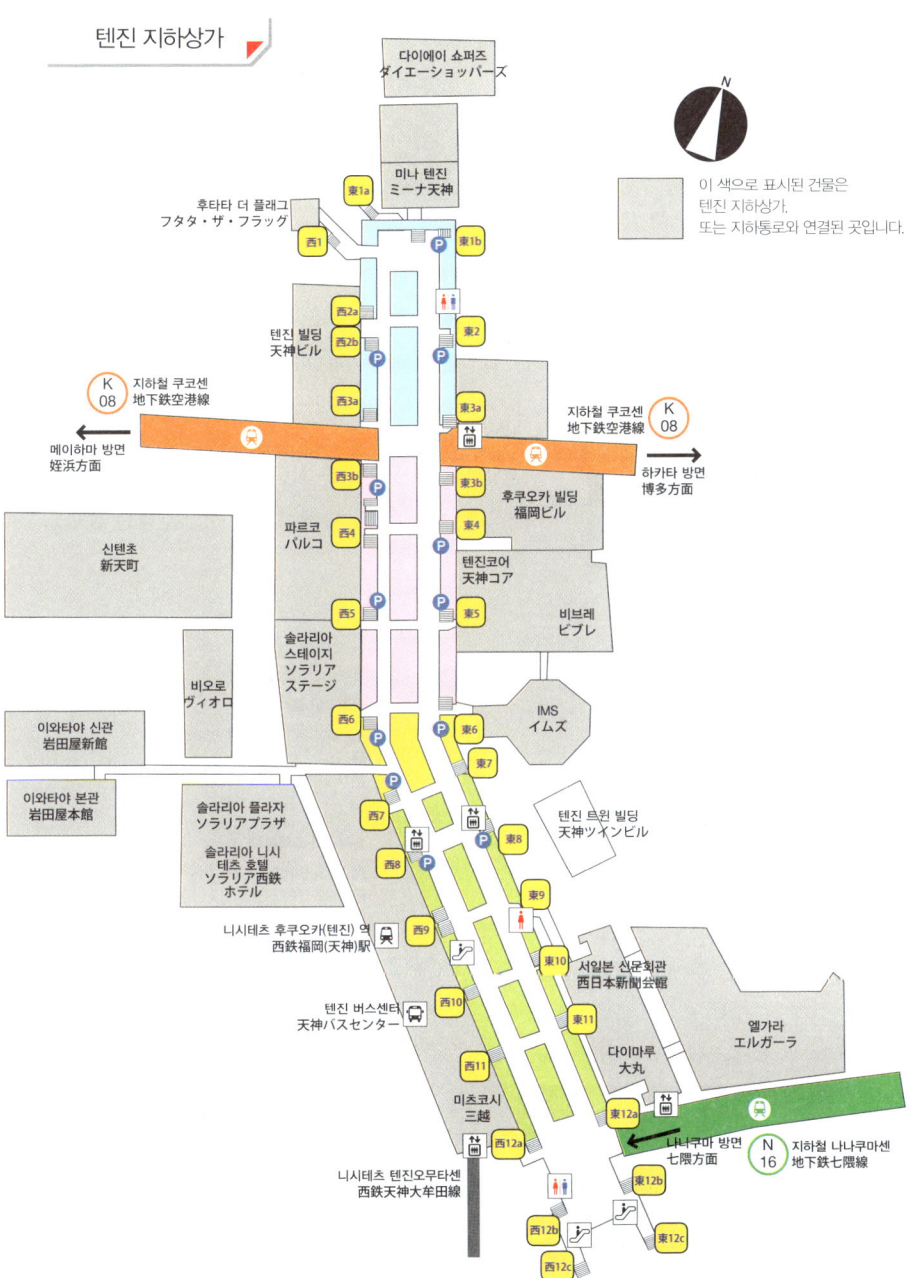

비오로
ヴィオロ, VIORO

- A 福岡市中央区天神2-10-3
- T 092-771-1001
- H www.vioro.jp
- O 11:00~21:00, 연중무휴
- ? 텐진天神 역 7번 출구에서 도보 3분
- M 118P-C

2006년에 오픈한 비오로는 건물 자체가 케이스 같은 인상의 패션 빌딩이다. 최신 트렌드의 패션 전문점이 많으며, 젊은 여성들에게 열렬한 지지를 받는 점포들이 많다.

솔라리아
ソラリア, Solaria

- ? 텐진天神 역 7번 출구에서 도보 4분
- M 118P-C

솔라리아 플라자
- A 福岡市中央区天神2-2-43
- T 092-733-7777
- H www.solariaplaza.com
- O 10:00~20:00, 부정기 휴무

솔라리아 스테이지
- A 福岡市中央区天神2-11-3
- T 092-733-7111
- H www.solariastage.com
- O 10:00~20:30(점포마다 상이), 부정기 휴무

솔라리아 플라자, 솔라리아 스테이지, 솔라리아 호텔, 영화관, FM 라디오 스튜디오도 함께 있는 복합 시설물이다. 솔라리아 플라자는 1989년, 솔라리아 스테이지는 1999년 오픈하였다. 솔라리아 스테이지에는 대형 잡화점 Incube가 입점해 있다.

텐진 비브레
天神ビブレ, Tenjin Vivre

- A 福岡県福岡市中央区天神1-11-1
- T 092-711-1021
- H www.vivre-shop.jp
- O 10:00~20:30(지하 1층 10:00~21:00), 연중무휴
- ? 텐진天神 역 11번 출구에서 도보 2분
- M 118P-D

텐진에 위치한 패션 빌딩으로 대형 쇼핑몰 회사인 이온(AEON) 계열의 패션 쇼핑몰이다. 패션, 잡화, 뮤직 등 다양한 매장들이 있으며, 특히 젊은 남녀들의 패션 쇼핑몰로 인기가 높다. 6층에는 애니메이션 마니아들의 성지인 '애니메이트'도 있다. 텐진 코어에 바로 인접해 있다.

텐진 코어
天神コア, Tenjin Core

- A 福岡市中央区天神1-11-11
- T 092-721-8436
- H www.tenjincore.com
- O B2F~6, 8F 10:00~20:00, 7F, 레스토랑 플로어 11:00~22:30, 부정기 휴무
- ? 텐진天神 역 7번 출구에서 도보 2분
- M 118P-D

1976년 오픈한 쇼핑몰로 젊은이들이 많이 몰리는 후쿠오카판 '109'이다.
루빈의 꽃병을 모티브로 한 텐진 코어의 로고는 '만남'과 '커뮤니케이션'의 의미가 담긴 것으로 텐진 코어의 첫 글자 T를 중심으로 사람의 얼굴이 마주보고 있다. 텐진 코어는 후쿠오카판 109답게 여성 패션의 메카로 다양한 여성 의류 매장들 때문에 후쿠오카의 10~20대의 젊은 여성들이 모여들고 있는 쇼핑몰이다.

이무즈
イムズ, IMS

- A 福岡市中央区天神1-7-11
- T 092-733-2001
- H www.ims.co.jp
- O 10:00~20:00(12, 13층 11:00~23:00), 부정기 휴무
- ? 텐진天神 역 7번 출구에서 도보 3분
- M 118P-D

1989년 오픈한 이무즈(IMS)는 Inter Media Station의 약자이다. 대부분의 사람들이 이무즈, 또는 이무즈 빌딩이라고 하지만 건물의 정식 명칭은 '텐진 MM 빌딩天神MMビル'이다. 외관이 황금색 타일로 장식된 팔각기둥 모양의 건물인 이무즈는 쇼핑 및 음식점뿐만 아니라 갤러리, 홀 등이 있으며 후쿠오카 시 국제교류협회가 운영하는 외국인을 위한 정보센터인 레인보우 플라자도 있다. 다목적 시설을 완비한 정보 발신형 빌딩이라고 할 수 있다.

신텐초
新天町

A 福岡市中央区天神2-9
T 092-741-8331
H www.shintencho.or.jp
O 점포마다 상이, 부정기 휴무
? 텐진天神 역 1번 출구에서 도보 2분
M 118P-C

후쿠오카 텐진에 위치한 신텐초는 1946년에 개업한 아케이드 상점가이다. 이름은 '새로운 텐진초新天神町'의 의미를 담고 있다. 현재 패션, 잡화, 액세서리, 포목, 서점, 레코드, 패스트푸드점, 음식점 등 약 100여 개의 상점이 입점해 있다.

신텐초의 중앙 광장에는 '메르헨 차임'이라는 이름의 일본에서 가장 큰 시계탑(높이 17m, 폭 25m)이 설치되어 있는데, 9:00~20:00까지 매시 정각에 종소리와 함께 음악에 맞춰 조각 인형들이 춤을 추는 모습은 신텐초의 명물거리이다.

레솔라 텐진
レソラ天神, Resola Tenjin

- A 福岡市中央区天神2-5-55
- T 092-781-8888
- H resolatenjin.jp
- O 점포마다 상이, 부정기 휴무
- ? 텐진天神 역 7번 출구에서 도보 5분
- M 118P-C

2011년 가을에 오픈한 레솔라 텐진은 상업 및 사무실의 복합 시설이다. 규슈 최초로 후쿠오카에 오픈한 바니즈 뉴욕, 명품 브랜드 루이비통, 리스토란테 아소, 골프웨어 전문점 ZOY 텐진점, 최대 400명을 수용할 수 있는 NTT 텐진홀로 구성되어 있다.

미나 텐진
ミーナ天神

- A 福岡県福岡市中央区天神4-3-8
- T 092-713-3711
- H www.mina-tenjin.com
- O B1F, 8F 10:00~21:00, 1~7F 10:00~20:00, 부정기 휴무
- ? 텐진天神 역 11번 출구에서 도보 2분
- M 118P-A

젊은이들에게 인기 있는 합리적인 가격의 패션 전문점을 중심으로 약 40여 개의 점포가 입점해 있다. 규슈 최대 규모의 유니클로가 5~6층에 입점해 있으며, 그 외에 MUJI, 드럭스토어 등 유명 점포가 다수 입점해 있다.

로프트
ロフト, LOFT

- A 福岡県福岡市中央区渡辺通4-9-25
- T 092-724-6210
- www.loft.co.jp
- O 10:00~20:00, 부정기 휴무
- ? 텐진미나미天神南 역 1번 출구에서 도보 3분
- M 118P-F

2007년 11월 규슈에서는 최초의 로프트가 텐진에 오픈하였다. 로프트는 1~7층까지 7만여 가지의 아이템이 가득한 생활 잡화 전문점이다. 1층에는 계절과 유행에 따라 인기 아이템 특집으로 운영되는 로프트 마켓이 있고, 각 층마다 건강 잡화, 가정용품, 인테리어, 문구 등 다양한 상품이 손님들을 유혹하고 있다.

빅 카메라
ビックカメラ, Bic Camera

빅 카메라 텐진 1호관
- A 福岡県福岡市中央区今泉1-25-1
- T 092-732-1112
- O 10:00~21:00, 연중무휴   M 118P-F

빅 카메라 텐진 2호관
- A 福岡県福岡市中央区天神2-4-5
- T 092-732-1111
- O 10:00~21:00, 연중무휴

- H www.biccamera.co.jp
- ? 텐진미나미天神南 역 1번 출구에서 도보 2분
- M 118P-E

1968년 군마 현에서 창업한 빅 카메라는 1978년 도쿄로 진출한 이후 일본 전국에 약 30여 개의 직영 점포를 운영하고 있다. 창업 초기에는 카메라 전문 할인 매장이었으나, 가전제품, PC, 주류, 자전거, 장난감 등 취급 품목을 계속 늘려나가고 있다. 후쿠오카에는 텐진 1, 2호관의 2개 건물이 있다.

텐 진

애플스토어
Apple Store

A 福岡県福岡市中央区天神2-3-24
T 092-736-6800
H www.apple.com/jp/retail/fukuokatenjin
O 10:00~21:00, 연중무휴
? 텐진미나미天神南 역 1번 출구에서 도보 6분
M 118P-E

애플이 운영하는 직영 판매점 및 기술 지원 센터이다. 최신 iPhone, iPad, iMac 및 관련 상품 등을 직접 만나볼 수 있으며, 구입 및 A/S 서비스가 가능하다.

정겨운 골목

다이묘·
아카사카

大名·赤坂

오호리 공원
大濠公園

- **A** 福岡県福岡市中央区大濠公園1
- **T** 092-741-2004
- **H** www.ohorikouen.jp
- **O** 연중 개방
- **?** 오호리코엔大濠公園 역 3번 출구에서 도보 1분
- **M** 170P-C

후쿠오카 시민들의 휴식처인 오호리 공원은 1929년에 개원한 후쿠오카 현이 운영하는 공원으로, 약 39만 8천m²의 부지에 가운데에는 약 22만 6천m²의 연못이 있다.

연못 주변 약 2km 일주 도로에는 운동, 산책 및 데이트를 즐기는 사람들이 많이 있다. 4개의 다리로 연결된 나카노시마中の島를 거닐며 시원한 바람을 맞고, 걷다 지치면 잠시 벤치에 앉아 식사와 음료를 즐길 수 있는 시민 공원이다. 연못에는 배와 오리보트가 준비되어 있어서 공원 데이트의 낭만을 즐길 수 있다.

오호리 공원 내에는 일본의 정취를 물씬 느낄 수 있는 일본 정원日本庭園, 일본 전통극 '노能'를 공연하는 노가쿠도能楽堂, 후쿠오카 시 미술관, 어린이 놀이터 등도 있으며, 주변에는 후쿠오카 성터, 마이즈루 공원이 있다.

다이묘 · 아카사카

후쿠오카 시 미술관
福岡市美術館 Fukuoka Art Museum

오호리 공원 내에 위치한 후쿠오카 시 미술관은 1979년 11월 개관하였으며 근현대미술과 고미술 관련 약 1만 4천여 점을 소장하고 있다. 1992년 후쿠오카 시 박물관, 1999년 후쿠오카 아시아 미술관 개관 시 소장품의 일부를 이관하여 각각 박물관과 미술관의 근간을 만들어 주었다.

수많은 소장품들은 근현대 미술실, 일본 공예실, 기획 전시실, 특별 전시실 등으로 나누어진 미술관 내 공간에서 수많은 전시회를 통해 일반인들에게 공개되고 있다. 또한, 전시실 내부뿐만 아니라 미술관 외부 곳곳에 설치된 특색 있는 조형물들은 꼭 놓치지 말고 봐야 할 관람 포인트이다. 특히 일본의 유명 작가 쿠사마 야요이草間彌生의 노란 호박 '펌킨(Pumpkin)'은 후쿠오카 시 미술관의 명물이다.

A 福岡市中央区大濠公園1-6
T 092-714-6051
H www.fukuoka-art-museum.jp
O 09:30~17:30, 월요일 휴관(월요일이 공휴일인 경우 그 다음 평일 휴관), 12월 28일~1월 4일 휴관
? 오호리코엔大濠公園 역 3번 또는 5번 출구에서 도보 12분
C 어른 200엔, 고등학생 및 대학생 150엔, 초등학생 이하 무료
M 170P-E

오호리 공원 일본정원 大濠公園 日本庭園

오호리 공원의 일본정원은 오호리 공원 개원 50주년을 기념하여 1979년부터 5년에 걸쳐 건설되어 1984년 개원하였다. 일본정원의 전통적인 정원 기법을 기반으로 일본의 고전미를 살린 츠키야마 린센築山林泉식 정원이다. 츠키야마 린센이란 흙과 돌로 산의 모양을 만들고, 정원 내에 연못과 시냇물을 만들어 물이 흐르도록 하여 자연의 경관을 표현한 정원 양식을 말한다.

오호리 공원의 일본정원은 12,000㎡ 공간에 산, 폭포, 연못, 정자 등을 설치하여 정원로를 따라 여유롭게 거닐면서 즐길 수 있도록 하였다. 또 정원 내에는 떡갈나무, 단풍나무, 녹나무, 느티나무 등 다양한 나무가 심어져 있어서 사계절 변화에 의한 정원의 이채로운 모습을 감상할 수 있다. 정원의 서쪽에는 물을 사용하지 않고 산수를 표현한 카레산스이枯山水식 정원도 배치되어 있는데 흰 모래는 물을, 배후의 돌은 산을 나타내고 있다.

정원 내에는 다실이 마련되어 있어서 일본 전통차를 즐기면서 정원을 감상할 수 있으며, 전통양식으로 지은 다실도 정원의 경관과 멋진 조화를 이루고 있다.

- **A** 福岡県福岡市中央区大濠公園 1-7
- **T** 092-741-8377
- **H** www.ohorikouen.jp/garden
- **O** 09:00~17:00(6~8월은 09:00~18:00).
  매주 월요일 휴원(월요일이 휴일인 경우는 그 다음 날), 12/29~1/3 휴원
- **?** 오호리코엔大濠公園 역 3번 또는 5번 출구에서 도보 12분
- **C** 어른 240엔, 어린이 120엔
- **M** 170P-E

다이묘 · 아카사카

스타벅스 후쿠오카 오호리코엔점
スターバックス福岡大濠公園店

오호리 공원 내에 있는 스타벅스 후쿠오카 오호리코엔점은 일본 전국에 있는 13개 콘셉트 스토어 중 하나이다. 후쿠오카에는 2개의 스타벅스 콘셉트 스토어가 있는데, 이곳 후쿠오카 오호리코엔점과 다자이후 텐만구 오모테산도점太宰府天満宮表参道店(370쪽 참조)이다.

오호리 공원을 이용하는 후쿠오카 시민들의 휴식처이며, 주변 경관을 고려한 환경친화적 디자인으로 만든 콘셉트 스토어로 조깅, 산책, 자전거를 이용하는 시민들을 위해 테라스 자리를 준비하였고 자전거 주차장 및 공기 펌프장, 세면장 등을 설치하였다. 애견과 함께 산책을 나온 시민들을 위한 배려 시설도 마련되어 있다.

또한, 미국 그린빌딩 위원회의 LEED 인증을 받은 건축물로 태양광을 이용하여 실내조명 효과를 올리고 전력 소비를 줄였으며, 내외벽에 목재를 사용하고 큰 유리창을 설치하여 따뜻한 분위기와 개방감 있는 공간을 연출하였다.

A 福岡県福岡市中央区大濠公園 1-8
T 092-717-2880
O 08:00~22:00, 부정기 휴무
? 오호리코엔大濠公園 역 3번 출구에서 도보 6분
M 170P-C

고코쿠 신사
護国神社

A 福岡県福岡市中央区六本松1-1-1
T 092-741-2555
H fukuoka-gokoku.jp
O 09:00~17:00
? 오호리코엔大濠公園 역 3번 출구에서 도보 14분
₩ 무료 M 170P-F

후쿠오카 성터 근처에 있는 고코쿠 신사는 1868년 후쿠오카 영주가 무진전쟁戊辰戰争에서 목숨을 잃은 사람들을 기리기 위해서 건립한 것이 그 시초이다. 그 후 메이지 유신 이후의 전쟁에서 목숨을 잃은 영령들을 모시며 국가의 무사태평과 평화를 기원하는 곳이다. 고코쿠 신사의 상징인 목제 도리이鳥居는 직경 1.6m, 높이 13m의 노송으로 만들어 그 웅장함을 자랑한다.

다이묘 · 아카사카

후쿠오카 성터
福岡城跡

- **A** 福岡市中央区城内
- **T** 092-711-4666
- **H** fukuokajyo.com
- **O** 연중무휴
- **?** 아카사카赤坂 역 2번 출구에서 도보 6분
- **C** 무료 **M** 170P-F

후쿠오카 성은 후쿠오카의 초대 번주인 쿠로다 나가마사黒田長政가 1601년부터 7년 동안에 걸쳐 건설한 성으로서, 바다 쪽에서 바라보면 학이 날갯짓을 하는 모습과 닮았다고 하여 '마이즈루 성舞鶴城'이라고도 불렸다. 후쿠오카 성은 천수대天守台, 혼마루本丸, 니노마루二の丸 등 약 50여 개의 망루와 10개가 넘는 성문이 있었다. 천수각의 존재는 현재까지 확실히 확인되지 않았지만, 많은 망루들이 일본 국가 지정 중요 문화재로 지정되었으며 후쿠오카 역사의 지표라고 할 수 있다.

현재 성의 일부 건축물과 돌담 등이 남아 있는 상태로 존재하고 있으며, 1957년 일본국가사적으로 지정되었다. 현재 성터의 대부분은 마이즈루 공원舞鶴公園이 되었고, 헤이와다이 육상경기장平和台野球場 등의 스포츠 시설이 들어서 있다.

천수대가 있었던 가장 높은 성터에서는 후쿠오카 성터를 360도로 둘러 내려다볼 수 있으며, 근처 오호리 공원뿐만 아니라 야후 오쿠 돔, 후쿠오카 타워가 보이며 멀리 하카타 만의 바다까지도 보인다.

마이즈루 공원
舞鶴公園

A 福岡市中央区城内1
T 092-781-2153
O 연중무휴
? 아카사카赤坂 역 2번 출구에서 도보 10분
M 170P-D

현재 마이즈루 공원의 위치는 후쿠오카 성터로 원래 후쿠오카 현청이 있던 자리이다. 후쿠오카 현청이 이전한 후 육군 주둔지를 거쳐 제2차 세계대전 이후 후쿠오카 성터는 공원으로 조성되었다.

공원 조성사업을 거쳐 1948년에 개원한 마이즈루 공원은 꽃과 녹음이 가득한 후쿠오카 시민들의 휴식처이다. 2월 매화를 시작으로 벚꽃, 모란, 작약, 수국, 연꽃 등의 다양한 꽃들이 계절마다 만개하여 후쿠오카의 대표적인 하나미花見(꽃놀이) 장소이기도 하다.

헤이와다이 야구장과 헤이안 시대에 설치된 외교 영빈관인 고로칸鴻臚館 유적이 발견된 지역을 역사 공원으로 정비하는 '마이즈루 성터 미래 구상(일명 센트럴 파크 구상)'에 따라 20년 계획으로 새로운 공원 정비 계획이 진행되고 있다.

케야키도리
けやき通り

H www.keyaki.st
www.keyaki-st.org
? 아카사카赤坂 역 2번 출구에서 도보 6분
M 170P-F, 171P-K

후쿠오카에서 가장 아름다운 거리로 손꼽히는 아카사카의 케야키도리는 1948년 국민체육대회 개최 시 정비된 도로로, 국도 202호선의 일부로서 고코쿠 신사護国神社에서 케고욧츠카도 교차점警固四つ角交差点까지의 약 800m 거리를 말한다. 이름에서 알 수 있듯이 케야키けやき(느티나무)가 약 100그루 정도 심어져 있어 아름다운 가로수길을 이루고 있다.

케야키도리를 따라 특색 있는 카페, 레스토랑, 갤러리, 잡화점, 서점 등 사람들의 발길을 머물게 하는 다양한 가게들이 늘어서 있으며, 푸르른 나뭇잎은 산책길을 낭만적으로 만들어 주어 많은 사람들에게 사랑받고 있다. 1994년에는 요미우리 신문사가 선정한 '신·일본 가로수 100선'에 선정되기도 했다.

다이묘 · 아카사카

간소 나가하마야
元祖長浜屋

- A 福岡県福岡市中央区長浜2-5-38 トラストパーク長浜1
- T 092-711-8154
- H www.ganso-nagahamaya.co.jp
- O 06:00~16:00
- ? 아카사카赤坂 역 1번 출구에서 도보 10분
- M 170P-B

1952년 창업한 간소 나가하마야는 하카타 라멘과는 또 다른 맑으면서도 깔끔한 맛의 돈코츠 라멘을 선보이는 나가하마 라멘의 원조집이다.

돈코츠 라멘의 특징 중 하나인 카에다마替玉(면사리 추가)의 발상지이기도 하다. 주변 나가하마 선어시장의 바쁘고 배고픈 상인들을 위해서 새벽 장사가 시작되었고, 빠르게 먹을 수 있는 조금 덜 익힌 면인 '카타멘'과 함께 면 추가 메뉴인 '카에다마'가 생겼다고 한다.

메뉴는 오직 라멘 하나뿐. 식권발매기에서 식권을 뽑고 자리에 앉을 때 면의 삶기만 말하면 된다. 면 삶기는 나마なま(생면), 바리카타バリカタ(덜 익은 면), 카타かた(조금 덜 익은 면, 고들고들한 정도), 후츠ふつう(일반적인 익은 면), 야와やわ(푹 익은 면) 등 다양한 선택을 할 수 있는데, 조금 덜 익힌 카타, 일반적인 후츠 중에서 선택하는 것이 무난하다. 또한 큼직하고 두꺼운 것이 아닌 잘게 찢은 차슈를 올려 준다.

취향에 맞게 맛을 조절할 수 있도록 각 테이블에는 베니쇼가紅生姜(생강절임)와 쇼유(간장)가 준비되어 있는데, 느끼하다고 생각되면 베니쇼가를, 좀 더 진한 맛을 원하면 주전자에 담긴 쇼유를 추가해서 먹는 것이 좋다.

1 간소 나가하마야의 외관 **2 3** 라멘 500엔

고코쿠
五穀

A 福岡県福岡市中央区赤坂2-1-8 ライオンズマンション赤坂1F
T 092-716-5766
O 11:00~21:30, 월요일과 첫 번째 화요일 휴무
? 아카사카赤坂 역 2번 출구에서 도보 7분
M 171P-I

후쿠오카 케야키도리에 있는 고코쿠는 오므라이스와 케이크 전문점이다. 가게 앞에 있는 화분, 나무로 만든 입구 문, 문에 있는 철제 손잡이까지 뭔가 아담함이 묻어나는 외관이 편안함을 주며, 18석 정도의 그리 크지 않은 내부는 포근함을 준다.

후쿠오카에서 오므라이스라고 하면 고코쿠의 오므라이스를 1순위로 올리는 사람들이 많을 정도로 고코쿠의 명물 음식은 오므라이스이다.

야키니쿠 오므라이스焼き肉オムライス, 갈릭 오므라이스ガーリックオムライス 등이 있지만, 제일 인기 있는 오므라이스는 바로 멘타이코 오므라이스明太子オムライス이다.

후쿠오카 명물인 멘타이코로 맛을 낸 밥에 부들부들하게 반쯤 익힌 달걀이 올려져 나오는데, 달걀구이의 정중앙을 잘 갈라서 펼치면 치즈가 들어간 부드러운 속살을 드러내며 밥을 폭 덮어준다. 멘타이코 밥에는 쌀뿐만 아니라 보리, 현미 등도 들어 있다.

멘타이코의 짠맛, 잡곡의 구수한 맛, 치즈의 고소한 맛, 그리고 달걀의 부드러운 식감이 멋진 조화를 이루며 행복한 시간을 보내게 해 준다. 함께 나오는 케첩은 신맛으로 작은 악센트를 준다.

후쿠오카에서 맛있는 오므라이스를 먹고 싶다면 가장 먼저 고려해 봐야 할 곳이다.

1 2 멘타이코 오므라이스 820엔 **3** 고코쿠의 외관

다이묘 · 아카사카

네지케몬
ねじけもん

A 福岡県福岡市中央区大名2-1-29 AIビルC館 1F
T 092-715-4550
O 17:30~01:00(일요일, 공휴일은 ~24:00),
연중무휴
? 아카사카赤坂 역 5번 출구에서 도보 3분
M 171P-J

1 스키야키 쿠시 380엔 **2** 반네기 부타 마키쿠시 180엔 **3** 네지케몬의 외관

야채를 돼지고기 삼겹살로 만 야사이 마키 쿠시やさい巻き串(야채 꼬치) 전문점. 자리에 앉으면 그날 주문이 가능한 마키쿠시를 담은 바구니를 보여 주며 주문을 돕기 때문에 일본어를 잘 모르는 한국인 여행객도 부담 없이 방문할 수 있다.

실파를 삼겹살로 만 반네기 부타 마키쿠시万ネギ豚巻き串는 파의 향긋함과 식감이 좋으며, 양상추가 들어간 레타스 부타 마키쿠시レタス豚卷串, 부추와 치즈가 들어간 니라 치즈 부타 마키쿠시ニラチーズ豚卷串, 오쿠라를 만 오쿠라 부타 마키쿠시おくら豚卷串, 팽이버섯과 파를 삼겹살로 만 뒤 스키야키 소스를 발라서 구운 다음, 달걀 노른자에 찍어 먹는 스키야키 쿠시すき焼き串 등 다양한 종류의 마키쿠시가 준비되어 있다.

그 외에도 모차렐라 치즈를 얇게 썬 애호박으로 만 모차렐라 주키니 마키쿠시モッツァレラのズッキーニ巻き串와 세세리せせり, 토리노키모とりの肝, 스나즈리砂ズリ 등과 같은 일반 꼬치 메뉴도 있다.

일본 이자카야에서는 나마비루(생맥주)가 정

4 다양한 꼬치들 **5** 오쿠라 부타 마키쿠시 200엔 **6** 한주쿠다마고 베이컨 마키쿠시 150엔 **7** 키마카레 키리탄포 300엔 **8** 점보 레몬사와 600엔

답이지만, 네지케몬에서는 레몬 사와를 주문해 보자. 큰 잔에 1리터로 나오는 점보 레몬 사와ジャンボレモンサワー는 시원하고 상큼한 맛이 마키쿠시와 잘 어울려서 인기가 높다.

우리나라의 떡볶이를 응용한 떡볶이 베이컨 마키トッポッキベーコン巻き串와 아키타의 명물음식인 키리탄포에 매운 키마카레를 올린 키마카레 키리탄포キーマカレーのきりたんぽ 같은 독특한 메뉴도 있다.

다이묘 · 아카사카

니쿠젠
ニクゼン

A 福岡県福岡市中央区大名2-12-17 大名クレッシェンド 2F
T 092-732-0022
H nikuzen.com
O 11:30~14:00(L.O. 13:45), 17:00~24:00 (L.O. 23:30), 일요일 영업, 부정기 휴무
? 아카사카赤坂 역 3번 출구에서 도보 2분
M 171P-G

아카사카에 2012년 오픈한 쿠로게와규黒毛和牛 전문점이다. 후쿠오카 내에는 수많은 야키니쿠와 스테이크 전문점이 있지만, 니쿠젠은 단시간에 화제를 낳으며 점심 영업 오픈 전부터 사람들을 줄 서게 만들고 있다. 그 이유는 가격대비 양과 맛이 훌륭한 스테키동ステーキ丼 덕분이다.

기본 스테키동인 레귤러를 500엔이라는 저렴한 가격으로 제공하고 있으며, 고기 양이 2배인 더블은 780엔이다. 하지만, 화제를 낳은 스테키동은 바로 하루 15명에게만 제공되는 '토쿠모리特盛' 스테키동이다. 300g이 넘는 스테이크가 산까지 쌓여서 나오는 그 모습에 놀라고, 미디엄으로 잘 구워서 입안에 육즙이 넘치는 맛에 또 놀라고, 그 스테키동이 단돈 990엔이라는 사실에 깜짝 놀라게 된다. 규슈산 A4 등급 이상의 쿠로게와규를 사용한 스테키동은 가격대비 맛과 양의 만족도가 최고라고 할 수 있다.

뚜껑이 덮이지 않을 정도로 가득 쌓여서 나오는 토쿠모리 스테키동은 가히 압도적이라고 할 만하다. 단순히 양만 많다면 큰 의미가 없지만, 고기의 질과 양념의 맛이 좋아서 맛있는 음식을 배불리 먹었다는 포만감과 행복감이 함께 밀려오는 스테키동이다.

스테키동이 제공되는 점심 영업은 월요일부터 토요일까지만 하며, 일요일과 공휴일은 점심 영업을 하지 않으므로 주의하시길.

1 2 4 토쿠모리 스테키동 990엔
3 니쿠젠의 외관

라루키이
らるきい

A 福岡県福岡市中央区大手門3-7-9
T 092-724-8185
H www.rarukii.co.jp
O 월~토요일 11:00~15:00, 18:00~22:00,
일요일 및 공휴일 11:00~15:00, 18:00~21:00,
수요일 휴무
? 오호리코엔大濠公園 역 2번 출구에서 도보 3분
M 170P-A

오호리 공원 앞 오테몬大手門에 있는 파스타 전문점 라루키이 앞에는 언제나 사람들이 대행렬을 이루고 있다. 기본 40분에서 1시간가량 기다려야 하는 줄을 서서라도 사람들은 라루키이의 파스타를 먹으려는 수고로움을 마다하지 않는다. 많은 연예인들이 좋아하는 파스타집이며 특히 일본의 전설적인 야구선수인 왕정치가 좋아하는 파스타집으로 화제가 되기도 했던 곳이다.

원래 라루키이는 1974년 히라오平尾에서 찻집으로 오픈하였다가 1987년에 파스타집으로 업종을 변경한 뒤, 1999년 지금의 장소로 이전하여 현재까지 인기 파스타집으로 많은 사람들의 사랑을 받고 있다.

다양한 파스타 메뉴가 준비되어 있지만, 라루키이의 인기

1 언제나 대행렬을 이루는 라루키이 **2** 멘타이 치즈 토스트 210엔 **3** 페페타마 1080엔
4 칸슈쿠토마토&베이컨&닌니쿠 1620엔

No.1 메뉴는 페페타마ペペたま, 그리고 No.2 메뉴는 바로 칸슈쿠토마토&베이컨&닌니쿠完熟トマト・ベーコン・ニンニク이다.

페페타마는 페페론치노와 타마고(달걀)의 합성어로서 이탈리안 파스타에 일본풍和風 맛이 가미된 라루키이의 오리지널 파스타이다. 올리브 오일에 마늘을 볶다가 고춧가루를 추가하고 자가 제조한 육수를 혼입한 뒤 달걀을 넣고 반숙 상태로 내놓는다. 쫄깃한 면발의 파스타 면에 달걀의 부드러운 맛과 마늘과 고춧가루의 약한 매콤함이 절묘한 조화를 이루고 있어서 손님들이 가장 많이 주문한다.

칸슈쿠토마토&베이컨&닌니쿠는 이름 그대로 베이컨, 마늘이 들어간 토마토소스의 파스타이다. 계약 농가로부터 직송된 토마토를 한 그릇당 2개 반을 사용하기 때문에 진한 토마토 맛을 물씬 느낄 수 있다.

처음 주문 시 토스트도 꼭 같이 주문하는 것이 좋다. 면을 다 먹고 난 뒤 남은 소스를 토스트와 함께 먹으면 또 다른 별미를 느낄 수 있다.

워낙 많은 사람들이 방문하는 곳이라 오픈 시간 10~20여 분 전에 방문하거나 저녁 늦게 방문하는 것이 오랜 기다림 없이 라루키이에서 파스타를 즐길 수 있는 방법이다.

마츠코
松幸

- **A** 福岡県福岡市中央区赤坂3-4-6
- **T** 092-712-1331
- **H** www.kyokaiseki-matsukou.jp
- **O** 11:30~15:00(L.O. 14:00), 17:30~22:00(L.O. 20:00), 월요일 휴무(월요일이 공휴일인 경우 그 다음 날이 휴무)
- **?** 아카사카赤坂 역 2번 출구에서 도보 16분
- **M** 170P-F

창업 40년이 넘은 마츠코는 후쿠오카에서 교토풍 카이세키 요리를 선보이고 있는 곳이다. 정형화된 카이세키 요리를 내놓는 것이 아니라 한두 달마다 계속해서 새로운 코스 요리를 선보이고 있다. 계절에 맞게 그때그때 제철 한정요리를 내놓는 것은 말할 것도 없다.

마츠코는 다양한 다다미방이 준비되어 있는데, 지극히 일본스러운 분위기에서 조용하고 편안하게 카이세키 요리를 즐길 수 있다.

마츠코의 카이세키 요리는 식전주로부터 시작하여 젠사이前菜, 니기리즈시握り寿司, 스이모노吸物, 사시미모리아와세刺身盛り合わせ, 야키모노燒物, 아게모노揚物, 무시모노蒸物, 고항御飯, 디저트 등이 순차적으로 나오며, 그 하나하나가 예술 작품처럼 색감이 좋고 정갈하게 나와서 그냥 먹기 아까울 정도이다.

계절에 따라 복어, 게 등의 특선 메뉴도 선보이고 있다. 10여 년 전 마츠코를 방문한 우리나라 법정스님에게 감명을 받고 한국어 공부를 열심히 하고 있는 오카미(여주인)의 친절한 대접은 덤이다.

후쿠오카 노포 음식점의 모임인 '하카타 구루메 클럽' 중 한 곳이다.

1~5 카이세키 요리 2600엔부터
6 마츠코 외관

다이묘·아카사카

멘코보 나카
麺工房 なか

- A 福岡県福岡市中央区大名2-11-10 1F
- T 092-714-0210
- O 11:00~15:00
- ? 아카사카赤坂 역 3번 출구에서 도보 3분
- M 171P-G

아카사카 역에서 도보 3분 거리에 있는 멘코보 나카는 제대로 된 간판이 없기 때문에 파란색의 '치쿠고 우동筑後うどん'이라고 적힌 깃발을 주의 깊게 살펴보며 찾아가야 한다. 무슨 배짱인지 모르겠지만 오전 11시부터 오후 3시까지 딱 네 시간만 영업을 하며 내부도 10명 남짓 앉을 수 있는 카운터석밖에 없는 자그마한 우동집인데도 우동 맛에 반한 많은 사람들이 끊임없이 방문하는 곳이다.

후쿠오카 우동의 대표 주자인 고보텐 우동을 주문하면, 맑은 국물의 우동 면 위에 고보텐(우엉튀김)과 파가 토핑으로 올려져 나온다. 시원하고 감칠맛 나는 국물은 부드러운 우동 면과 잘 어울리며, 아삭하고 씹을수록 고소한 맛이 올라오는 고보텐까지, 멘코보 나카의 우동은 심플하지만 '이것이 후쿠오카의 우동이다'라는 묵직한 신호를 보낸다.

다양한 토핑을 먹고 싶다면 소고기, 미역, 오뎅이 함께 나오는 우시와카마루牛若丸 우동을 추천하며, 후쿠오카 사람들이 우동집에서 꼭 함께 먹는 사이드 메뉴인 카시와메시かしわ飯가 오니기리로 나오기 때문에 한 번 먹어 보는 것도 좋다.

1 고보텐 우동 450엔 **2** 간판이 없으니 깃발을 주의 깊게 살펴보자 **3** 오니기리 한 접시 150엔 **4** 멘코보 나카의 메뉴들

모츠시게
もつ繁

- A 福岡県福岡市中央区赤坂2-3-27
- T 092-761-3497
- O 18:00~24:00, 첫 번째, 세 번째, 다섯 번째 일요일 휴무
- ? 아카사카赤坂 역 2번 출구에서 도보 8분
- M 171P-I

아카사카의 조용한 골목 안에서 모츠 스키야키もつのすき焼き라는 독특한 메뉴를 선보이고 있는 모츠(내장) 전문점이다.

모츠 스키야키는 대창, 양, 염통 등 6종류의 내장이 준비된다. 큼직한 냄비에 기름을 두르고 마늘부터 볶기 시작하며, 내장들을 하나씩 차례대로 넣어서 냄비에서 충분히 익혀낸다. 그 뒤 고춧가루와 술이 들어간 육수를 부어서 끓이는데, 이때 사진 촬영 찬스가 생긴다. 바로 냄비에 불을 붙여 불 쇼를 보여주는 것인데, 물론 이것은 내장의 잡냄새를 날리기 위함이다. 그 뒤 스키야키용 간장을 붓고 한소끔 더 끓인 뒤 먹으면 된다.

잡냄새 없이 쫄깃하고 맛있는 내장과 간장 베이스의 육수이지만 고춧가루가 들어가서 칼칼한 국물 맛이 한국 사람들의 입맛에도 잘 맞을 것 같다. 흡사 육개장을 먹는 기분이랄까. 모츠 스키야키를 어느 정도 먹은 뒤에는 양파와 두부를 넣어서 먹는데, 양파의 단맛이 국물 맛을 더욱더 감칠맛 나게 만들어 준다. 여기서 끝이 아니다. 여기에 양배추와 부추까지 넣어서 먹기 때문에 푸짐한 모츠 스키야키를 즐길 수 있다.

이래도 양이 부족하다면 마지막으로 짬뽕 면을 넣어서 먹을 수 있으니 잊지 마시길.

모든 과정은 스태프가 전부 만들어 주며 손님들을 지켜보며 먹기만 하면 되기 때문에 편안하다.

1 직접 만들어 주는 직원 2 3 4 모츠 스키야키 1200엔(1인분)

비스토로 타카기
bisとろタカギ

A 福岡県福岡市中央区赤坂1丁目3-6 コオリナヴィラ赤坂 201号室
T 092-732-3570
O 17:00~24:00(L.O. 23:00), 월요일 휴무
? 아카사카赤坂 역 2번 출구에서 도보 6분
M 171P-I

비스토로 타카기는 아카사카의 골목 안에 자리 잡고 있는 프렌치 비스트로이다. 한적한 골목이라 와인을 마시고 있는 마녀 모습의 간판을 잘 찾아봐야 하며, 간판을 따라 2층으로 올라가면 철문이 손님을 맞이한다. 무겁고 차가워 보이는 철문이 왠지 음식점 같지 않다는 생각이 들지만, 그 철문을 열고 들어가면 넓고 멋진 비스트로 공간이 나온다. 중앙에 오픈 키친이 있고 그 주변으로 카운터석이 둘러져 있는 모습이 시원한 공간을 연출하고 있다.

자리에 앉으면 먼저 시원하게 맥주 한 잔. 맥주 안주로는 치즈를 오븐에서 바삭하게 구워낸 짭조름하고 고소한 맛의 치즈 센베이チーズせんべい가 잘 어울린다.

1 가게 중앙의 오픈 키친 **2** 마녀 그림의 간판 **3** 하트랜드 맥주

4 스테이크 3000엔 5 J풍 야키스파게티 1000엔 6 스나기모 샐러드 1200엔 7 비스토로 타카기의 와인
8 치즈 센베이 400엔

비스트로이니 와인도 빠질 수 없다. 비스토로 타카기의 와인 리스트는 저렴하면서도 음식과 잘 어울리는 와인들이 많아서 즐거운 고민에 빠지게 된다. 물론 고급 와인도 준비되어 있다. 고급 와인은 별도의 와인 셀러에 보관되어 있고 직접 와인을 보고 고를 수 있다.

와인을 골랐으면 이제 그에 어울리는 음식들을 주문해 보자. 먼저 아몬드, 참나물, 고수 등이 닭모래집과 함께 나오는 스나기모 사라다砂肝のサラダ를 추천한다. 그 다음으로 와인에 고기가 빠질 수 없다. 비스토로 타카기의 명물인 스테이크 프리토ステック・フリット는 꼭 주문해서 드셔 보시길. 비스토로 타카기의 스테이크는 지방질이 적은 우둔살을 숙성시켜서 1파운드(455g)로 내주는데 와인과 아주 잘 어울린다. 마지막으로는 탄수화물을 빼먹을 수 없으니 J풍 야키스파게티J風焼きスパゲッティ를 추천한다.

간판에 적혀 있는 "Good Food for Great Liquor"처럼 와인과 함께 맛있는 음식으로 즐거운 저녁을 보낼 수 있는 곳이다.

소바기리 하타에
蕎麦切はたゑ

A 福岡県福岡市中央区舞鶴1-3-31 ハイラーク舞鶴1F
T 092-761-1402
O 12:00~14:00, 18:00~21:00, 일요일 및 공휴일 휴무
? 텐진天神 역 1번 출구에서 도보 6분
M 171P-G

마이즈루에서 텐푸라와 소바 맛으로 인기가 높은 소바기리 하타에는 한적한 골목 안 건물의 안쪽에 있어서 찾기가 쉽지 않은 은둔형 소바집이다.

실내는 카운터석과 테이블석으로 나뉘어 있는데, 초생달 모양의 카운터석을 추천한다. 그 이유는 텐푸라가 맛있게 만들어지는 과정을 눈앞에서 직접 볼 수 있기 때문이다.

기본적으로 소바집이지만 소바만큼이나 텐푸라도 유명한 집이다. 단품 소바만 먹어도 좋지만, 소바기리 하타에에서는 텐자루天ざる를 주문해서 텐푸라를 먹고 마지막으로 소바를 먹는 것이 정석이다.

제철의 해산물과 야채에 얇은 튀김옷을 입힌 뒤 시라시메유白絞油와 멘지츠유綿実油로 최대한 재료의 맛을 살리면서 하나하나 튀긴 훌륭한 솜씨의 텐푸라를 맛볼 수 있다.

10여 가지의 텐푸라를 먹었다면 다음은 소바 차례인데 니하치二八(밀가루와 메밀의 비율이 2:8)와 주와리十割(메밀 100%) 중에서 선택이 가능하다. 소바는 길지 않아서 먹기 편하며 향기가 좋고 씹을수록 구수함이 올라오는 여운이 긴 소바이며, 진하지 않고 살짝 단맛이 도는 츠유와 잘 어울린다.

1 2 텐자루 2800엔부터 **3** 초생달 모양의 카운터석

스즈키쇼텐
鈴木商店

- A 福岡県福岡市中央区赤坂1-1-17
- T 092-734-1155
- O 월~토요일 11:30~14:30, 17:00~02:00, 일요일 및 공휴일 11:30~15:00, 연중무휴
- ? 아카사카赤坂 역 2번 출구에서 도보 5분
- M 171P-I

후쿠오카의 번화가인 아카사카와 다이묘에서 살짝 벗어난 곳에 있는 하카타소바 스즈키쇼텐. 육수는 다시마, 조개관자, 고등어 등으로 만든 천연조미료와 가다랑어포, 돼지뼈, 닭 껍질, 12종의 야채를 숙성시켜 만들며, 후쿠오카산 밀가루와 오키나와산 소금으로 면을 만들어 3일 숙성시킨 후 사용한다.

후쿠오카에서는 돈코츠 라멘이 주류이기 때문에 괜찮은 쇼유 라멘이나 쇼유 돈코츠 라멘을 맛보기 쉽지 않은데, 스즈키쇼텐이 그 훌륭한 대안이 될 수 있다. 스즈키쇼텐에서는 하카타소바博多そば(쇼유 돈코츠), 하카타 시오소바博多塩そば(시오), 추카소바中華そば(쇼유) 등의 메뉴가 인기이다.

내부는 7~8명 정도 앉을 수 있는 카운터석과 4인용 테이블 2개로 그리 넓지 않은 공간. 하카타소바는 먼저 그릇에 쇼유(간장)를 붓고, 그 다음에 뜨거운 돈코츠 육수를 따로 붓는다. 차슈, 달걀, 파, 목이버섯이 면 위에 얹어져서 나오는데 육수를 맛보면 약간 짜다고 할 수도 있지만 깔끔하고 꽤 조화로운 맛이 난다. 면은 이 집에서 직접 만드는 약간 굵고 고불고불한 면으로 찰기와 면의 삶은 정도가 좋아서 만족스럽다.

하카타 시오소바는 맑은 육수에 역시 고불고불한 면으로 나온다. 감칠맛 나는 육수에 볶아낸 작은 양파칩이 풍미를 높여 준다. 시오 라멘은 배 속에 약간은 무거움을 주는 돈코츠 라멘과 달리 속을 개운하게 해 준다.

1 스즈키쇼텐의 외관
2 조리하는 과정을 볼 수 있다
3 하카타 시오소바 650엔
4 하카타 소바 650엔

아이보리시
アイボリッシュ, Ivorish

A 福岡県福岡市中央区大名2-1-44
T 092-791-2295
H ivorish.com
O 10:00~22:00(L.O. 21:00), 화요일 휴무
? 텐진天神 역 1번 출구에서 도보 5분
M 171P-J

2013년 6월에 오픈한 프리미엄 프렌치토스트 전문점인 아이보리시는 오픈과 동시에 후쿠오카 사람들에게 선풍적인 인기를 끌었다. 2010년부터 불기 시작한 팬케이크 열풍이 프렌치토스트로 옮겨지고 있는 중에 아이보리시는 타이밍이 좋았다. 현재는 후쿠오카의 인기를 등에 업고 도쿄에까지 진출하여 후쿠오카 본점 이후 두 번째 점포를 도쿄 시부야에 2014년 4월 개점하게 되었다. 도쿄 시부야점도 TV에 자주 소개되며 대기 시간이 1시간이 넘는 인기점이 되었다.

아이보리시(Ivorish)는 프렌치토스트 색상을 표현하는 아이보리(Ivory)와 '소중히 여긴다'는 뜻의 체리시(Cherish)를 합성한 말로, 소중히 여기는 고객들에게 맛있는 프렌치토스트를 대접하겠다는 뜻을 담고 있다. 따뜻한 프렌치토스트와 함께 아이스크림, 휘핑크림이 나오는 플레인과 블루베리, 바나나, 오렌지 등 과일을 듬뿍 올리고 치즈, 딸기 잼, 베리 잼을 뿌린 베리 디럭스가 인기 메뉴. 프렌치토스트와 함께 로스트 비프, 햄버그, 소시지 등이 나오는 프렌치 토스트 밀(French Toast Meal) 메뉴도 있다. 아이보리시의 모든 메뉴는 테이크아웃이 가능하다.

1 카페라테 500엔 **2** 대기하고 있는 사람들 **3** 프렌치 토스트(플레인) 1000엔 **4** 다질링 티 500엔

아카노렌
赤のれん

A 福岡県福岡市中央区大名2-6-4
T 092-741-0267
Q 11:00~24:00, 화요일 휴무
? 텐진天神 역 1번 출구에서 도보 4분
M 171P-J

후쿠오카 라멘의 양대 산맥인 '하카타 라멘'과 '나가하마 라멘' 중 하카타 라멘의 원조집으로 알려진 곳이다.

1946년 창업한 야타이 아카노렌의 초대 사장님이 전쟁 전 중국에서 맛본 십전소바十錢そば의 맛을 재현한 것이 하카타 라멘의 원조로 불리고 있다.

가게 입구 근처만 가도 진한 내음이 풍겨 나오는 아카노렌은 약 80kg의 돼지뼈를 형태가 없어질 때까지 장시간 동안 끓여서 라멘 스프를 만드는데, 흰색이 아닌 갈색의 진한 빛깔로 농후한 맛을 선보인다. 후쿠오카의 다른 라멘집보다도 얇고 납작한 극세면을 사용하며 면에 스프 맛이 잘 배어 있어 돈코츠 라멘의 진수를 맛볼 수 있다.

기본 라멘 이외에도 추가적으로 들어가는 토핑에 따라 차슈 라멘, 완탕멘, 멘마 라멘, 김치 라멘, 모야시 라멘, 와카메 라멘, 키쿠라게 라멘 등의 다양한 라멘이 있어서 좋아하는 토핑 위주로 라멘을 즐길 수 있다. 좀 더 라멘을 즐기고 싶다면, 면 추가를 할 수 있는 '카에다마替玉'도 잊지 말자.

1 2 라멘 550엔 **3** 아카노렌 외관

다이묘 · 아카사카

야마나카
やま中

- A 福岡県福岡市中央区赤坂1-9-1 サニー赤坂店 2F
- T 092-716-2263
- H motsunabe-yamanaka.com/akasaka
- O 17:00~23:30, 연말연시 휴무
- ? 아카사카赤坂 역 2번 출구에서 도보 3분
- M 171P-I

고급 호텔의 로비 같은 입구와 깔끔한 실내가 세련된 분위기를 연출하는 모츠나베(곱창전골) 전문점이다. 후쿠오카의 대표적인 모츠나베집으로 특히 여성들에게 인기가 높다.

본점은 후쿠오카 시 남쪽 오하시大橋 근처에 있으며, 이곳은 아카사카점이다. 야마나카 아카사카점은 약 220명의 인원을 수용할 수 있는 대형 규모이다.

모츠나베는 된장 맛의 미소아지みそ味, 간장 맛의 쇼유아지しょうゆ味, 샤브샤브しゃぶしゃぶ 중에서 선택하여 먹을 수 있는데, 가장 인기가 있는 것은 미소아지이다.

대창과 함께 우엉, 양배추, 부추, 두부, 곤약 등이 가득 담긴 냄비는 기본적으로 주방에서 한 번 익혀서 나온 것이기 때문에 테이블에 있는 IH렌지에 한소끔 끓여서 먹으면 된다.

대창과 야채를 건져 먹고 난 뒤에는 별도로 우엉, 양배추, 부추 등이 담긴 야채 그릇이 덤으로 나오기 때문에 추가적으로 넣어서 먹으면 되며, 모츠나베 육수는 리필이 가능하니 넉넉히 먹을 수 있다. 물론 대창과 야채의 추가 주문도 가능하다.

마지막에 짬뽕 면을 넣어서 먹거나 밥과 달걀을 넣어서 죽을 만들어 먹으면 좋다. 표면에 살얼음이 생길 정도로 차갑게 나오는 생맥주 한 잔과 함께 드셔 보시길.

1 호텔 로비 같은 입구 **2** 조스이(죽) 300엔 **3** 모츠나베 1500엔(1인분)

에그스 앤 띵스
Eggs 'n Things

A 福岡県福岡市中央区大名1-12-56 THE SHOPS 1F
T 092-737-7652
H www.eggsnthingsjapan.com
O 09:00~22:30(L.O. 21:30), 일요일 영업, 부정기 휴무
? 텐진天神 역 1번 출구에서 도보 5분, 이와타야 백화점에서 도보 1분
M 171P-J

하와이에서 1974년 오픈한 에그스 앤 띵스는 하와이 현지인뿐만 아니라 관광객들에게도 유명한 팬케이크 전문점이다. 2010년 3월 도쿄 하라주쿠에 첫 일본 분점을 오픈한 이래 일본 전역에 팬케이크 열풍을 불러왔다.

일본 전국에 8개의 분점이 있고, 규슈에서는 2014년 7월 최초로 후쿠오카에 테라스석까지 갖춘 약 100석 규모의 대형 분점을 오픈하였다. 에그스 앤 띵스의 콘셉트는 "All Day Breakfast". 아침뿐만 아니라 점심, 저녁때도 단품 팬케이크를 맛볼 수 있다. 딸기, 바나나, 블루베리 등 다양한 과일 토핑이 올라간 10여 개의 팬케이크가 있으며, 15cm 높이의 신선한 휘핑크림이 특징이자 맛의 매력이다.

대표 메뉴는 스트로베리 휘핑크림 팬케이크. 폭신한 팬케이크 위에 달콤함과 산미가 느껴지는 딸기, 그리고 가벼운 식감의 휘핑크림이 오리지널 하와이 팬케이크의 진수를 맛볼 수 있게 해준다. 팬케이크는 취향에 따라 함께 제공되는 메이플, 코코넛, 구아바 시럽과 먹으면 더욱더 맛있다. 팬케이크 이외에도 시금치, 베이컨&치즈 오믈렛과 수란이 올라간 에그 베네딕트도 인기 메뉴이다.

1 스트로베리 휘핑크림 팬케이크 1100엔 2 취향에 따라 시럽을 곁들이면 좋다
3 에그스 앤 띵스의 간판 4 드링크는 종류에 따라 350엔~450엔

다이묘 · 아카사카

왓파테이쇼쿠도
わっぱ定食堂

A 福岡県福岡市中央区警固2-10-12
T 092-781-3708
H tanakada.net/wappa
O 11:30~22:30, 연말연시 휴무
? 아카사카赤坂 역 2번 출구에서 도보 9분
M 171P-K

2003년에 오픈한 케고警固 지역의 인기 캐주얼 경양식당으로 요식업체 타나카다田中田가 운영하고 있다. 타나카다는 일본 쇼와 시대의 햄버그, 나폴리탄, 야키니쿠, 돈카츠, 소프트아이스크림 등 없는 것이 없던 백화점 대식당을 모티브로 한 다양한 음식점들을 운영하고 있다.

모티브대로 메뉴판을 보면, 너무나도 많은 메뉴에 고민스럽기 그지없다. 또 모든 메뉴에 사진이 첨부되어 있어서 외국인들도 주문하기 어렵지 않다.

인기 메뉴로는 새우튀김, 치킨난반, 생선구이, 달걀말이 등이 한꺼번에 나오는 왓파테이쇼쿠わっぱ定食와 돈카츠, 새우튀김, 햄버그, 달걀프라이, 비엔나소시지가 나오는 A런치Aランチ 등이 있으며, 소고기의 단맛이 물씬 나는 니쿠스이肉吸い와 돼지고기가 들어간 돈지루豚汁는 꼭 한번 먹어볼 만한 국물 메뉴이다.

매일 준비되는 6가지의 반찬이 무료로 제공되고 있다. 또한 밥도 무한 리필이라 배불리 먹을 수 있는 곳이다. 대부분의 메뉴는 테이크아웃이 가능하니 도시락으로 주문해서 따로 가져갈 수도 있다.

1 왓파테이쇼쿠 외관 2 A런치 1130엔
3 니쿠스이, 정식 메뉴에 추가하면 250엔부터
4 돈지루, 정식 메뉴에 추가하면 180엔부터
5 왓파테이쇼쿠 1520엔

이케다야
池田屋

A 福岡県福岡市中央区大名1-4-28
T 092-737-6911
O 18:00~24:00(일요일은 ~23:00), 부정기 휴무
? 아카사카赤坂 역 2번 출구에서 도보 8분
M 171P-I

1

2

3

다이묘의 좁은 골목 안에 있는 낡은 민가를 개조한 듯한 분위기의 인기 이자카야이다. 간판 없는 은둔형 이자카야로 닭 육수 베이스의 스프에 자가제조한 쫄깃한 교자 피의 닭 교자를 넣은 타키교자炊き餃子의 원조집인 이케다쇼텐池田商店의 두 번째 이자카야이다.

본점이라 할 수 있는 이케다쇼텐은 오미야大宮, 두 번째 이자카야 이케다야는 다이묘, 세 번째 이자카야 이케사부로池三郎는 이마이즈미, 네 번째 이자카야 이케퐁池ぽん은 하카타 역 치쿠시구치 쪽에 있다.

독특한 메뉴가 많아서 재미있는 곳인데, 테바사키 우즈라다마고 츠메야키手羽うずら卵詰め焼, 마루초 고보 츠메야키丸腸ゴボウ詰め焼, 우니이쿠라노세한주쿠타마고ウニイクラのせ半熟たまご 등이 추천 메뉴이다.

테바사키 우즈라다마고 츠메야키는 얼핏 보면 그냥 평범한 닭날개구이 같지만, 한입 먹어 보면 속 내용물에 즐거운 탄성을 지르게 된다. 닭날개 안에 메추리알과 교자 소가 들어 있기 때문이다. 신선한 아이디어가 재미있는 닭날개이다. 마루초 고보 츠메야키는 대창 가운데에 우엉을 꽂아서 대창의 달콤한 고소함과 우엉의 쌉싸름한 고

다이묘・아카사카

1 고즈넉한 골목 안에 위치한 이케다야 **2** 다케도후 500엔 **3** 마루초 고보츠메야키 900엔 **4** 사시미 모리아와세 1800엔 **5** 타키교자 700엔(1인분) **6** 우니이쿠라노세 한주쿠타마고 700엔 **7** 시샤모 난반즈케 500엔 **8** 타키교자 오지야 400엔 **9** 언제나 손님들로 가득한 내부

소함을 동시에 맛볼 수 있다. 우니이쿠라노세 한주쿠타마고는 반숙 달걀 위에 성게알과 연어알을 올린 것으로 진하면서 녹진한 맛이 최고이다.

이케다야의 명물음식인 타키교자를 먹지 않으면 아쉽다. 우리나라의 민둣국과 비슷한 타키교자는 테이블에 마련되어 있는 흑임자 유즈코쇼와 붉은 카라미소와 함께 먹으면 더욱더 맛있으며, 마지막에는 남은 국물에 짬뽕 면을 넣어서 먹거나 밥과 달걀을 넣어 죽으로도 만들어서 먹을 수 있으니 한국 사람에게도 친숙한 맛의 음식이다.

쟈쿠
Jacques

A 福岡県福岡市中央区荒戸3-2-1
T 092-762-7700
H www.jacques-fukuoka.jp
O 09:30~19:30, 화요일 및 첫 번째 월요일 휴무
? 오호리코엔大濠公園 역 1번 출구에서 도보 4분
M 170P-A

후쿠오카를 대표하는 파티셰인 오츠카 요시나리가 운영하는 디저트 카페이다. 오츠카 요시나리는 1981년 프랑스에서 창설된 파티셰, 쇼콜라티에들의 협회인 '르레 데세르(Relais Desserts)'의 회원으로, 100명이 되지 않는 이 협회에서 동양인 회원인 일본인 5명 중 1명이다. 4명은 모두 도쿄에서 활동하고 있지만, 오츠카 요시나리는 후쿠오카에서 그의 달콤한 솜씨를 선보이고 있다.

쟈쿠 오호리점은 2010년 말에 오픈하였으며, 원래 1996년에 오픈한 쟈쿠 다이묘점을 함께 운영하고 있었으나 다이묘점은 2014년 4월 말에 폐점하고 현재는 오호리점과 2014년 11월 초에 텐진 이와타야 백화점 본관 지하 2층에 오픈한 쟈쿠 이와타야점을 함께 운영하고 있다.

다양한 케이크와 초콜릿이 그 아름다운 모습과 눈에 보이는 듯한 달콤함으로 손님들을 유혹하고 있는데, 쟈쿠의 대표 케이크는 바로 카페 이름과 같은 쟈쿠(Jacques)이다. 쁘띠 가토(Petit Gateaux)인 쟈쿠는 서양 배 무스와 캐러멜 무스를 합쳐서 만든 것으로, 서양 배의 달콤하면서 녹진함과 캐러멜의 부드럽고 쌉싸름함이 매력적이다.

케이크, 쁘띠 가토, 초콜릿, 에클레어, 마카롱, 제철 과일을 이용한 기간 한정 타르트 등 다양한 달콤함이 여러분을 기다리고 있으니 꼭 한번 방문해 보시길.

1 쟈쿠의 깔끔한 외관 2 타르트 밀푀유 460엔 3 쟈쿠 440엔 4 쁘띠 가토 450엔

다이묘 · 아카사카

치카에
稚加榮

A 福岡県福岡市中央区大名2-2-17
T 092-721-4624
H www.chikae.co.jp
O 11:00~22:00
(점심의 정식메뉴는 11:00~14:00), 연중무휴
? 아카사카赤坂 역 3번 출구에서 도보 5분
M 171P-I

대한해협에서 잡힌 싱싱한 생선을 이용한 활어요리 전문 음식점이다. 점심의 정식 메뉴, 카이세키 요리懷石料理가 인기 있고, 대규모 실내에서는 관혼상제 행사도 열리고 있다.

점심에 500명 한정으로 제공되는 와테이쇼쿠和定食와 소바테이쇼쿠そば定食는 치카에의 인기 메뉴인데, 많은 사람들이 넓은 실내 가운데의 큰 카운터석에 둘러 앉아 점심 식사를 하는 모습은 장관이라고까지 할 수 있을 정도이다.

와테이쇼쿠는 사시미, 텐푸라, 카니미소시루, 차완무시 등이 함께 나오며, 소바테이쇼쿠는 소바와 함께 텐푸라, 미소시루, 아게다시도후 등이 한 상으로 나온다.

점심의 정식 메뉴가 인기 있는 또 하나의 이유는 멘타이코를 무제한으로 먹을 수 있기 때문인데, 치카에가 직접 만든 멘타이코가 튜브에 담겨 손님들이 마음껏 먹을 수 있도록 제공되고 있다.

가격대비 맛과 양의 만족도가 높아서 한국인 여행자들도 많이 방문하고 있는 곳이다. 치카에 옆에는 멘타이코와 치카에의 다양한 상품이 구비된 판매점이 위치해 있다.

점심의 정식 메뉴를 판매하는 11:00~14:00까지는 예약이 안 되기 때문에 조금 이른 시간에 방문하는 것이 좋다.

1 와테이쇼쿠 1400엔 2 실내 가운데의 큰 테이블에 둘러 앉아 식사를 하는 사람들 3 소바테이쇼쿠 1400엔

카페 델 솔
Cafe del SOL

A 福岡県福岡市中央区大名1-14-45
T 092-725-3773
O 12:00~22:00, 일요일 영업, 부정기 휴무
텐진天神 역 1번 출구에서 도보 7분
M 171P-J

후쿠오카에서 가장 인기 있는 팬케이크를 먹으려면 바로 이곳 다이묘의 '카페 델 솔'을 찾아가면 된다. 최고 인기의 팬케이크 카페답게 30~40분의 대기 시간은 기본, 그래도 이곳의 팬케이크를 맛보려는 사람들이 언제나 대행렬을 이루고 있다.

여성 스태프의 안내를 받아 안으로 들어가면 다소 어둡지만 색색의 조명등이 유럽스타일의 카페 분위기를 연출하고 있다. 메뉴판에는 모두 사진들이 첨부되어 있어서 외국인들도 주문에 어려움이 없다.

기본적으로 후와후와 팬케이크ふわふわパンケーキ에 토핑으로 무엇이 올라가느냐에 따라 종류가 나뉜다. 과일, 베리, 너츠 등 좋아하는 토핑이 올라간 팬케이크를 주문하면 된다. 두툼하면서도 폭신폭신한 질감의 팬케이크에 달콤한 메이플 시럽은 최고의 궁합을 보이며, 토핑으로 나오는 수제 밀크 젤라토, 생크림, 캐러멜, 과일, 베리, 너츠 등으로 다양한 맛을 즐길 수 있는 것이 장점이다.

귀여운 그림이 그려져서 나오는 카페 라테도 함께 주문해 보자.

1 후와후와 팬케이크 1100엔 **2** 카페라테 550엔 **3** 카페 델 솔의 외관

다이묘 · 아카사카

케고 야키톤
警固ヤキトン

A 福岡県福岡市中央区警固2-14-5
T 092-731-4518
H www.kegoyakiton.com/main.html
O 11:30~14:30, 18:00~01:00(L.O. 24:30), 월요일 휴무
? 아카사카赤坂 역 2번 출구에서 도보 7분
M 171P-I

케고에 있는 숯불 돼지고기 전문점인 케고 야키톤은 좌석이 10석 정도밖에 없는 좁은 곳이지만, 고기를 좋아하는 사람들이 맛에 이끌려 몰려들고 있는 곳이다.

가게 근처를 가면 향긋한 고기 내음과 숯불 향이 손님들을 유혹하지만, 오히려 실내는 생각보다 고기 냄새가 진하지 않다. 고기는 별도의 공간에서 숯불로 구워서 내주기 때문에 옷에 냄새가 배지 않고 또 그로 인해 덥지 않아서 편히 먹을 수 있는 곳이다.

케고 야키톤의 인기 메뉴는 우리나라의 뼈가 붙어 있는 돼지갈비와 같은 호네츠키 야키톤骨付ヤキトン이다. 달달한 양념이 밴 돼지고기를 센 화력의 숯불에 구워서 향과 맛이 좋은데, 나오는 모양새와 맛이 정말 딱 우리나라의 돼지갈비 같다. 뼈째 들고 그대로 뜯어 먹어도 좋고, 나오기 전에 부탁해서 잘라서 먹어도 좋다.

탄탄한 육질 속 풍부한 육즙에 야키톤만의 달짝지근한 특제 양념이 금방 한 접시를 비우고 다시 또 추가 주문을 하게 만드는 마력이 있어서 과식 유발 돼지고기가 되겠다. 여기에 시원한 맥주 한 잔까지 마시면 최고의 저녁 시간을 보낼 수 있다. 사이드 메뉴로 야채와 함께 김치가 나와서 반가운 마음이 든다.

야키톤의 돼지고기는 점심에도 먹을 수 있으니 고기 좋아하시는 분들은 저녁까지 기다리지 않아도 된다.

1 2 호네츠키 야키톤 840엔 **3** 케고 야키톤의 외관 **4** 샐러드 **5** 니코미 520엔

코마야
駒屋

A 福岡県福岡市中央区大名1-11-25
T 092-741-6488
O 10:00~19:00, 일요일 및 공휴일 휴무
B 아카사카赤坂 역 5번 출구에서 도보 6분
M 171P-J

1 야부레만주 120엔 **2** 마메다이후쿠 120엔 **3** 사쿠라모치 120엔 **4** 코마야의 외관

다이묘 길모퉁이에 위치해 있는 코마야는 1931년 창업한 화과자 노포이다. 홋카이도산 팥과 탄력 있는 모치로 만드는 마메다이후쿠豆大福가 유명하며, 사쿠라모치桜餅, 야부레만주やぶれ饅頭, 오하기おはぎ 등도 인기 화과자이다.

코마야의 최고 인기 화과자인 마메다이후쿠는 모치 안에 팥 앙금이 들어 있고 표면에 콩이 박혀 있어서 씹는 맛이 좋으며, 모치의 찰기, 팥의 단맛, 콩의 고소함을 동시에 맛볼 수 있다.

분홍색의 예쁜 사쿠라모치는 팥 앙금을 찹쌀로 감싸고 절인 벚꽃의 잎으로 덮어서 함께 먹는 것으로 팥의 단맛과 꽃잎의 살짝 짠맛이 오묘한 조화를 이룬다.

보송보송하고 얇은 만주 피 안에 팥이 꽉 차 있는 야부레만주, 찹쌀 덩어리를 팥 앙금으로 감싼 오하기는 일본의 전통 화과자 중 하나이다.

가게 앞에는 2~3명 정도가 앉을 수 있는 의자가 마련되어 있으며, 화과자를 사서 가게 앞에서 먹는 사람들을 위해 따뜻한 차를 대접해 주기도 한다. 후쿠오카 사람들에게는 추억의 화과자집이다.

코히 비미
珈琲美美

🅐 福岡県福岡市中央区赤坂2-6-27
🅣 092-713-6024
🅗 cafebimi.com
🅞 11:30~19:30, 월요일 휴무
❓ 오호리코엔大濠公園 역 5번 출구에서 도보 14분
🅜 170P-F

녹음이 가득한 아카사카 케야키도리에 1977년 창업한 커피 전문점이다. 마스터는 에티오피아 등 커피 원산지를 직접 방문할 정도로 열정을 가지고 있으며, 커피 애호가 사이에서는 꽤 유명한 곳이다.

1층에서는 원두를 직접 판매하고 있으며, 2층 카페에서는 안락한 분위기와 따뜻한 커피 향 속에서 마스터가 직접 만들어 주는 넬 드립 커피를 마실 수 있다.

에티오피아 예가체프, 인도네시아 만델링 같은 스트레이트 커피와 함께 블렌딩 커피, 진한 데미타스 등 선택의 폭이 넓어서 커피를 좋아하시는 분들에게는 행복한 곳이 될 것 같다.

커피와 함께 코히 비미의 명물인 후르츠 케이크フルーツケーキ를 함께 먹으면 더욱 좋다. 후르츠 케이크는 3종류의 술에 절인 7종류의 말린 과일이 들어간 케이크로 풍미가 좋아서 커피와 잘 어울린다.

향긋한 커피와 포근한 공간에서 오후의 여유를 즐기고 싶은 곳이다.

1 복고적인 분위기의 의자와 테이블 **2** 아이스커피 700엔 **3** 스트레이트 커피 680엔부터, 후르츠 케이크 400엔

타이겐쇼쿠도
泰元食堂

A 福岡県福岡市中央区赤坂1-1-5 鶴田ビル1F
T 092-752-5589
H www.taigen.jp
O 11:30~15:00(L.O. 14:30), 17:00~23:30(L.O. 23:00), 일요일 영업, 부정기 휴무
? 아카사카赤坂 역 2번 출구에서 도보 7분
M 171P-I

가고시마鹿児島 쿠로게와규黒毛和牛의 맛을 전하기 위해 축산농가업자들이 조합을 만들어 와규和牛(일본 소고기)의 대중화를 위해 운영하고 있는 와규 전문점이다.

일본에서 제대로 된 와규를 먹으려면 꽤 높은 금액을 지불해야 하는데, 품평회에서 우수한 평가를 받고 있는 가고시마의 와규를 비교적 저렴한 가격으로 즐길 수 있어서 많은 인기를 얻고 있는 곳이다.

특히 점심 메뉴 중 야키니쿠, 햄버그, 비프카츠, 소시지가 함께 나오는 타이겐테이쇼쿠泰元定食가 최고 인기 메뉴이다. 야들야들한 야키니쿠, 겹겹이 말린 모양의 비프카츠, 뽀드득한 소리가 즐거운 소시지, 육즙이 흐르는 햄버그까지 한 번에 4가지 맛을 느낄 수 있어서 처음 방문하거나 무엇을 먹어야 할지 고민스러운 사람들에게는 반가운 메뉴이다. 또한, 다양한 부위가 당일 한정 스테이크로 나오는 혼지츠노스테키本日のステーキ도 추천 메뉴이다.

1 타이겐 테이쇼쿠 1250엔 **2** 타이겐쇼쿠도의 정갈한 내부 **3** 타이겐쇼쿠도 간판

4 타이겐테이쇼쿠 5 혼지츠노스테키(우치모모) 1400엔

테무진
テムジン

A 福岡県福岡市中央区大名1-11-2
T 092-751-5870
H www.gyouzaya.net
O 월~금요일 17:00~25:00, 토요일 11:00~25:00, 일요일 및 공휴일 11:00~24:00, 연중무휴
? 아카사카赤坂 역 5번 출구에서 도보 6분
M 171P-J

1 테무진의 외관 **2** 야키교자 480엔 **3** 스이교자 600엔

테무진은 나카스의 교자집에서 수행한 초대 사장이 1963년에 개업한 히토쿠치교자 전문점이다. 외관의 모습에서도 알 수 있듯이 가게 이름인 테무진은 징기스칸의 아명에서 따온 것이다. 현재 후쿠오카 내뿐만 아니라 도쿄, 오사카, 나가사키에도 분점이 있는데, 테무진의 본점은 바로 이곳 다이묘大名이다.

교자에 돼지고기를 전혀 사용하지 않고 100% 소고기를 사용하며, 양파, 부추, 양배추 등 야채를 듬뿍 넣어서 야채의 단맛과 얇고 쫄깃한 피가 매력이다. 야채와 고기의 비율은 7:3으로 야채의 양이 넉넉하다.

테무진의 교자는 야키교자焼き餃子(군만두)가 가장 인기 있으며, 철판에 기름을 두르고 일정 시간 구운 뒤 물을 붓고 쪄내기 때문에 한쪽은 바삭하고 한쪽은 쫀득한 식감을 맛볼 수 있다. 야키교자 이외에도 스이교자水餃子(물만두)와 우리나라의 만둣국과 비슷한 스프 교자スープ餃子도 있으며, 교자 이외에 큼직한 크기에 놀라게 되는 테바사키手羽先(닭날개 튀김)도 별미이다. 교자는 미리 만들지 않고 주문이 들어오면 그때부터 만들기 시작한다. 테무진에서 자가 제조한 스쇼유酢醬油(초간장) 및 유즈코쇼柚子胡椒는 교자와 궁합이 아주 잘 맞는다.

1인분에 10개가 나오지만 한 번 먹기 시작하면 멈출 수가 없고, 한 사람당 2~3인분은 넉넉히 먹을 수 있다. 새벽까지 영업하기 때문에 집에 돌아가기 전 마지막 술 한 잔을 위해 들르는 손님의 발길이 늦은 밤에도 끊이지 않는다.

텐소
天照

A 福岡県福岡市中央区舞鶴2-1-8
T 092-724-3038
O 화~금요일 11:30~21:00, 주말 및 공휴일 11:30~19:00, 월요일·연말연시·오봉·골든위크 (5/3~6) 휴무
? 아카사카赤坂 역 3번 출구에서 도보 4분
M 171P-G

후쿠오카 마이즈루舞鶴에 있는 텐소는 "고객의 심신을 건강하게"라는 모토로 우콧케이烏骨鶏(오골계) 라멘을 선보이는 곳이다. 미용과 건강에 좋은 오골계로 라멘 스프를 만들어서 몸에도 좋다.

텐소에서 가장 인기 있는 라멘은 미소 라멘味噌らーめん이다. 오골계 스프에 홋카이도의 3가지 미소(된장)로 맛을 내서 구수하면서도 깔끔한 맛이 일품이다. 기본 토핑으로 차슈와 숙주나물, 멘마(말린 죽순), 파가 나오지만, 우콧케이니쿠烏骨鶏肉(오골계 고기)를 추가적으로 주문해서 함께 먹는 것이 좋다. 오골계의 가슴살을 옅은 쇼유(간장) 맛으로 조려냈는데 진한 갈색의 빛깔이 색다른 모습이며 오골계 스프와 잘 어울린다. 텐소의 우콧케이 라멘은 먹을수록 몸이 좋아하는 기분이 들면서 국물까지 남김없이 다 마시게 되는 일품 라멘이다. 미소 라멘 이외에 쇼유(간장) 라멘, 시오(소금) 라멘도 있으며, 오골계 고기를 넣어서 만든 우콧케이 히토쿠치교자うこっけい一口餃子도 먹어 볼 만하다.

돈코츠 라멘이 대세인 후쿠오카에서 독특한 우콧케이 라멘 한 그릇을 권해 본다.

1 미소 라멘 700엔, 우콧케이니쿠 추가 250엔 **2** 미용과 건강에 좋은 오골계 라멘 스프 **3** 텐소의 외관

톡톡
TOC TOC

A 福岡県福岡市中央区警固2-11-10
T 092-732-6459
O 18:00~25:00, 수요일 휴무
P 아카사카赤坂 역 2번 출구에서 도보 8분
M 171P-K

케고의 골목 끝에 있지만 맛있는 이자카야를 찾아가고자 수고로움도 마다하지 않는 사람들로 언제나 만석을 이루고 있는 인기 해산물 이자카야이다. 해산물 이자카야답게 해산물을 이용한 기본 이자카야 메뉴와 아이디어 넘치는 메뉴를 선보이고 있다.

그날 들어온 해산물 중 엄선된 8~10여 가지 해산물을 모둠으로 내주는 사시미 모리아와세刺身盛り合わせ는 무조건 맛봐야 하는 메뉴이다.

독특한 아이디어 메뉴로는 크림소스가 듬뿍 들어간 부드럽고 고소한 맛의 고로케에 새우를 꽂아 넣은 재미있는 모양의 에비 크림 고로케えびクリームコロッケ, 참치에 튀김옷을 입힌 뒤 미디엄 레어로 튀긴 마구로카츠マグロカツ 등이 있다. 간 정어리와 양파, 피망 등의 야채로 만든 이와시 햄버그鰯ハンバーグ도 인기 메뉴로 자포네 소스가 첨가되어 맛을 더욱 배가시켜 준다. 마무리로 구운 오니기리 위에 성게알을 올린 우니야키오니기리雲丹の焼きおにぎり도 먹어볼 만한 메뉴이다. 무엇을 주문해야 할지 고민된다면 당일에 들어온 해산물 중에 추천 메뉴를 물어보고 주문하는 것도 좋은 방법 중 하나.

맛있는 해산물 요리에 활기찬 실내 분위기가 늦은 밤까지 계속 머물며 즐기고 싶은 곳이다. JR 하카타시티 쿠텐에도 톡톡의 분점이 있다.

1 마구로카츠 1500엔 2 에비 크림 고로케 800엔
3 사시미 모리아와세 1000엔(1인분) 4 톡톡의 외관

툰드라
ツンドラ

A 福岡県福岡市中央区大名2-7-11
T 092-751-7028
O 11:00~21:30, 연중무휴
? 텐진天神 역 1번 출구에서 도보 3분
M 171P-H

1960년에 창업한 후쿠오카 최초의 러시아 요리 레스토랑. 다이묘에 위치한 툰드라는 갈색의 목조 인테리어에서 오는 차분한 분위기와 벽에 걸려 있는 다양한 러시아풍 그림 등만으로도 여기가 러시아 요릿집이라는 것을 단박에 알 수 있다.

첫 음식으로 자쿠스카 모리아와세ザクースカ盛合せ를 주문해 보자. 러시아 전채요리를 뜻하는 자쿠스카는 차가운 양고기, 연어, 버섯 튀김, 양파, 피클 등이 나와 입맛을 돋우어 주고 그 다음 음식에 대한 기대감을 높여 준다. 러시아 요리라고 하면 대표 음식이 두 가지 있는데, 바로 '보르시치'와 '샤슬릭'이다. 보르시치는 소고기와 함께 양파, 당근, 감자 등을 넣고 푹 끓인 스프 요리이고, 샤슬릭은 소고기, 양파, 파프리카를 꽂아서 구운 꼬치구이 요리이다. 툰드라에서도 이 두 가지 메뉴를 꼭 빼먹지 말고 맛보도록 하자. 보르시치는 툰드라에서 캔으로도 판매하고 있으니 참고하시길.

러시아의 만두 요리도 맛볼 수 있는데, 러시아식 고기만두인 피로시키ピロシキ는 고기와 양파가 가득 들어서 아삭함과 고기의 육즙 맛이 좋으며, 러시아식 물만두인 펠메니ペルメニイ는 고기소의 부드러움과 레몬의 상큼함을 함께 느낄 수 있다. 크림 스프 위에 양을 올려서 구워낸 츠보야키つぼ焼き도 추천 메뉴이다. 음식의 마지막에는 딸기 향과 맛이 나는 러시아 홍차로 마무리하면 좋다.

툰드라에는 자체 레이블 와인도 있다. 후쿠오카 노포 음식점의 모임인 '하카타 구루메 클럽' 중 한 곳이다.

1 자쿠스카 모리아와세 2200엔
2 피로시키 220엔
3 보르시치 880엔
4 샤슬릭 1780엔

하카타 잇푸도 다이묘점
博多 一風堂 大名店

- **A** 福岡県福岡市中央区大名1-13-14
- **T** 092-771-0880
- **H** www.ippudo.com
- **O** 11:00~23:00, 연말연시 휴무
- **?** 텐진天神 역 1번 출구에서 도보 7분
- **M** 171P-J

1985년에 개업한 하카타 잇푸도는 후쿠오카뿐만 아니라 일본 전국에 약 60여 개의 분점이 있는 돈코츠 라멘 유명 체인점이다. 해외 점포도 늘려나가고 있으며, 한국에도 분점을 오픈하였다. 그 잇푸도의 첫 1호점이 이곳 다이묘점(구 하카타 잇푸도 총본점)이다. 점내에는 개업 당시의 간판이 그대로 전시되어 있다.

교토의 노포를 연상시키는 나무 간판, 손 글씨의 노렌, 목재를 사용한 특유의 인테리어, BGM으로 흐르는 재즈의 선율이 일반 라멘집과는 차별적인 세련됨이 가미된 곳이다.

돼지 뼈와 닭 등 10여 가지 식재료로 스프를 우려내고, 중면을 사용한다. 잡냄새가 적고 진하면서도 깔끔한 맛으로 묵직한 돈코츠 라멘을 좀 더 세련된 맛으로 업그레이드시켰다는 평가를 받고 있으며 여성들에게도 인기가 있는 돈코츠 라멘집이다.

창업 당시의 맛을 그대로 재현한 원조 시로마루 모토아지元祖白丸元味와 잇푸도 라멘의 스탠다드한 맛에 매운맛을 추가한 원조 아카마루 신아지元祖赤丸新味의 2가지 라멘은 다른 분점에 없는 다이묘점만의 한정 메뉴이다.

1 카에다마 100엔 **2** 원조 아카마루 신아지 820엔 **3** 하카타 잇푸도의 외관 **4** 원조 시로마루 모토아지 720엔

만다라케
まんだらけ

A 福岡県福岡市中央区大名2丁目9-5グランドビル
T 092-716-7774
H www.mandarake.co.jp
O 12:00~20:00
? 텐진天神 역 1번 출구에서 도보 4분
M 171P-G

중고 만화책, 장난감, 동인지, CD, DVD 등 만화 및 애니메이션 관련 모든 것을 취급하는 마니아들의 랜드 파크이자 쇼핑몰이다.

1987년 오픈하여 도쿄 나카노에 본점을 두고 있으며, 일본 전국에 11개의 점포가 있다. 규슈에는 후쿠오카점과 코쿠라점 2개가 있으며, 후쿠오카점은 바로 다이묘에 위치해 있다. 중고 만화를 싼 가격에 정찰제로 판매하고 있으며, 오래된 만화책이나 잡지, 미단행본, 절판된 서적, 희귀서적도 취급하고 있는데, 오래되거나 회귀한 서적 중에서는 그 가격이 상상을 초월할 정도로 비싼 것도 많다. 서적뿐만 아니라 애니메이션 관련 프라모델, 피규어 등도 취급하고 있어서 오타쿠들의 성지일 뿐만 아니라 만화와 애니메이션을 좋아하는 외국인 여행객들도 쇼핑을 위해 많이 방문하는 곳이다. 만다라케는 오프라인 매장뿐만 아니라 인터넷 쇼핑으로 통신 판매도 겸하고 있다.

만다라케 내부는 상품에 대한 촬영이 금지되어 있으니 주의하도록 하자.

세련된 거리

이마이즈미·
야쿠인

今泉·薬院

야나기바시 렌고이치바
柳橋連合市場

A 福岡市中央区春吉1-5-1
T 092-761-5711
H yanagibashi-rengo.com
O 08:00~18:00(각 점포마다 조금씩 상이), 일요일, 공휴일 휴무
? 와타나베도리渡辺通 역 2번 출구에서 도보 4분
M 219P-H

나카가와那珂川 바로 옆에 위치한 야나기바시 렌고이치바는 '하카타의 부엌博多の台所'이라 불리며 일반 시민부터 음식점 주방장까지 다양한 손님들이 신선한 재료를 찾으러 오는 시장이다. 해산물, 육류뿐만 아니라 건어물, 차, 과자 등 다양한 상품이 있다. 여행자에게는 상품 구입과 동시에 바로 먹을 수 있는 시장 음식이 매력적인데, 신선한 생선으로 만든 스시, 해산물, 과자 등을 먹을 수 있고, 특히 타카마츠노 카마보코高松の蒲鉾에서 판매하는 카마보코(어묵)는 TV에도 소개될 정도로 인기가 높다.

야나기바시 렌고이치바는 쇼와 시대 초기 오하마大浜의 어시장에서 들여온 생선을 수레에 실어 판매하던 개인 상점이 그 시초이다. 이후 주변에 여러 상점들이 하나둘씩 모여들면서 시장을 이루게 되었으며, 현재 약 50여 개의 점포가 성업 중이다.

매년 11월 첫 번째 일요일에는 '우마카몬마츠리うまかもん祭り'가 개최되는데, 1년에 한 번 있는 시민감사축제로서 할인 행사, 경매, 다양한 쇼, 야타이가 들어서는 흥겨운 날이니 구경할 만하다. 여행자에게 시장 구경은 언제나 재미난 아이템인데, 후쿠오카라면 역시 야나기바시 렌고이치바를 추천한다.

후쿠오카 시 동식물원
福岡市動植物園

- **A** 福岡市中央区南公園1-1
- **T** 092-531-1968
- **H** 동물원 zoo.city.fukuoka.lg.jp
  식물원 botanical-garden.city.fukuoka.lg.jp
- **O** 09:00~17:00(입장은 16:30까지), 월요일과 연말연시 휴무
- **C** 어른 400엔, 고등학생 200엔, 중학생 이하 무료
- **?** · 야쿠인오도리薬院大通 역 1번 출구에서 도보 15분
  · 하카타博多 역 앞 A정류장에서 58번 버스를 타고 도부츠엔마에動物園前에서 하차
  · 텐진코어 앞 7C정류장에서 25-1번 버스를 타고 도부츠엔마에動物園前에서 하차
- **M** 218P-E

후쿠오카 시 미나미 공원南公園에 있는 후쿠오카 시 동식물원은 1953년 개원하여 60년이 넘는 역사를 가진 시영 동식물원이다. 1933년 후쿠오카 시내에 최초의 동물원을 개원하였으나, 전쟁으로 폐쇄된 뒤 1953년 후쿠오카 시 남부로 위치를 옮겨 새롭게 '후쿠오카 시 동식물원'으로 개원한 뒤 현재까지 이르고 있다.

후쿠오카 시 동식물원에서는 천연기념물인 츠시마 야마네코, 아라비아 영양 등의 희귀종을 비롯한 약 130여 종의 동물과 약 2,600여 종의 식물을 관람하고 감상할 수 있으며, 놀이시설 내에 있는 관람차에서는 후쿠오카 시를 한눈에 내다볼 수 있다. 동물원과 식물원은 슬로프 카로 연결되어 있어서 편하게 이동이 가능하다.

여름철에는 매주 토요일마다 야간 동식물원이 운영된다. 18:00~21:00까지 운영되는 여름밤의 동식물원에서는 야행성 동물들의 활동을 직접 볼 수 있으며, 여름철 하룻밤 만에 화려하게 꽃을 피우고 아침에 시들어 버리는 월하미인月下美人도 감상할 수 있다.

가람
GARAM

A 福岡県福岡市中央区高砂1-7-4
T 070-5814-1242
O 12:00~14:15, 18:30~21:00, 재료가 떨어지면 영업 종료, 공휴일 영업, 일요일 및 수요일 휴무
? 니시테츠야쿠인西鉄薬院 역에서 도보 7분, 지하철 나나쿠마센七隈線 야쿠인薬院 역 2번 출구에서 도보 7분
M 219P-J

2012년 10월, 와타나베도리 안쪽 좁은 골목에 혜성같이 등장해서 후쿠오카 사람들의 입맛을 사로잡고 있는 초인기 인도카레 전문점. 오픈과 동시에 인도풍 카레가 인기를 얻고 있으며 후쿠오카 카레 부문 타베로그 1위를 놓치지 않고 있다.

영업시간 30분 전부터 사람들이 줄 서서 기다리며 내부에 카운터석이 6개밖에 없는 자그마한 곳이다. 나무로 만든 카운터석 주위의 인도 분위기가 물씬 풍기는 장식물과 인테리어가 이곳이 인도카레 전문점이라는 것을 느끼게 해 준다.

이 집의 인기 메뉴는 바로 키마카레キーマカレー. 키마카레는 다진 고기를 넣은 카레를 말하는데, 가람의 키마카레는 다진 고기에 다양한 향신료를 첨가하여 매운맛, 알싸함에 고기 육즙의 고소함까지 함께 맛볼 수 있는 카레로 밥과 따로 나온다. 토핑으로 입안의 매운맛을 중화시켜 주는 삶은 달걀도 얹어져 나온다. 키마카레를 먹을 때 추가 토핑으로 어니언 아차르オニオンアチャール를 주문하는 것이 좋다. 아차르는 인도의 절임 음식인데, 가람의 아차르는 양파로 만든 것으로 매콤하게 버무린 양념과 아삭한 양파의 식감이 카레의 맛을 더욱 배가시킨다.

또한, 가람의 대표 메뉴인 가람 카레ガラムカレー는 매

1

이마이즈미 · 야쿠인

1 늘 사람들이 줄 서 있는 가람 **2 4** 키마 카레 750엔 **3 5** 가람 카레 800엔

운맛의 치킨 카레이다. 부드러운 맛의 닭고기에 진하고 자극적인 향신료가 입맛을 당기게 한다. 가람 카레는 인도풍 매시포테이토インド風マッシュポテト와 함께 나오는데, 삶은 달걀과 마찬가지로 먹다가 매운맛에 지칠 수 있는 입안을 중화시켜 주면서 끝까지 카레를 맛있게 즐길 수 있도록 돕는다.

가람의 카레는 1~5까지 매운 정도를 조절할 수 있으니 취향에 따라 주문하면 된다. 카레를 먹고 난 후 가람에서 직접 만든 인도 요구르트인 라씨ラッシー 한 잔을 마시면 깔끔한 마무리가 가능하다.

교자 리
餃子 李

A 福岡県福岡市中央区薬院3-1-11 福海ビル1F
T 092-531-1456
H gyouza-lee.com
O 11:30~14:30, 17:00~22:00, 화요일 휴무
니시테츠야쿠인西鉄薬院 역에서 도보 3분, 지하철 나나쿠마센七隈線 야쿠인薬院 역 2번 출구에서 도보 3분
M 219P-I

중국식 교자 및 산동 요리 전문점으로, 중국 산동성 출신의 사장님이 야쿠인에 교자 리를 개업한 후 거의 20여 년 동안 같은 자리를 지키고 있다.

후쿠오카 명물인 히토쿠치교자로 대표되는 후쿠오카의 다른 교자집들과는 달리 주먹만한 크기의 큼직한 중국식 교자를 선보이고 있다. 교자 리의 교자는 1일 1000개 이상이 팔릴 정도로 인기 메뉴이며, 교자 이외에도 산동 요리 70여 가지를 제공하고 있다.

술을 주문하면 건두부피, 숙주나물, 단무지 등이 오토시お通し로 나오는데 이것만으로도 훌륭한 안주가 된다. 묵직한 자태의 야키교자焼餃子는 한쪽 면은 바삭하게, 한쪽 면은 촉촉하게 만들어서 내주는데 큰 모양만큼이나 내용물도 실하고 맛있다. 일본식 탕수육이라고 할 수 있는 스부타酢豚는 두툼한 돼지고기를 사용해서 육질이 아주 좋다. 삭힌 맛이 좋은 피단ピータン, 돼지 족발을 눌러서 편육처럼 만든 돈소쿠 젤라틴豚足ゼラチン도 인기 메뉴이다.

모든 음식을 먹은 뒤 마지막으로 식사류를 주문하면 좋은데, 교자 리의 식사 메뉴들은 하나같이 풍성하고 넉넉한 양을 자랑한다. 밥과 함께 달걀, 당근, 파, 베이컨 등을 넣고 고슬고슬하게 볶은 차항炒飯이나 갖은 야채와 면을 볶은 야키소바焼きそば 등은 1인분만 주문해도 그 양에 깜짝 놀랄 것이다. 이런 푸짐한 양과 훌륭한 맛으로 점심에도 교자 리를 찾는 사람이 아주 많다. 맛은 기본이고 양까지 마음에 드는 중국음식 전문점이다.

1 스부타 1100엔
2 마보도후(마파두부) 800엔
3 야키교자 580엔 4 교자 리의 외관

이마이즈미 · 야쿠인

나스부타야
なす豚や

A 福岡県福岡市中央区白金1-1-12
T 092-524-5007
O 월~금요일 11:30~13:30, 18:00~21:30,
토~일요일 18:00~21:30, 부정기 휴무
? 니시테츠야쿠인西鉄薬院 역에서 도보 3분, 지하철
나나쿠마센七隈線 야쿠인薬院 역 2번 출구에서
도보 3분
M 219P-I

후쿠오카 야쿠인 역 근처에 있는 나스부타야는 이름 그대로 가지(나스)와 돼지고기(부타) 전문 음식점이다.

조용한 골목 안 빌딩 속 통로에 있는 음식점이라 찾기가 만만치 않지만 단골들은 잘도 찾아와서 점심이면 언제나 만석을 이룬다. 저녁보다 점심의 가격이 저렴한 편인데 점심 식사는 평일만 가능하다. 실내는 밝고 깨끗한 분위기이면서 테이블, 의자, 기타 가구가 목조로 되어 있어서 안락한 기분이 느껴진다.

나스부타야의 대표 메뉴 이름도 역시 나스부타なす豚. 가지와 돼지고기를 볶은 메인 메뉴와 함께 밥, 미소시루, 반찬이 함께 나온다. 짭조름하면서 달짝지근한 미소(된장)로 맛을 낸 가지의 표면에 반짝반짝 윤기가 흐르며 불 맛까지 느껴진다. 돼지고기에는 미소 맛이 많이 배어 있지만 가지에는 속까지 배어 있지 않아 약간 싱겁기 때문에 돼지고기와 가지를 함께 먹는 것이 좋고, 두말할 나위 없이 딱 밥도둑 음식이다.

나스부타 이외에도 돼지 안심으로 만든 히레카츠ヒレカツ, 등심으로 만든 돈카츠トンカツ, 돼지고기를 생강 소스에 구운 쇼가야키しょうが焼き 등의 메뉴도 있다.

1 나스부타 800엔 **2** 히레카츠&쇼가야키 1000엔 **3** 나스부타 간판

멘게키조 겐에이
麵劇場 玄瑛

A 福岡県福岡市中央区薬院2-16-3
T 092-732-6100
O 월~토요일 11:30~14:30, 18:00~0:30.
일요일 및 공휴일 11:30~17:00, 18:00~22:00.
연중무휴
? 야쿠인오도리薬院大通 역 1번 출구에서 도보 5분
M 218P-B

후쿠오카 야쿠인의 골목 안에 있는 멘게키조 겐에이. 슬레이트 외벽에 입구의 나무로 된 문이 독특하며, 이름처럼 면 극장이라는 특이한 콘셉트의 라멘집이다. 설명만으로는 알 수 없는 콘셉트는 내부에 들어가 보면 바로 알 수 있는데 계단식으로 테이블이 배치되어 있고, 테이블은 모두 전면의 오픈 키친을 바라보도록 되어 있다. 오픈 키친에서 라멘 만드는 모습을 마치 공연 보듯이 지켜볼 수 있도록 한 것이다. 내부에는 2인용 테이블 4개, 4인용 테이블 2개가 있다.

멘게키조 겐에이의 인기 메뉴는 바로 겐에이류 라멘玄瑛流ラーメン. 맑은 돈코츠 육수를 기본으로 다시마, 가다랑어, 눈퉁멸, 고등어, 말린 새우, 말린 패주, 말린 전복 등으로 맛을 우려내고 쇼유 타레를 혼합하면 겐에이류 라멘의 육수가 완성된다. 살짝 갈색을 띠는 육수는 돈코츠와 해산물의 맛이 잘 어우러져 있는데, 분명 돈코츠 육수에 쇼유 타레가 들어간 쇼유 돈코츠 계열의 라멘이지만, 해산물의 진함이 마치 미소 라멘 같은 구수함으로 다가온다. 라멘의 면은 직접 만들어 사용하는데 식감과 탄력이 좋다. 토핑으로 올라오는 실파, 김, 부드러운 차슈까지 만족스러운 한 그릇이다.

겐에이류 라멘 이외에도 특제 라유와 온센다마고가 올라가는 탄탄멘, 새우의 풍미가 좋은 에비 쇼유 라멘 등도 있다.

1 극장과 같은 형태의 가게 내부 **2** 겐에이류 라멘 750엔 **3** 겐에이의 간판 **4** 에비 쇼유 라멘 900엔

이마이즈미 · 야쿠인

무츠카도
むつか堂

A 福岡県福岡市中央区薬院2-15-2 ルミエール薬院 1F
T 092-726-6079
H mutsukado.jp
O 10:00~20:30 일요일 휴무
야쿠인오도리薬院大通 역 1번 출구에서 도보 3분
M 218P-B

무츠카도는 식빵 전문점으로, 가게 이름은 무츠카도가 위치한 야쿠인 무츠카도(六つ角, 육거리 교차점)에서 따온 것이다. 2013년 5월에 오픈한 무츠카도는 부드러우면서도 씹히는 맛이 있고 씹을수록 단맛이 올라오는 제대로 된 식빵을 만들어 TV에서도 자주 소개된 곳으로, 빠른 시간에 화제의 식빵 명소로 자리 잡게 되었다.

내부는 작은 공간이지만 안쪽 공방에서는 끊임없이 식빵을 만들어 내며 손님들에게 갓 만든 따뜻한 식빵을 제공하고 있다.

일반 식빵은 12cm 정도이지만, 무츠카도는 9cm의 작은 식빵도 판매하고 있다. 부담 없는 양의 2조각 식빵도 판매하고 있는 것은 혼자 사는 사람들이나 여러 식빵을 다양하게 맛보고 싶은 사람들에게 아주 좋은 시스템이다.

식빵의 종류는 흑설탕 건포도, 오렌지, 얼 그레이, 호두, 브리오슈, B.O.C(베이컨&양파&치즈) 등으로 다양하다.

또한 식빵을 이용한 프랑스 가정 요리인 크로크 무슈, 크로크 마담도 인기 상품으로, 식빵에 치즈를 듬뿍 올리고 식빵 사이에 햄을 넣은 크로크 무슈, 달걀 프라이를 올린 크로크 마담 모두 작은 박스에 예쁘게 포장해 줘서 테이크아웃하기에 좋다.

무츠카도에서 직접 만든 꿀, 귤 잼, 키위 잼, 딸기 잼 등의 상품도 함께 판매하고 있다.

1 흑설탕 건포도 식빵과 오렌지 식빵(1개 450엔, 1조각 150엔) **2** 잼 680엔(180g) **3** 식빵 1개 700엔, 1/2개 350엔 **4** 육거리 교차점에 위치한 무츠카도

봄바 키친
ボンバーキッチン

A 福岡県福岡市中央区薬院2-2-18
T 092-732-3116
H www.bomberkitchen.com
O 11:30~17:00(L.O. 16:30), 18:00~23:00
　(L.O. 22:30), 수요일 휴무
? 야쿠인오도리薬院大通 역 1번 출구에서 도보 4분
M 218P-B

후쿠오카 야쿠인의 무츠카도六ツ角에 있는 봄바 키친은 밥에 어울리는 양식 반찬을 중심으로 한 세련된 경양식점이다.
치킨난반, 햄버그, 포크 소테, 각종 튀김 메뉴가 제공되는 테이쇼쿠定食(정식) 메뉴, 먹고 싶은 반찬을 다양한 조합으로 먹을 수 있는 콤비네이션コンビネーション 메뉴, 그 외에도 카레, 나폴리탄, 돈부리 등 다양한 음식으로 손님들에게 만족도 높은 식사를 제공하고 있다. 테이쇼쿠와 콤비네이션 메뉴는 샐러드, 감자튀김, 옥수수, 과일 등이 함께 나오기 때문에 그 양이 만만치 않다. 넉넉한 양에 가격도 합리적이며, 무엇보다도 메뉴 하나하나가 전부 맛있어서 방문하는 손님 모두가 행복한 얼굴로 식사를 하는 인기 음식점이다.

이마이즈미 · 야쿠인

1 나폴리탄 820엔 2 햄버그&아지 후라이 콤비네이션 1150엔 3 햄버그 스테이크 테이쇼쿠 920엔
4 포크 소테&치즈햄카츠 콤비네이션 1150엔 5 치킨난반 테이쇼쿠 720엔부터 6 따뜻한 느낌의 가게 외관

다양한 메뉴 중에서 손님들에게 인기를 얻고 있는 메뉴는 포크 소테ポークソテー와 치킨난반チキン南蛮이다. 포크 소테는 두툼한 돼지고기의 육질, 간장과 버터로 맛을 낸 소스, 그리고 절묘한 후추의 맛으로 봄바 키친의 최고 인기 메뉴에 등극하였다. 부드러운 육질의 닭고기 튀김 위에 고소한 타르타르소스를 듬뿍 올린 치킨난반도 많은 손님들이 주문하는 인기 메뉴이다.

포크 소테와 치킨난반은 콤비네이션 메뉴로 함께 맛볼 수 있으며, 포크 소테에 치즈 햄카츠나 에비 후라이를 선택해서 콤비네이션 메뉴로 먹는 것도 좋다. 비프 스테이크, 사이코로 스테이크 같은 스테이크 메뉴도 있다.

모든 메뉴는 테이크아웃 도시락으로 전화 주문 후 방문해서 가져갈 수 있다. 동네 밥집으로 삼고 싶을 만큼 매일 방문하고 싶은 음식점이다.

쁘띠 주르
Petit Jour

A 福岡県福岡市中央区薬院1-12-19 ロマネスク薬院2 1F
T 092-751-0105
H petitjour1993.com
O 월~토요일 11:00~23:00(L.O. 22:00), 일요일 및 공휴일 11:00~21:30(L.O. 21:00), 월요일 휴무
? 야쿠인오도리薬院大通 역 2번 출구에서 도보 5분
M 218P-B

후쿠오카 야쿠인 골목에 조용히 자리 잡고 있는 수플레(Souffle) 전문점 쁘띠 주르. 1993년에 오픈하여 20년 간 야쿠인 골목에서 달콤한 내음으로 손님들을 유혹하고 있다. 가게 안팎으로 녹음이 있어서 자연 속 작은 카페 같은 분위기의 편안함을 주는 곳이다. 가게 입구에는 "Cheese Cake & Pasta"라고 적혀 있지만, 이곳의 인기 메뉴는 수플레이다.

빵빵하게 부풀어 오른 수플레의 큼직한 모습에 깜짝 놀라게 된다. 수플레가 '부풀다'라는 의미인 것처럼 그릇을 넘쳐흐를 듯이 부풀어 오른 수플레에서 고소한 달걀 향이 몽실몽실 올라온다. 시간이 지나면 조금씩 가라앉기 때문에 따뜻할 때 바로 먹는 것이 좋다. 커피도 한 잔 주문해서 중간중간 입 안을 리프레시해 주면서 먹으면 더욱 좋다. 마지막 바닥에 자작하게 남은 설탕의 식감까지도 재미나다.

수플레는 주문과 함께 만들기 시작하기 때문에 20~30분 정도 걸린다는 것을 참고하시길.

1 2 자연 속에 있는 듯한 쁘띠 주르 3 쁘띠 주르의 외관 4 수플레 750엔, 수플레 세트(커피 또는 홍차 추가) 1050엔

이마이즈미 · 야쿠인

소바구이 이마토미
蕎喰 いまとみ

A 福岡県福岡市中央区高砂1-22-9
T 092-526-4504
H www.sobagui-imatomi.jp
O 11:30~14:00, 18:00~21:00, 일요일 및 공휴일 휴무
? 니시테츠야쿠인西鉄薬院 역에서 도보 5분, 지하철 나나쿠마센七隈線 야쿠인薬院 역 2번 출구에서 도보 5분
M 219P-J

나무로 구성된 갈색의 인테리어 속에서 재즈 음악과 함께 소바를 즐길 수 있는 곳. 매일 아침 메밀을 맷돌로 갈면서 시간과 정성을 들여서 소중한 소바 한 그릇을 손님에게 제공하고자 노력하는 소바집이다.

소바구이 이마토미에서 꼭 먹어 봐야 할 것은 바로 세이로소바せいろそば와 아나고노 잇폰아게穴子の一本揚げ다.

세이로소바는 구마모토 현 미즈카미무라木上村의 메밀을 매일 아침 맷돌로 직접 갈아서 만드는 테히키소바手挽きそば이며, 면을 만든 뒤 2~3일 숙성해서 제공하는 소바로 일일 한정 메뉴이다. 표면이 거칠고 투박해 보이는 세이로소바는 먼저 소금에 묻혀서 먹어볼 것을 추천한다. 좋은 소바일수록 츠유에 찍어 먹지 않고 소금에만 묻혀서 메밀의 향과 맛에 집중해서 먹어보는 게 좋은데, 메밀의 시원함에 구수함, 거기다 단맛까지 우러나서 메밀면 자체를 즐기기에 좋다.

또한, 아나고노 잇폰아게는 한 마리가 통째로 튀겨져 나오는데 넉넉한 양과 탱탱한 육질, 그리고 입안에서 부드럽게 녹는 맛이 일품이며 함께 나오는 제철 야채 텐푸라들도 별미이다.

1 나무의 느낌이 물씬 나는 외관 **2 3** 한정 테히키소바 1050엔 **4** 아나고노 잇폰아게 1300엔

스이게츠
水月

A 福岡県福岡市中央区平尾3-16-14
T 092-531-0031
H www.suigetsu.co.jp
O 17:00~22:00(L.O. 20:30), 월요일 및 연말연시, 오봉 야스미 휴무
R 니시테츠야쿠인西鉄薬院 역에서 도보 9분, 지하철 나나쿠마센七隈線 야쿠인薬院 역 2번 출구에서 도보 9분
M 219P-K

후쿠오카 히라오平尾에 있는 스이게츠는 멘타이코, 돈코츠 라멘, 모츠나베, 히토쿠치교자와 함께 후쿠오카의 명물음식 중 하나인 '미즈타키水たき'의 원조집으로 1905년에 오픈하여 약 110년의 역사를 자랑하는 노포이다.

스이게츠의 창업자인 하야시다 헤이자부로는 15세에 홍콩으로 건너가 영국인 가정에서 지내며 음식을 배웠는데 홍콩 생활에서 접한 서양요리 콘소메コンソメ와 중국식 닭요리의 접목을 꾀하다가 후쿠오카로 귀국한 뒤 하카타 사람들의 입맛에 맞는 일본식 나베 요리를 고안해 만들어 낸 것이 바로 미즈타키이다.

여러 번의 시행착오 끝에 규슈의 수탉만을 사용하여 1905년 스이게츠를 창업하고 '하카타 미즈타키博多水たき'를 선보이게 되었다. 현재 후쿠오카에는 수많은 미즈타키집이 있으며, 후쿠오카 사람들이 나베 요리라고 하면 처음으로 떠올리는 음식이 미즈타키일 정도로 집에

1 3 4 5 미즈타키 코스 5700엔부터 **2** 스이게츠 외관

4

5

서도 자주 해 먹는 요리이다.

스이게츠에서 미즈타키를 주문하면 오토시와 한 그릇 가득 각종 버섯과 야채, 그리고 두부가 담긴 그릇과 함께 닭고기만 들어가 있는 미즈타키가 나온다. 뽀얀 그 빛깔은 딱 우리나라의 닭곰탕과 닮았는데, 한소끔 끓으면 오카미(여주인)께서 컵에 스프를 담아 닭을 먹기 전에 먼저 스프부터 맛보도록 해 주신다. 실파를 동동 올린 스프를 한 입 머금으면 그 진한 맛이 우리나라 닭곰탕 이상이다. 이후 야채를 넣고 어느 정도 끓은 뒤에는 오카미께서 손님들에게 한 그릇 한 그릇 직접 대접해 주신다.

닭고기와 양배추는 폰즈ポン酢가 담긴 그릇에 내주기 때문에 따로 간을 추가할 필요가 없다. 냉냉하고 담백한 닭고기와 맛있는 야채는 폰즈와 함께 즐겨도 좋고, 유즈코쇼와 함께 먹어도 좋다. 우리나라의 닭곰탕과 비슷한 일본의 미즈타키도 일본 여행에서 한번 먹어볼 만한 진국 음식이다.

스시 교텐
鮨 行天

A 福岡県福岡市中央区平尾1-2-12 井上ビル 1F
T 092-521-2200
O 12:00~13:30, 18:00~21:00, 부정기 휴무
? 니시테츠야쿠인西鉄薬院 역에서 도보 3분, 지하철 나나쿠마센七隈線 야쿠인薬院 역 2번 출구에서 도보 3분
M 219P-I

2014년 7월에 발행된 〈미슐랭 가이드 후쿠오카&사가 2014 특별판〉에서 스시집 중 유일하게 별 3개를 받은 3스타 스시집이다. 30대 초반의 젊은 사장님은 미슐랭 3스타 스시집인 도쿄 긴자의 아라키(현재는 폐업)에서 스시 수행을 하였고, 2009년 시모노세키에 처음으로 스시집을 개업한 후, 2012년 후쿠오카로 진출하게 되었다.

10명 남짓 앉을 수 있는 L자형 카운터의 작은 스시집에서 재료에 대한 설명을 들으며 차분하게 스시를 즐길 수 있다.

스시 교텐의 샤리(스시의 밥)는 적초赤酢와 소금을 사용해서 단맛이 적게 만들며, 네타(스시 위에 올리는 재료)는 식초의 산미와 소금으로 생선의 단맛을 최대한 끌어내어 스시 전체의 조화를 생각하며 만들고 있다.

기본적으로 에도마에즈시江戸前寿司(스시를 중심으로 한 에도 시대의 향토 요리)를 선보이며, 오마카세お任せ(주방장이 알아서 차려내는 코스 요리, 15,000엔)로 운영되고 있다. 또한, 매일매일 제철이면서 그날의 질 좋은 해산물 위주로 구성이 되기 때문에 방문 때마다 다른 식재료와 스시를 접할 수 있다. 언제나 재료와 조리법에 대한 타협 없는 집념과 고집으로 최고의 맛을 손님들에게 선보이고자 노력하고 있다.

완전 예약제로 운영하고 있으니 참고하시길.

1 깔끔한 외관 **2** 가츠오 타타키 **3** 에비
4 고하다, 타이 **5** 주토로, 오토로
6 아나고

이마이즈미 · 야쿠인

스시 아츠가
鮨・あつ賀

A 福岡県福岡市中央区渡辺通1丁目10-1-2 四十川ビル103
T 092-733-0122
O 월~금요일 11:30~13:30, 17:30~22:00, 토요일 17:00~22:00, 일요일 및 공휴일 휴무
? 와타나베도리渡辺通 역 2번 출구에서 도보 1분
M 219P-H

사람들은 물건을 이야기할 때 '가격 대비 성능(CP)'이라는 말을 많이 쓴다. 여행을 하다 보면 이런 가격 대비 맛과 양이 좋은 음식을 찾게 되는데, 후쿠오카 와타나베 역 근처에 점심 스시 정식이 가격 대비 아주 훌륭한 곳이 있다. 바로 스시 아츠가이다.

평일 점심은 11시 30분부터 시작되는데, 시작과 동시에 많은 손님들이 몰린다. 20~30분만 늦게 가도 카운터석 쪽은 이미 만원이고, 옆 테이블 자리도 예약석으로 자리 잡기가 쉽지 않다. 바로 평일 한정 1000엔짜리 스시 정식 때문이다.

스시 정식을 주문하면 먼저 차완무시가 나오고, 그 다음 스시가 한꺼번에 10개 정도가 나오는데 참치뱃살, 조개관자, 오징어, 고등어, 넙치, 연어, 새우 등과 함께 후식으로 과일까지 나온다. 스시들 가운데에는 생선구이도 있다.

스시와 함께 먹을 국물로 아라지루あら汁를 내주는데, 생선 서더리로 끓인 국 또는 찌개로 큼지막한 뼈가 들어가 국물도 시원하고 좋다. 살도 굉장히 많이 붙어 있어 발라 먹는 재미가 있다. 아라지루 안에는 소면도 들어 있어서 아라지루만으로도 양이 충분하다.

한입에 먹기 힘들 정도로 큼직한 후토마키太巻き는 달걀말이, 새우, 붕장어, 청어알, 표고버섯, 박고지, 오이 등 내용물도 실한 인기 메뉴이다.

1 런치 스시 정식 1000엔 2 후토마키 2000엔 3 아라지루 4 스시 아츠가의 외관

아베키
abeki

A 福岡県福岡市中央区薬院3-7-13
T 092-531-0005
H abeki-f.blogspot.jp
O 화~토요일 13:00~22:00(L.O. 21:30),
  일요일 13:00~18:00(L.O. 17:00), 월요일 휴무
? 니시테츠야쿠인西鉄薬院 역에서 도보 7분, 지하철
  나나쿠마센七隈線 야쿠인薬院 역 2번 출구에서 도
  보 7분
M 219P-I

야쿠인의 길모퉁이에 위치해 있는 아베키는 2005년에 오픈한 커피 전문점이다. 제대로 된 간판도 없고 그리 크지 않은 공간이지만, 실내에서 커피 한잔을 하며 큰 창문을 통해 길거리를 바라보는 생활 속 작은 여유를 발견할 수 있는 곳이다.

문을 열고 들어가면 하얀 정육점 제복에 민머리의 독특한 사장님을 만나게 되는데, 이 분이 바로 아베키의 주인인 아베키 마코토 씨이다. 가게 이름은 본인의 이름에서 따온 것이다. 약 5년간 미용사로도 근무했던 독특한 이력의 사장님은 특이한 복장과 사람 좋은 미소로 손님들을 맞이하고 있다.

커피는 만델링, 브라질, 과테말라 등이 준비되어 있는데, 작은 공간이 드립하고 있는 커피의 향기로 채워져 가는 따뜻한 분위기가 마음에 든다.

차분하게 정성껏 내려주는 커피 한잔과 함께 수제 치즈케이크가 별미. 금색 접시, 금색 포크와 함께 제공되는 진한 노란색의 치즈케이크는 커피를 마시지 않더라도 오직 치즈케이크만 먹으러 오는 손님이 있을 정도로 인기 있다.

오후가 되면 방문해서 진하고 달콤한 맛의 치즈케이크를 벗 삼아 커피 한잔의 여유를 즐기며 창문을 통해 들어오는 따뜻한 햇살을 맞고 싶은 공간이다.

아베키에서는 커피 원두도 판매하고 있다.

1 아베키의 외관 **2** 치즈케이크 350엔
3 아이스 카페오레 550엔

아카마차야 아사고
赤間茶屋 あ三五

A 福岡県福岡市中央区白金1-4-14
T 092-526-4582
O 11:30~21:30, 화요일 및 첫 번째 월요일 휴무
? 니시테츠야쿠인西鉄薬院 역에서 도보 4분, 지하철 나나쿠마센七隈線 야쿠인薬院 역 2번 출구에서 도보 4분
M 219P-I

야쿠인 바로 옆 시로가네白金에 있는 소바 전문점으로, 타베로그 소바 분야 1위를 오랜 시간 놓치지 않고 있는 유명점이다. 단품 소바뿐만 아니라 오마카세お任せ로 다양한 소바 요리가 나오는 소바 카이세키蕎麦懐石(점심 2650엔부터, 저녁 4000엔부터)가 유명하다.

원래는 시모노세키下関에 있던 소바집이었으나 2003년 현재의 자리에 새롭게 오픈하였다. 가게 이름의 '아카마'도 시모노세키의 '아카마신궁赤間神宮'에서 따온 것이다. 오랜 시간 동안 소바에 대한 열정으로 끊임없는 연구를 계속 하고 있는 사장님의 자세한 설명과 함께 소바의 모든 것을 맛볼 수 있는 곳이다.

소바를 활용한 열 가지가 넘는 다양한 메뉴들은 그 어디서도 맛보기 어려운 독특한 요리들로, 그동안의 소바에 대한 상식을 깨는 신세계를 보여 준다. 그중 특히 소바즈시蕎麦ずし는 꼭 맛보도록 하자. 메밀면을 차조기, 매실 등과 함께 김으로 만 이소마키磯巻き와 메밀면을 와사비츠케와 함께 유바로 만 유바마키湯葉巻き 두 종류가 나온다. 마지막에 나오는 소바유蕎麦湯의 구수함과 따뜻함으로 식사를 마무리해 보자.

1 하나마키 1200엔 **2** 카모누키 1050엔 **3** 소바즈시 1700엔 **4** 소바가키 1100엔 **5** 가게의 외관 **6** 소바 젠자이

야마나카
やま中

A 福岡県福岡市中央区渡辺通2-8-8
T 092-731-7771
H www.sushi-yamanaka.jp
O 11:30~21:30, 일요일 휴무
? 니시테츠야쿠인西鉄薬院 역에서 도보 3분, 지하철 나나쿠마센七隈線 야쿠인薬院 역 1번 출구에서 도보 3분
M 219P-G

1972년 창업한 이래 후쿠오카의 하카타 스시를 대표하는 스시 명가 중 한 곳. 본점과 네 군데의 분점이 있는데, 본점은 바로 야쿠인 와타나베도리에 있다. 본점은 유명 건축가가 설계한 노출 콘크리트의 외관과 세련된 실내가 멋진 곳으로, 1층은 카운터석과 테이블석, 2층은 편안한 좌식 공간이다. 테이블석이나 좌식보다는 카운터석에서 하나씩 스시를 받아서 먹는 것을 추천하며 예약은 필수이다.

야마나카는 규슈 근해에서 잡히는 해산물을 중심으로 하카타마에스시博多前すし를 선보이고 있는데, 가을부터 겨울까지의 제철 고등어를 홋카이도 다시마로 맛을 낸 마츠마에스시松前寿司, 오징어에 유자와 소금을 살짝 뿌린 화려한 칼솜씨의 이카스시いかすし 등이 대표 스시이다.

창업주인 야마나카 씨는 적지 않으신 나이에도 아직까지 현역으로 왕성하게 손님들을 맞이하여 직접 스시를 쥐고 있다. 언제나 바깥까지 나와서 손님들의 배웅을 돕는 모습은 나이를 잊은 스시 명인의 참모습이라 할 수 있다.

점심 스시는 2000엔부터, 저녁 스시는 8000엔부터이다.

1 야마나카 외관 2 아나고, 타마고야키 3 야마나카의 1층 모습
4 주토로 5 에비 6 우나기

온리 원
ONLY ONE

A 福岡県福岡市中央区薬院4-8-13
T 092-406-8897
H www.rusk-onlyone.com
O 10:00~19:00, 부정기 휴무
? 야쿠인오도리藥院大通 역 2번 출구에서 도보 4분
M 218P-D

1983년 나가사키에서 작은 빵집으로 시작한 온리 원은 2001년에 러스크 전문점으로 변신한 뒤, 현재 후쿠오카와 나가사키에 점포를 두고 있다. 후쿠오카 야쿠인 점은 2010년에 오픈하면서 달콤한 러스크를 좋아하는 여성들에게 인기를 얻고 있다.

길모퉁이에 있는 작은 공간에 알록달록 형형색색의 다양한 러스크들이 자신의 달콤함을 전하고자 손님들을 기다리고 있다. 프랑스빵과 식빵을 이용한 러스크는 바삭한 식감으로 사랑받고 있으며, 모든 러스크는 수작업으로 만들어져 각각 크기와 색깔이 조금씩 다른 소박함이 있다.

최고 인기 러스크인 프랑스 슈가 フランスシュガー, 일본의 인기 빵인 멜론빵을 러스크로 만든 멜론빵 メロンパン, 진한 딸기 맛의 이치고 미루쿠 いちごみるく, 양파 맛의 오니온 オニオン, 달콤하면서 짭조름한 시오캬라메루 塩キャラメル, 후쿠오카 명물 멘타이코 맛의 멘타이마요 めんたいマヨ, 마늘빵 풍미의 갈릭 ガーリック, 초콜릿 맛의 사쿠사쿠쇼코라 サクサクショコラ 등 20여 종의 러스크가 구비되어 있어서 선택이 너무나도 고민스럽다.

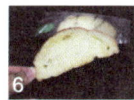

1 다양한 종류의 러스크들 **2 3** 예쁜 인테리어가 돋보인다
4 프랑스 슈가 151엔 **5** 이치고 미루쿠 238엔
6 멜론빵 238엔 **7** 사쿠사쿠쇼코라 238엔 **8** 갈릭 151엔

이케사부로
池三郎

A 福岡県福岡市中央区今泉1-10-15 福岡アーバンタワー 2F
T 092-739-7550
O 18:00~23:00, 연중무휴
P 텐진미나미天神南 역 1번 출구에서 도보 3분
M 219P-G

타키교자炊き餃子로 유명한 이케다쇼텐池田商店의 세 번째 이자카야. 다이묘의 간판 없는 인기 이자카야 이케다야池田屋가 이케다쇼텐의 두 번째 이자카야이다(200쪽 참조).

재미있고 독창적인 메뉴들이 손님들의 인기를 얻고 있다. 대창에 우엉을 꽂는다거나, 반숙달걀 위에 연어알, 성게알을 올리거나, 닭날개 안에 메추리알을 넣는 등 재미난 아이디어에 더해 맛까지 좋아서 연일 만석을 이루고 있는 곳이다.

스타트는 쫀득한 모치 식감의 두부가 대나무에 담겨 나오는 타케도후竹どうふ가 좋다. 그 뒤에는 그날의 신선한 해산물로 구성한 사시미 모리아와세刺身盛り合わせ를 주문해 보자. 해산물을 좋아한다면 추가적으로 호사스러운 해산물 모둠인 우니 호타테 군칸마키うにほたて軍艦가 제격이다. 육질 좋은 소 혀를 구워서 내주는 규탄 시오야키牛タン塩焼와 소 혀로 만든 소시지 규탄 윈나牛タンのウインナー도 별미이다.

탄수화물이 먹고 싶을 때는 구운 오니기리 위에 성게알을 올린 우니 야키오니기리うにの焼きおにぎり를 주문하면 좋다.

마지막으로는 이케사부로의 명물 음식인 타키교자도 꼭 맛보도록 하자.

1 규탄 시오야키 1300엔 2 테바사키 우즈라다마고 츠메야키 300엔 3 마루초 고보 츠메야키 900엔
4 샐러리맨들이 가득한 내부 5 사시미 모리아와세 2000엔

이마이즈미 · 야쿠인

카페 푸르부

Café pour vous

A 福岡県福岡市中央区今泉1-18-3
T 092-716-0027
H www.cafepourvous.com
O 11:30~22:00(런치는 ~15:00, 중간 카페 타임), 부정기 휴무
? 니시테츠야쿠인西鉄薬院 역에서 도보 6분, 지하철 나나쿠마센七隈線 야쿠인薬院 역 1번 출구에서 도보 6분
M 219P-G

이마이즈미의 조용한 뒷골목에 자리 잡은 카페 푸르부는 프랑스과자 교실도 함께 운영하고 있는 스위츠 카페이다. 카페 이름인 프랑스어 'pour vous'는 영어로 하면 'for you'라는 뜻으로, 카페를 방문하는 손님에 대한 마음을 담고 있다.

카페 푸르부의 최고 인기 메뉴는 야키타테 애플파이焼き立てアップルパイ. 갓 구워서 따뜻하고 바삭바삭한 식감의 파이 위에 카페 푸르부에서 직접 만든 바닐라 아이스크림을 3단으로 올리고 소스는 초콜릿, 캐러멜 중에서 선택하여 뿌릴 수 있다. 따뜻한 파이와 차가운 아이스크림이 서로 다른 온도에서 오는 이질감보다는 질감과 맛의 조화가 멋진 하모니를 연출한다. 파이 위에 3단 아이스크림의 모습을 꼭 사진으로 한장 남기고 싶은 유혹이 들지만 너무 오랜 시간을 보내면 안 된다. 파이의 온도 때문에 아이스크림 녹기 시작하니 기념의 순간은 짧게 남기고 바로 시식에 들어가는 것이 좋다.

애플파이는 주문을 받고 나서 만들기 시작하며, 220도의 고온에서 15~20분 정도 구워서 만들기 때문에 조금 시간이 걸린다는 점을 참고하시길.

애플파이 이외에도 오렌지 소스로 맛을 낸 크레이프와 다양한 프랑스 과자와 아이스크림도 인기가 있으며, 점심에는 파스타, 뇨키, 닭요리와 함께 직접 만든 빵이 나오는 런치 코스를 먹으러 오는 손님들도 많다.

1 크레이프 700엔 **2 3** 야키타테 애플파이 880엔 **4** 카페 푸르부의 메뉴 간판

킨교
きんぎょ

A 福岡県福岡市中央区薬院1-4-8 あずまビル1F
T 092-771-9611
O 11:30~14:30, 18:00~24:00(주말, 공휴일은 저녁만 영업), 부정기 휴무
? 니시테츠야쿠인西鉄薬院 역에서 도보 3분, 지하철 나나쿠마센七隈線 야쿠인薬院 역 1번 출구에서 도보 3분
M 219P-G

1 킨교의 간판 **2** 베이컨&키노코&도후 샐러드 650엔 **3** 모츠나베 1100엔

야쿠인 역 근처에 있는 킨교는 된장 맛의 모츠나베(곱창전골)가 인기 있는 곳이다. 음식점 이름인 킨교는 금붕어를 뜻하는 말이다.

교토의 전통 목조 가옥인 마치야町家를 이미지화해서 지은 외관과 입구까지 연결되는 깔끔하고 작은 정원이 고풍스러우며 실내 분위기도 차분하고 멋진 모습이다.

모츠나베는 규슈 미소九州味噌와 사이쿄 미소西京味噌 두 종류를 사용하는데, 스다치スダチ와 두부를 넣어 독특한 개성미를 선보인다. 규슈 미소 맛 모츠나베는 튀긴 우엉을 올려 담백한 맛이고, 사이쿄 미소 맛 모츠나베는 진한 미소의 맛을 느낄 수 있으니 취향에 따라 선택하도록 하자.

모츠나베뿐만 아니라 오토시로 나오는 메뉴와 기타 일품 메뉴들도 하나같이 정갈하고 맛깔스럽게 나오는 것이 모츠나베 전문점이 아닌 일식요리집 수준이라 할 만하다. 사시미와 바사시(말고기 회) 모둠도 인기 있다.

토리카와 스이쿄
とりかわ 粋恭

A 福岡県福岡市中央区薬院1-11-15
T 092-731-1766
⏰ 17:00~24:00, 연말연시 휴무
📍 니시테츠야쿠인西鉄薬院 역에서 도보 5분, 지하철 나나쿠마센七隈線 야쿠인薬院 역 1번 출구에서 도보 5분
M 218P-B

1 1층 카운터석에서는 직접 굽는 모습을 볼 수 있다 **2** 부타바라 200엔, 스나즈리 100엔 **3** 토리카와 130엔 **4** 야키야마이모 200엔

야쿠인에 있는 토리카와 스이쿄는 오픈 시간인 5시가 되면 사람들이 몰려들어 금방 만석을 이루는 인기 야키토리집이다.

1층에는 카운터석, 2층에는 단체를 위한 좌식 테이블석이 있는데, 직접 야키토리를 굽는 모습을 볼 수 있는 1층 카운터석을 추천한다. 능숙한 굽기 솜씨와 화려한 불 쇼는 많은 손님들이 사진 및 동영상을 촬영할 만큼 퍼포먼스도 좋은 곳이다.

야키토리 메뉴 중에서 기름기가 거의 없는 쫄깃한 토리카와(닭 껍질)가 최고 인기 메뉴. 지방이 적은 부드러운 목 부분의 껍질을 꼬치에 꽂아 3일 동안 타레에 적시고 굽는 과정을 7번 반복하여 어디에서도 맛볼 수 없는 독창적인 맛을 선보인다. 한 번 먹어 보면 그동안 가지고 있던 닭 껍질에 대한 고정관념이 그대로 무너지는 매력적인 맛이며, 맥주에도 잘 어울려서 한 사람당 10개 이상은 가뿐히 먹을 수 있는 마약 같은 야키토리이다.

쫄깃한 식감의 세세리せせり, 닭 간의 녹진한 맛을 느낄 수 있는 토리키모とりきも, 후쿠오카 사람들이 특별히 좋아하는 야키토리 중 하나인 닭모래집 스나즈리砂ズリ, 닭가슴살을 미디엄 레어로 구워주는 토리사사미とりささみ, 두툼하게 썬 산마를 그대로 구운 야키야마이모焼き山芋 등도 추천 메뉴이다.

마지막에 제공되는 닭 국물 토리스프鶏スープ는 서비스이며, 우리나라의 닭곰탕 국물과 비슷한 감칠맛이 입맛에 맞고 속을 따뜻하게 해 주니 꼭 마셔 보시길.

프랑스과자 16구
フランス菓子16区

A 福岡県福岡市中央区薬院4-20-10
T 092-531-3011
H www.16ku.jp
O 09:00~20:00, 월요일(월요일이 공휴일인 경우 그 다음 날) 휴무
? 야쿠인오도리薬院大通 역 1번 출구에서 도보 5분
M 218P-D

프랑스에서 제빵, 제과를 유학한 미시마 타카오 셰프가 1981년에 오픈한 제과점이다. 가게 이름은 본인이 근무했던 악퇴르(Acteur)가 있던 프랑스 파리의 고급 주택가 16구에서 따온 것이다. 1층은 판매 공간이며, 2층은 카페로 커피, 차와 함께 편히 음식을 즐길 수 있는 곳이다.

프랑스과자 16구의 대표 상품이자 최고 인기 상품은 바로 다쿠아즈이다. 다쿠아즈는 원래 프랑스의 대표적인 전통 과자로 바삭함과 폭신함을 동시에 느끼며 크림의 달콤함까지 즐길 수 있는 머랭 과자의 일종이다. 일본의 다쿠아즈는 프랑스의 전통 다쿠아즈와는 모양이 좀 다르다. '코반小判'이라고 하는 에도 시대에 사용한 타원형의 금화를 모티브로 했으며, 코반 모양의 다쿠아즈를 처음 만든 사람이 바로 미시마 타카오 셰프이다. 1979년에 처음 고안하였고 1981년 후쿠오카에 16구를 오픈하면서 판매하기 시작했다. 지금은 프랑스에서도 일본식 다쿠아즈를 만들어서 판매하고 있다고 한다.

프랑스과자 16구에 사용하는 과일은 모두 계약 농가에서 직거래로 받아서 사용하고 있으며, 고급스러운 맛과 가격에 걸맞는 서비스와 친절로 많은 사람들에게 사랑받고 있다.

1 프랑스과자 16구의 외관 **2** 샬롯 포와르 378엔, 파니에 프랑보와즈 432엔 **3** 다쿠아즈 378엔 **4** 비쥬 데보와 378엔

이마이즈미 · 야쿠인

하나모코시
はなもこし

A 福岡県福岡市中央区薬院2-4-35 エスキーモアシャトー薬院 1F
T 092-716-0661
H hanamokoshi.jimdo.com
O 11:45~14:00, 19:00~22:00, 일요일 휴무
S 야쿠인오도리薬院大通 역 1번 출구에서 도보 2분
M 218P-D

후쿠오카 야쿠인에 있는 하나모코시는 토리츠케소바鶏つけそば를 내는 곳이다. 내부는 단 6석뿐으로 좁은 편이다.

이 집은 원래 지도리(토종닭) 전문 이자카야였는데, 11년 동안 이자카야를 영업하면서 닭으로도 충분히 진한 맛의 라멘과 츠케멘을 만들 수 있다는 것을 보여 주고자 2011년 10월에 이자카야에서 토리라멘 및 토리츠케멘 전문 라멘집으로 변신하였다.

토리츠케소바 중에서도 모든 토핑을 맛볼 수 있는 토쿠세이 토리츠케소바特製鶏つけそば를 주문해 보자. 면과 함께 토핑으로 차슈, 멘마, 그리고 긴디야가 나오는데, 긴디야는 스페인 고추를 폰즈에 절인 것으로, 맛이 독특해서 츠케멘을 먹다가 한입씩 별미로 먹기 좋다. 차슈는 일반적인 돼지고기가 아니라 담백한 닭고기 차슈이며, 매끈한 면발은 사장님이 자가제조하고 있다.

면, 토핑과 함께 찍어 먹을 스프를 주지 않고 먼저 소금을 준다. 그 이유는 사장님이 추천하는 토리츠케소바 먹는 방법이 세 가지이기 때문이다. 먼저, 소금(그냥 소금이 아니라 유자소금이다)에 찍어서 맛을 보고, 그 다음 100% 닭으로 만든 진한 스프에 찍어 먹고, 마지막에는 취향에 맞게 유자소금을 스프에 넣어 간을 맞춘 뒤 그 스프에 찍어 먹는다.

상당량의 닭 뼈를 사용해서 스프를 만들기 때문에, 하루에 만들 수 있는 양이 제한적이므로 재료가 다 떨어지면 그 시점에서 영업 종료이다.

1 하나모코시 외관 **2** 토쿠세이 토리 츠케소바 900엔
3 토리 츠케소바 750엔

하카타 겐스케 야쿠인 본점
博多元助 薬院本店

🅐 福岡県福岡市中央区薬院2-2-2 薬院ビル 1F
📞 092-714-7739
🕐 11:30~23:00, 연중무휴
❓ 야쿠인오도리藥院大通 역 1번 또는 2번 출구에서 도보 2분
🅜 218P-D

2008년 야쿠인에 오픈한 츠케멘 전문점. 국물에 면이 담겨 나오는 라멘과 달리 츠케멘つけ麺은 면과 국물이 따로 나온다. '묻히다'라는 뜻의 '츠케루つける'와 면을 뜻하는 '멘麺'의 합성어인 츠케멘은 따로 나오는 국물인 츠케지루つけ汁에 면을 찍어서 먹는다.
후쿠오카의 츠케멘은 2001년 하카타고교博多五行에서 처음 선보인 이후, 몇몇 라멘집에서 라멘과 함께 메뉴에 추가해서 선보였으나, 오직 츠케멘만 제공하는 츠케멘 전문점은 하카타 겐스케가 최초이다.
해산물 다시에 돼지 뼈, 돼지 족발, 닭에서 우려낸 스프를 혼합해서 기본 츠케지루를 만들고, 여기에 지쇼유(지방에서 생산한 간장)와 특제 타레를 첨가해서 최종적인 맛의 츠케지루를 완성한다. 라멘과는 다른 후토멘(굵은 면)을 사용하는데, 모든 면은 자사 제면소에서 만들고 있으며, 면의 가수율(加水率)이 높아서 모치 같은 쫄깃한 식감이 매력이다.
굵은 면이 부담스러운 사람들을 위해서 중간 굵기의 면도 있기 때문에 취향에 따라 선택하면 된다. 호쾌한 모습의 큼직한 차슈는 먹고 난 뒤 든든함을 준다.
각 자리마다 IH렌지가 있어서 다 먹을 때까지 츠케지루의 온도를 조절해서 먹을 수 있다는 것도 장점 중 하나이다.
츠케멘을 다 먹고 난 뒤에는 남은 츠케지루에 육수를 부어서 마셔도 되고, 밥과 치즈를 넣어 죽으로 만들어 먹어도 된다.

1 하카타 겐스케 외관 **2 3** 토쿠세이 츠케멘 950엔(200g), 1100엔(300g)

핫짱라멘
八ちゃんラーメン

- A 福岡県福岡市中央区白金1-1-27
- T 092-521-1834
- O 21:00~02:30, 수요일 및 일요일, 공휴일 휴무
- ? 니시테츠야쿠인西鉄薬院 역에서 도보 2분, 지하철 나나쿠마센七隈線 야쿠인薬院 역 2번 출구에서 도보 2분
- M 219P-I

1 심야에도 사람이 가득한 핫짱라멘 **2** 라멘 700엔

1970년에 개업한 야쿠인의 유명 라멘집으로 낮 장사는 하지 않고 밤 9시부터 영업을 시작하는 심야라멘집이다. 음식점 입구에 있는 간판의 그림에서 알 수 있듯이 다리가 8개 있는 문어의 애칭으로 '핫짱'이라는 이름을 붙였다.

좁은 통로의 10여 석 정도의 카운터석은 언제나 만석이며 새벽 늦게까지 손님들의 발길이 끊이지 않는다.

면이 보이지 않을 정도로 가득 담아주는 뜨거운 돈코츠 국물의 구수한 내음과 국물 위에 떠있는 자잘한 기포에서 라멘이 얼마나 진한지 알 수 있다. 탁한 빛깔이 갈색에 가까우며 한 모금 마셔 보면 진하고 걸쭉한 국물의 매력을 느낄 수 있다. 라멘 그릇 바닥에서 고기 부스러기와 돼지 뼈의 가루가 느껴질 정도이니, 후쿠오카의 수많은 돈코츠 라멘집 중에서 진함과 걸쭉함으로는 단연 상위권일 것이다. 카에다마로 여러 번 면을 추가해서 먹어도 국물의 진함은 여전하다.

작은 집이다 보니 깔끔함과는 조금 거리가 있으니 참고하시길.

후쿠신로
福新楼

A 福岡県福岡市中央区今泉1-17-8
T 092-771-3141
H www.fuxinlou.co.jp
O 11:30~22:00, 연말연시 휴무
? 텐진미나미天神南 역 1번 출구에서 도보 6분. 애플스토어에서 도보 2분
M 219P-G

1904년 오픈한 후쿠오카 최초의 중국요리 전문점. 후쿠신로의 역사는 후쿠오카 중국요리의 역사와 일맥상통하며, 후쿠오카에서 짬뽕을 처음 선보인 것도, 사라우동을 처음 선보인 것도 모두 후쿠신로의 몫이었다.

후쿠신로의 대표 메뉴는 바로 사라우동皿うどん과 짬뽕이다. '하카타 사라우동'이라고 불리는 후쿠신로의 오리지널 사라우동이다.

후쿠신로의 사라우동은 우리가 흔히 알고 있는 나가사키의 사라우동과는 모양이 좀 다르다. 나가사키의 사라우동은 과자같이 얇게 튀긴 세면에 소스를 부어서 먹는데, 후쿠신로의 하카타 사라우동은 짬뽕 면을 사용하고, 면을 먼저 한 번 볶은 다음에 소스와 각종 재료를 넣어서 함께 다시 한 번 볶은 후 내놓는다. 우리가 알고 있는 일반적인 야키우동과 비슷하다. 나가사키 사라우동은 바삭바삭한 재미있는 식감으로 먹는다면, 하카타 사라우동은 부드러운 맛으로 먹기 때문에 '부드러운 야키소바'라고도 불린다.

후쿠오카에 최초로 사라우동을 선보인 곳이 후쿠신로이지만, 후쿠신로의 개업 초기부터 사라우동이 있지는 않았다. 또한, 1904년 개업과 동시에

이마이즈미 · 야쿠인

1 하카타 사라우동 1050엔 **2** 나가사키 사라우동 1050엔 **3** 후쿠신로 외관
4 베이징 덕 4750엔 **5** 타이피엔 1050엔 **6** 하토시 600엔

짬뽕을 선보인 것도 아니다. 후쿠오카 사람들에게 처음 짬뽕을 선보인 것이 개업 3년 뒤인 1907년인데, 그 이유는 짬뽕에 들어가는 숙주나물이 그 당시 후쿠오카에서는 재배되지 않았기 때문이다. 결국 후쿠신로는 짬뽕을 위해 후쿠오카에서 최초로 숙주나물을 재배하기 시작했으며, 후쿠오카 사람들의 입맛에 맞는 짬뽕을 만들기 위해 시행착오를 거쳐 개업 3년 뒤에 짬뽕을 내놓게 된다. 또한, 사라우동도 메이지 시대가 아닌 그후 쇼와 시대 초기에 2대 주방장이 만들어 낸 요리이다. 물론 후쿠오카 최초이다.
후쿠신로의 사라우동은 돼지고기, 오징어, 각종 야채 등 재료를 아끼지 않고 넉넉히 넣은 점이 마음에 들며, 소스가 잘 밴 부드럽고 쫄깃한 중면은 식감과 목 넘김이 좋고, 과하지 않은 소스에는 야채, 해산물, 돼지고기의 맛이 잘 조화되어 있어 맛있다.
그 외에 다양한 중국요리와 하토시ハトシ, 타이피엔太平燕 같은 다른 규슈 지역의 명물 중국요리도 맛볼 수 있으며 베이징 덕도 준비되어 있다.
후쿠오카 노포 음식점의 모임인 '하카타 구루메 클럽' 중 한 곳이다.

후쿠오카 멘츠단
福岡麵通団

A 福岡県福岡市中央区渡辺通4-11-3
T 092-732-0537
H http://www.mach-factory.co.jp/mentsudan
O 월~토요일 11:00~24:00(L.O. 23:30), 일요일 및 공휴일 11:00~23:00(L.O. 22:30), 연중무휴
S 니시테츠야쿠인西鉄薬院 역에서 도보 4분, 지하철 나나쿠마센七隈線 야쿠인薬院 역 1번 출구에서 도보 4분
M 219P-G

1 카마타마 380엔(소), 490엔(대) **2** 우메콘부 430엔(소), 540엔(대)
3 치쿠와 **4** 튀김 종류는 모두 110엔 **5** 멘츠단의 내부

'사누키 우동 대사讚岐うどん大使'라는 타이틀을 내걸고 있는 우동 전문점이다.

멘츠단은 도쿄에 두 군데, 후쿠오카에 한 군데가 있는데, 멘츠단을 만든 단장은 카가와 현 출신의 타오 카즈토시로 영화 〈우동〉의 실제 모델이다.

카가와 현은 일본에서 우동으로 유명한 곳이며, 사누키 우동의 본고장으로 알려져 있다. 워낙 우동이 유명하다 보니 현재 카가와 현은 '우동 현うどん県'을 정식 현의 명칭으로 사용하고 있을 정도이다. 카가와 현에는 우동집이 약 800여 개 정도 있다고 한다.

이 카가와 현 출신인 타오 카즈토시는 1993년 『오소루베키 사누키 우동』이라는 카가와 현 우동집 탐방기를 출간하게 된다. 그와 동시에 '멘츠단'이라는 조직을 만들어서 카가와 현의 우동을 일본 전국에 알리는 데 힘쓰게 된다. 현재 일본에 있는 3개의 멘츠단은 사누키 우동을 알리는 첨병으로 일본인들에게 사누키 우동 맛을 선보이고 있다.

음식점 입구에 메뉴 사진이 있어서 손님들의 선택을 돕고 있으며, 주문 후 카운터를 따라 다양한 텐푸라 토핑을 선택한 후 마지막에 계산을 하는 셀프 서비스 시스템이다.

우동 국물은 별도로 마련되어 있으며 식사를 마친 후에는 다 먹은 그릇을 퇴식구에 넣어야 하는 점에 주의해야 한다.

쫄깃한 면발의 사누키 우동을 좋아하시는 분들은 꼭 방문해 보시길.

이마이즈미 · 야쿠인

피시 맨
Fish Man, 魚男

A 福岡県福岡市中央区今泉1-4-23
T 092-717-3571
H www.m-and-co.net/fishman
O 11:30~15:00, 17:30~01:00, 일요일 영업, 부정기 휴무
? 텐진미나미天神南 역 1번 출구에서 도보 7분, 애플스토어에서 도보 4분
M 219P-G

나가하마 어시장에서 매일 아침 배송되는 해산물과 이토시마산 야채를 사용하여 신선한 해산물과 야채 요리를 선보이고 있는 인기 이자카야.

이자카야 이름은 'Fish Man'이지만, 활기차고 유쾌한 분위기와 해산물, 야채 위주의 요리들로 여성들에게 많은 사랑을 받고 있는 곳이다.

피시 맨의 거의 모든 테이블에서 주문하는 메뉴는 사시미 카이단 모리아와세刺身階段盛り合わせ와 바냐 카우다バーニャカウダ이다.

작은 나무 계단에 회가 얹어져 나오는 사시미 카이단 모리아와세는 그 모양새와 회의 선도가 손님들의 No.1 주문 메뉴이자 피시 맨의 명물 음식으로 자리 잡게 해 주었다. 또한, 산지에서 직송된 신선하고 상큼한 야채들을 올리브 오일, 엔초비, 마늘을 넣은 소스에 찍어 먹는 바냐 카우다는 여성들에게 절대적 인기를 얻고 있다.

바삭하게 튀겨 나오는 텐뿌라와 찜통에 각종 야채를 찐 무시야사이蒸し野菜도 인기 메뉴이다.

이자카야 스태프가 작은 수레를 끌고 다니면서 그 날의 추천 메뉴를 직접 판매하거나 간단한 메뉴를 만들어 주는 모습은 독특하고 재미나다.

1 피시맨 외관 2 사시미 카이단 모리아와세 1200엔
3 바냐 카우다 500엔 4 텐푸라 모리아와세 1200엔

타베고로 햐쿠슌칸
たべごろ百旬館

A 福岡市中央区渡辺通1丁目11-16
T 092-731-3014
O 08:00~21:00
? 와타나베도리渡辺通 역 2번 출구에서 도보 1분
M 219P-H

후쿠오카 와타나베도리에 있는 타베고로 햐쿠슌칸은 원조 멘타이코 전문점인 '후쿠야'가 운영하는 업무용 식품 슈퍼마켓이다.

업무용 식재료뿐만 아니라 매일 시장에서 매입하는 신선한 생선, 야채 등 다양한 식재료를 판매하고 있으며, 조미료부터 식기나 조리 도구 등 다양한 상품군을 확보하여 음식점 운영자뿐만 아니라 전문 요리사, 일반인도 많이 방문하는 곳이다.

규슈 최대 환락가

나카스 · 카와바타

中洲 · 川端

구 후쿠오카 현 공회당 귀빈관
旧福岡県公会堂貴賓館

- A 福岡市中央区西中洲6-29
- T 092-751-4416
- O 09:00~17:00, 월요일(월요일이 공휴일인 경우 그 다음 날), 연말연시 휴무
- ? 나카스카와바타中洲川端 역 1번 출구에서 도보 4분
- C 어른 240엔, 15세 미만 120엔, 6세 미만 및 65세 이상은 무료
- M 256P-C

1910년 3월에 준공된 구 후쿠오카 현 공회당 귀빈관은 그해 후쿠오카에서 열린 규슈, 오키나와의 8개 현 '연합 공진회'連合共進会'의 내빈 접대소 및 공진회 회장으로 이용하기 위해서 건설된 곳이다. 공진회가 끝난 뒤에는 현 공회당으로 일반 시민들에게 개방되었으며, 현립수산고등학교로도 이용되었고 1956년부터는 후쿠오카 현의 교육 청사로도 사용되었다. 1981년 교육 청사의 이전으로 그 부지가 텐진 중앙 공원天神中央公園의 일부가 되며 부지 내 많은 제반 시설이 철거되었지만, 공회당 귀빈관은 메이지 시대의 프랑스 르네상스에 바탕을 둔 목조 건물로서의 가치가 있기 때문에 일본 중요 문화재로 지정되었다.

귀빈관은 목조 2층 건물로 북쪽 정면에는 돌기둥으로 만든 현관이 있으며, 동쪽 모서리에는 팔각 탑이 멋진 건축 양식을 보여 준다. 현재 귀빈관은 입장(유료)하여 내부 시설을 구경할 수 있으며, 1층의 일부는 레스토랑 및 테라스 카페로 이용되고 있다.

레이젠소
冷泉荘

- **A** 福岡県福岡市博多区上川端9-35
- **T** 092-985-4562
- **H** www.reizensou.com
- **O** 11:00~19:00, 화요일 휴무
- **?** 나카스카와바타中洲川端 역 5번 출구에서 도보 4분
- **M** 256P-D

카와바타 상점가 바로 옆에 있는 레이젠소는 건축된 지 50년이 넘는 낡은 맨션을 개조한 일종의 도심지 재생 프로젝트의 하나이다. "후쿠오카의 오래된 건물을 소중히 여기는 마음의 실천"이라는 기본 이념으로, 사람, 거리, 문화를 사랑하는 젊은 크리에이터와 아티스트들이 모여 '리노베이션 뮤지엄 레이젠소'로 재창조하였다.

원래 2006년부터 2009년까지의 3년 한정 프로젝트였으나, 많은 이들의 호응을 얻고 건물의 구조 및 내진 보강을 거쳐 현재까지도 아트, 의류 종사자들의 소호 공간으로 계속 사용되고 있다. 낡은 건물의 재창조 및 젊은 크리에이터와 아티스트들의 노력의 성과로 2012년에는 후쿠오카 시 도시경관상을 수상하기도 했다.

현재 레이젠소에는 카페, 갤러리, 건축 사무소, 사진 스튜디오, 이자카야, 한국어 교실, 문화 관련 NPO 등 약 20여 개의 업체가 입주해 있다.

카와바타 상점가
川端商店街

A 福岡市博多区上川端6-135
T 092-281-6223
H www.hakata.or.jp
O 각 점포마다 상이
? 나카스카와바타中洲川端 역 5번 출구 앞
M 256P-C, 256P-D

카와바타 상점가는 하카타에서 가장 역사 깊은 상점가 중 하나로 약 400m의 아케이드 거리에 120여 개의 점포로 이루어져 있으며, 후쿠오카 상점의 정취와 함께 서민들의 삶의 모습도 살짝 엿볼 수 있는 곳이다. 하카타 기온 야마카사나 하카타 돈타쿠 마츠리 때에는 행렬이 상가를 통과하기 때문에 구경 및 산책 코스로도 좋다.

하카타 명물 상품, 야마카사 상품 등의 하카타 기념품 매장을 비롯하여 하카타 앞바다의 해산물 가게, 다양한 음식점 등이 있으며, 평일 평균 1만 2천 명, 주말, 공휴일에는 약 2만 5천 명의 통행인이 있는 번화한 상점가이다. 근처에는 쿠시다 신사, 하카타 리버레인, 캐널시티 등 다양한 볼거리와 쇼핑 명소들이 있다.

쿠시다 신사
櫛田神社

A 福岡市博多区上川端1-41
T 092-291-2951
O 04:00~22:00
? 나카스카와바타中洲川端 역 5번 출구에서 도보 7분, 기온祇園 역 2번 출구에서 도보 5분
C 무료　M 256P-D

757년 건립된 것으로 전해지는 후쿠오카의 대표 신사이다. 하카타의 수호신으로 오쿠시다상お櫛田さん이라는 별칭으로 불리며 후쿠오카 사람들의 사랑을 받고 있다. 이곳에서 시작되고 봉납되는 하카타 기온 야마카사는 하카타의 대표적인 여름 축제이며, 경내에는 하카타 기온 야마카사의 역사와 전통을 전하기 위해서 높이 약 13m의 카자리야마飾り山(장식용 가마)가 1년 내내 전시되어 있다. 또한, 경내에는 수령 약 1000년 정도의 쿠시다 은행나무가 있는데 후쿠오카 현의 천연기념물로 지정되어 있다.

2월에는 세츠분 행사, 7월에는 하카타 기온 야마카사, 10월에는 하카타 오쿤치 등 다양한 행사가 쿠시다 신사에서 열린다.

쿠시다 신사 내에는 명성황후를 시해한 칼인 히젠토肥前刀가 보관되어 있는 것으로 알려져 있는데, 후쿠오카 사람들에는 사랑받는 신사이지만 우리에게는 아픈 역사의 상처가 남아 있는 곳이다.

하카타 전통공예관
はかた伝統工芸館

A 福岡市博多区上川端町 6-1
T 092-409-5450
H hakata-dentou-kougeikan.jp
O 10:00~18:00, 수요일(수요일이 공휴일인 경우 그 다음 날), 연말연시 휴무
? 나카스카와바타中洲川端 역 5번 출구에서 도보 6분, 기온祇園 역 2번 출구에서 도보 5분
C 무료 **M** 256P-D

2011년 봄에 오픈한 하카타 전통공예관은 대표적인 후쿠오카의 전통공예품이라고 할 수 있는 하카타오리博多織(직물), 하카타닌교博多人形(인형) 등이 전시되어 있다.

하카타오리는 약 770년 전부터 만들어졌던 직물인데, 막부에 직물을 헌상하면서 유명해진 것으로 보라색, 파란색, 빨간색, 황색, 남색의 5가지 색깔의 하카타오리가 있다. 하카타닌교는 1600년 처음으로 장인들에 의해 태어난 초벌구이 인형이 지금의 하카타닌교의 기초가 되었으며 메이지 시대에 파리 등의 국제 박람회에서 높은 평가를 받으며 일본을 대표하는 인형으로 알려지게 되었다.

그 외에도 삼나무로 만든 용기인 하카타마게모노博多曲物, 아이들의 장난감인 하카타코마博多独楽(팽이), 일본 최초 가위의 전통을 잇는 하카타바사미博多鋏, 종이와 신문지 등의 재료로 만든 하카타의 수제 민예품인 하카타하리코博多張子, 무병장수와 집안 안전을 기원하는 화살인 치쿠젠하카타야筑前博多矢 등도 함께 전시되어 있다.

워크숍과 강연회도 열리고 있으며 카페도 마련되어 있다. 하카타 지역의 전통을 물씬 느낄 수 있는 곳이다.

하카타마치야 후루사토관
「博多町家」ふるさと館

- **A** 福岡市博多区冷泉町6-10
- **T** 092-281-7761
- **H** www.hakatamachiya.com
- **O** 10:00~18:00, 연말연시(12/29~1/3) 휴무
- **?** 나카스카와바타中洲川端 역 5번 출구에서 도보 7분. 기온祇園 역 2번 출구에서 도보 3분
- **C** 어른 200엔, 초등학생 및 중학생 무료
- **M** 256P-D

메이지(1868~1912년), 다이쇼(1912~1926년) 시대를 중심으로 옛 하카타의 생활과 문화를 소개하고 있는 관광시설이다. 하카타의 옛 상점 모습을 하고 있는 후루사토관의 건물은 메이지 중기에 지어진 하카타오리博多織 직조 건물을 1995년에 이전, 복원한 것으로 후쿠오카 시 지정문화재이다.

하카타마치야 후루사토관은 모두 세 개의 시설로 나뉘어 있는데, 하카타의 역사와 문화에 대한 전시 및 영상을 상영하는 전시동展示棟, 하카타오리의 실연 및 체험을 할 수 있는 마치야동町家棟, 하카타 공예품이나 특산품을 살 수 있는 선물코너인 미야게도코로みやげ処로 나뉘어 있다.

하카타의 축제, 생활, 전통 공예의 전시뿐만 아니라 하카타 직물의 실연도 직접 볼 수 있는 곳이니 관광객들은 한 번쯤 방문해볼 만한 곳이다.

하카타자
博多座

- **A** 福岡市博多区下川端町2-1
- **T** 092-263-5555
- **H** www.hakataza.co.jp
- **O** 공연에 따라 상이함
- **?** 나카스카와바타中洲川端 역 7번 출구와 연결
- **M** 256P-A

1999년 개관한 하카타자는 후쿠오카 시립 연극 전용 극장으로 가부키, 뮤지컬, 연극 등 다양한 공연이 한 달 단위로 1년 내내 계속된다. 좌석 수는 최대 1,454석으로 규슈 최대급이며, 규슈뿐만 아니라 서일본의 단체 입장객들도 많다.

무대는 약 20×20m의 대형 공간으로, 하나미치花道, 토야鳥屋, 나라쿠奈落, 추노리宙乗り 등의 다양한 설비가 완비되어 있어서 거의 모든 장르의 연극 공연이 가능하다.

초여름에는 하카타자 옆의 강을 따라 하카타자의 가부키 출연자들이 배를 타고 이동하는 이벤트도 열리며, 매년 12월에는 후쿠오카 시민들을 위해 하카타자를 개방하고 있다.

후쿠오카 아시아 미술관
福岡アジア美術館,
Fukuoka Asian Art Museum

A 福岡市博多区下川端町3-1 리바레인센터빌 7・8F
T 092-263-1100
H faam.city.fukuoka.lg.jp/home.html
O 10:00~20:00, 수요일 휴무(수요일이 공휴일인 경우 다음 날 휴무), 연말연시(12/26~1/1) 휴무
? 나카스카와바타中洲川端 역 6번 출구 앞
C 입관료 무료, 갤러리 관람료 별도 **M** 256P-A

후쿠오카와 아시아와의 문화 교류 거점을 목표로 1999년 개관한 후쿠오카 아시아 미술관은 나카스에 있는 하카타 리버레인 7, 8층에 위치해 있다.
아시아 23개국의 근현대 미술품 약 2700점을 만날 수 있으며, 아시아 현대미술을 전문으로 하는 세계 유일의 미술관이다. 서양 미술의 모방이나 전통 양식의 계승이 아닌, 변화하고 있는 아시아 미술의 '현재'를 느낄 수 있는 후쿠오카 아시아 미술관은 원칙적으로 19세기부터 현대까지의 근현대 작품을 중심으로 하여 다른 미술관과는 차별된 독창성과 매력을 지니고 있는 곳이다.
미술 작품의 전시뿐만 아니라 유명 예술가를 초청하여 특별전 및 워크숍도 실시하고 있는 교류형 미술관이다.

나카스 젠자이
中洲ぜんざい

- A 福岡県福岡市博多区上川端町3-15
- T 092-291-6350
- O 11:00~18:00, 일요일 및 공휴일 휴무
- ? 나카스카와바타中洲川端 역 5번 출구에서 도보 6분. 캐널시티에서 도보 3분
- M 256P-D

캐널시티 방면 나카스 카와바타 상점가의 초입에 있는 나카스 젠자이는 일본식 단팥죽인 '젠자이ぜんざい'를 판매하는 개업 50여 년이 넘은 노포이다.

훗카이도산 팥을 사용하여 만들며, 따뜻한 단팥죽인 젠자이, 시원한 냉단팥죽인 히야시 젠자이冷やしぜんざい, 팥을 으깨서 팥 알갱이는 적고 팥물이 많은 시루코しるこ 등의 메뉴가 있다.

젠자이에 따라 토핑이 달라지는데, 젠자이에는 야키모치焼き餅가 들어가고, 히야시 젠자이와 시루코에는 시라타마白玉가 들어간다.

역시나 가장 인기 메뉴는 따뜻한 젠자이다. 팥이 그대로 살아 있는 모습과 야키모치 3개가 들어가서 따뜻한 한 그릇의 단팥죽을 이루고 있다. 달콤한 팥 알갱이의 맛뿐만 아니라 쫄깃하면서 한입 물면 쭉 늘어나는 야키모치의 매력 때문에 방문하는 사람들이 많다. 여름에는 카키고리かき氷(빙수)도 인기 있다.

젠자이를 먹고 난 뒤, 단맛에 지친 입을 입가심할 수 있는 쿠치나오시口直し로 해초류 조림을 내준다.

1 나카스 젠자이의 외관 **2** 젠자이 500엔 **3** 히야시 젠자이 500엔 **4** 카키고리 550엔

노부히데 본점
信秀 本店

A 福岡県福岡市博多区下川端町8-8
T 092-281-4340
O 16:30-01:00, 연말연시 휴무
? 나카스카와바타中洲川端 역 7번 출구에서 도보 2분
M 256P-A

1964년에 창업한 노부히데 본점은 후쿠오카의 대표 야키토리 전문점이다. 활기 넘치는 분위기에 다양한 야키모노焼き物가 준비되어 있으며, 주인장의 마술은 처음 찾는 손님도 어색하지 않게 편안한 분위기를 만들어 준다. 가게의 벽이 연예인들의 사진과 사인으로 가득 찰 정도로 연예인도 많이 찾고 미디어에도 자주 소개되고 있는 인기 야키토리집이다. 일본에서 확고한 인기를 얻고 있는 한류스타 장근석이 사장님과 함께 찍은 사진과 사인도 있다.

닭의 염통, 간, 날개, 모래집, 껍질뿐만 아니라 소고기, 돼지고기, 토마토, 버섯, 그리고 각종 해산물에 이르기까지 50여 가지의 야키모노가 준비되어 있다. 손님들의 눈앞에 진열되어 있어서 재료의 선도를 직접 확인할 수 있고, 일본어를 모르는 외국인 손님들이 먹고 싶은 것을 직접 보고 골라서 주문하기에도 좋다.

냉동육을 사용하지 않고 엄선된 생고기만을 사용하며, 소금은 오키나와산 천연 소금, 숯은 최고급 비장탄을 사용하고 있다.

지금은 후쿠오카 대부분의 야키토리집에서 서비스로 양배추를 내주고 있는데, 양배추에 스다레酢ダレ(식초 양념)를 뿌려서 먹는 것을 최초로 발상한 곳이 바로 노부히데 본점이다.

1 각종 야키토리 80엔부터 2 오토시와 생맥주 3 시시토바라 220엔 4 스다레를 뿌려 먹는 양배추

라멘 우나리
ラーメン海鳴

A 福岡県福岡市博多区中洲3-6-23 和田ビル 1F角号
T 092-281-8278
O 18:00~06:00, 일요일 휴무
R 나카스카와바타中洲川端 역 1번 출구에서 도보 4분
M 256P-C

저녁에 오픈하여 새벽까지 밤새 영업을 하는 신개념 돈코츠 라멘집. 규슈 최대의 환락가인 나카스의 특성상 밤새 영업하는 집이 많지만, 라멘 우나리는 이 집만의 독특한 라멘을 맛보기 위해 저녁에도, 술 한잔을 걸친 술꾼들이 몰리는 새벽에도 인산인해를 이루는 곳이다.

라멘 우나리의 돈코츠 라멘은 '교카이 돈코츠 라멘魚介とんこつラーメン'을 표방하고 있는데, 교카이는 어패류를 말하는 것으로 돈코츠 육수를 기본으로 가다랑어포, 바지락, 눈퉁멸 등의 육수가 가미된 맛이다.

라멘 우나리의 추천 라멘은 바로 라멘 제노바ラーメンジェノバ인데, 라멘 우나리가 유명해진 것은 바로 이 라멘 제노바의 인기 덕분이다. 라멘 제노바는 돈코츠 육수에 해산물 육수가 가미되고 바질 소스와 올리브유가 추가된 녹색 빛깔의 독특한 라멘이다.

면을 추가로 주문하면 한 번 구운 아부리 카에다마炙り替玉가 나온다는 것도 라멘 우나리만의 독특한 방식이다.

1 교카이 돈코츠 라멘 700엔 2 라멘 제노바 700엔 3 라멘 우나리의 외관

바쿠레
バークレー

A 福岡県福岡市博多区上川端町11-8
T 092-271-6640
O 11:00~19:45, 부정기 휴무
? 나카스카와바타中洲川端 역 5번 출구에서 도보 1분
M 256P-C

후쿠오카 카와바타 상점가 안에 점심시간이 되면 주변 직장인들이 모여드는 명물 카레집이 있는데, 바로 바쿠레バークレー이다. 가게 이름은 'Berkeley'의 일본어 발음이다. 음식점 이름으로는 좀 어울리지 않는 듯하기 때문에 손님들 사이에서는 '햄바그+카레ハンバーグ+カレー=バークレー'의 준말이라는 우스갯소리도 있을 정도이다.

이 인기 카레집은 정말 점심시간에 가면 자리가 없다. 다방 같은 레트로한 분위기에 차분한 음악이 흐르는 실내는 카레보다는 여유롭게 커피를 마셔야 할 것 같은 분위기다. 하지만 어쨌거나 이곳은 카레집이다. 바쿠레의 인기 메뉴는 가게 입구 간판에도, 메뉴판에도 적혀 있듯이 햄버그 카레ハンバーグカレー이다.

햄버그 카레를 주문하면 반찬도 없이 덜렁 그릇 하나가 나오는데, 밥에 카레를 붓고 그 위에 큼지막한 햄버그 한 덩어리를 올린 모양새이다. 심플하기 그지없는 이 카레가 인기 만점인 바쿠레의 명물이다.

소뼈와 야채 등을 6시간 이상 끓인 퐁드보(fond de veau)를 베이스로 만든 진한 갈색의 카레에는 다진 고기도 살짝 들어가 있다. 카레는 단맛과 신맛이 적고 약간 매운맛인데, 먹을 때는 카레의 풍미 때문에 잘 모르지만 먹을수록 뒷맛이 살짝 맵다.

햄버그에는 다진 고기와 함께 당근, 양파, 파 등이 들어가 있는데 부드럽게 씹히면서 입 안에서 녹는 듯한 맛이 일품이다.

1 바쿠레 입구 **2 3** 햄버그 카레 800엔

스즈카케 본점
鈴懸 本店

A 福岡県福岡市博多区上川端町12-20 ふくぎん博多 ビル1F
T 092-291-0200
H www.suzukake.co.jp
O 화과자 판매점 09:00~20:00, 카페 11:00~20:00, 연중무휴
? 나카스카와바타中洲川端 역 5번 출구에서 도보 1분
M 256P-A

1 스즈카케 본점의 외관 2 스즈노 엔모치 108엔(1개), 스즈노 모나카 108엔(1개) 3 5 스즈노 파르페 970엔 4 이치고다이후쿠 280엔

1923년 개업한 유명 화과자점. 창업 90년이 넘은 노포로 오랜 시간 동안 후쿠오카 사람들에게 가장 유명하고 언제나 먹고 싶은 화과자로 각인되어 있는 곳이다. 스즈카케를 창업한 나카오카 사부로는 '현대의 명공'에 선정되기도 했다.

스즈카케는 본점 이외에 도쿄와 나고야의 분점을 포함한 4개의 분점이 있으며 본점은 화과자 판매점과 카페를 함께 운영하고 있다.

다양한 화과자 중에서도 스즈노 엔모치鈴乃䭧, 스즈노 모나카鈴乃最中가 인기 있으며, 카페에서는 스즈노 파르페鈴乃パフェ를 주문하는 사람들이 많다.

사가 현산 찹쌀과 홋카이도 토카치산 팥으로 만든 스즈노 엔모치는 인연을 맺는다는 의미로 동그란 모양의 작은 도라야키인데, 쫀득한 찹쌀 피와 팥 앙금이 맛있는 스즈카케의 대표 화과자이다. 손으로 직접 만든 바삭한 종 모양의 모나카 안에 달콤한 팥 앙금이 꽉 찬 스즈노 모나카와 딸기 하나가 통째로 들어간 이치고 다이후쿠도 많은 사람들이 찾는 메뉴이다.

카페의 인기 메뉴인 스즈노 파르페는 미즈요캉, 팥, 과일과 함께 스즈카케에서 직접 만든 아이스크림이 올라가는데 아이스크림은 바닐라, 캐러멜, 말차, 흑임자 중에서 선택이 가능하다.

후쿠오카의 달콤함을 맛보고 싶다면 꼭 스즈카케 본점을 방문해 보시길.

스파이스
Spice

- Ⓐ 福岡県福岡市博多区上川端町14-30
- Ⓣ 092-271-7979
- Ⓞ 월~금요일 11:00~18:00(L.O. 17:30),
  토요일 11:00~14:00, 일요일 및 공휴일 휴무
- Ⓢ 나카스카와바타中洲川端 역 5번 또는 7번 출구에서 도보 3분
- Ⓜ 256P-B

나카스의 레이센 공원冷泉公園 근처에 있는 카레 전문점이다. 음식점 전체의 건담 인테리어가 독특하다. 벽에는 건담 관련 포스터가 있고, 오픈 키친 위에는 다양한 건담 피규어와 프라모델들이 있는 것을 봐서 사장님이 건담 마니아인 듯하다.

스파이스의 카레는 사프란을 넣은 노란색 밥과 얇게 채 썬 양배추, 진한 맛의 카레 루가 기본적으로 나오고 토핑에 따라 다양한 카레 메뉴가 있다. 가장 인기 있는 카레는 하루 15명 한정 메뉴인 와카도리 니코미 카레若鶏煮込みカレー와 13명 한정 메뉴인 테즈쿠리 햄버그 카레ハンバーグカレー이다.

와카도리 니코미 카레는 6시간 동안 푹 조려 뼈과 살이 쉽게 분리되고 부드러운 맛이 최고인 닭고기가 토핑으로 나온다. 테즈쿠리 햄버그 카레는 일본 국내산 소고기 100%를 사용하여 200g의 넉넉한 양의 햄버그가 올려져 나온다.

평일 한정으로 매일매일 새로운 카레가 제공되는 히가와리 카레日替わりカレー는 60명 한정으로 다른 카레보다 저렴한 가격으로 먹을 수 있다.

일본에서 카레를 먹을 때 빠질 수 없는 락쿄らっきょう와 후쿠진즈케福神漬け도 무제한으로 제공하고 있으며, 좀 더 매운맛을 즐기는 사람들을 위해서 스파이스 가루가 준비되어 있다.

진하고 간이 조금 센 편이니 순한 맛의 카레를 좋아하시는 분은 참고하시길.

1 2 와카도리 니코미 카레 1000엔 **3** 락쿄, 후쿠진즈케 **4** 건담 인테리어 **5** 테즈쿠리 햄버그 카레 950엔

시로키지
しろきじ

A 福岡県福岡市中央区西中洲3-1 デルタウエスト 1F
T 092-724-5605
O 18:00~01:00(L.O. 24:00), 부정기 휴무
? 나카스카와바타中洲川端 역 1번 출구에서 도보 6분
M 256P-C

나카스의 인기 야키토리 전문점인 시로키지는 미야자키의 브랜드 닭인 '토네도리刀根'를 사용하여 최고급 비장탄으로 닭의 다양한 부위를 최적의 상태로 구워서 손님에게 제공하고 있다. 맛있는 야키토리를 맥주, 와인과 함께 즐길 수 있어서 좋은 곳이다. 안쪽에 좌식 테이블 자리가 있지만, 직접 굽는 것을 볼 수 있고 직원들과도 이야기 나눌 수 있는 카운터석에 앉는 것이 이곳의 분위기를 느끼며 더 재미있게 즐길 수 있는 방법이다.

와사비가 올려져 나오는 닭 가슴살 사사미ササミ, 녹진한 맛의 닭 간 키모キモ, 오도독 씹히는 재미난 식감의 난코츠ナンコツ, 갓 만들어서 부드러운 맛의 츠쿠네つくね, 쫄깃한 닭 목살 세세리せせり, 닭의 꼬리 부위로 기름진 맛이 별미인 본지리ぼんじり, 사각거리는 식감이 재미난 닭모래집 스나즈리砂ずり, 닭날개 테바사키手羽先 등 닭의 거의 모든 부위를 맛볼 수 있다.

닭 이외에도 오리고기, 반숙 메추리알, 오쿠라, 방울토마토, 치즈 등도 꼬치로 맛볼 수 있다. 야키토리 외에 일품 메뉴로 선보이는 다이콘 카라아게大根の唐揚げ (무 튀김)는 다른 곳에서는 맛보기 어려운 특별한 메뉴이니 한번 먹어볼 만하다.

마지막에 입가심으로 좋은 아이스크림 서비스도 잊지 마시길.

1 직원들과 이야기도 나눌 수 있는 카운터석 **2** 야키토리와 함께 즐기는 와인 **3** 사사미 120엔 **4** 츠쿠네 180엔 **5** 키모 160엔 **6** 우타마 180엔

신슈소바 무라타
信州そば むらた

A 福岡県福岡市博多区冷泉町2-9-1
T 092-291-0894
O 11:30~21:00, 두 번째 일요일 휴무
? 기온祇園 역 2번 출구에서 도보 3분
M 256P-D

나가노長野의 무농약 메밀을 사용하여 니하치二八, 주와리十割, 이나카田舍 소바 등을 선보이고 있는 소바 전문점이다. 일본에서 소바로 유명한 곳이 바로 나가노인데, 나가노의 명물소바를 '신슈소바'라고 한다. 신슈는 나가노의 옛 이름이다.

1990년에 개업한 이래 20여 년 넘게 후쿠오카에서 신슈소바로 인기가 높은 곳이며, 가게 명은 주인장 이름인 무라타 타카히사에서 따온 것이다.

일본 내에서도 정평이 나 있는 나가노의 메밀로 만든 소바는 메밀의 향과 맛이 극대화되었으며, 가다랑어의 풍미가 물씬 느껴지는 츠유와의 조화로움도 만족스럽다.

일반적인 모리소바もりそば뿐만 아니라 국물에 담겨 나오는 따뜻한 소바와 시원하게 먹을 수 있는 차가운 소바, 우동, 돈부리 등 다양한 메뉴가 손님들의 선택의 폭을 넓혀 준다. 또한, 저녁에는 코스 요리도 준비되어 있으며, 술과 잘 맞는 안주 메뉴들도 많아서 시원한 맥주와 함께 소바를 즐기기 좋다. 매년 12월에는 나가노의 햇메밀로 만든 소바도 맛볼 수 있다.

무라타의 인기 별미인 새우, 가지, 연근 등이 나오는 텐푸라와 단맛이 적고 부드러운 맛의 타마고야키玉子焼き도 빼놓지 말고 먹어 보자.

1 텐자루(소바+텐푸라) 1850엔 2 니하치모리 900엔

야스베
安兵衛

A 福岡県福岡市中央区西中洲2-17
T 092-741-9295
O 18:00~23:00, 일요일 휴무
? 텐진미나미天神南 역 5번 출구에서 도보 6분.
나카스카와바타中洲川端 역 1번 출구에서 도보 6분
M 256P-F

1961년에 개업한 나카스의 오뎅 노포. 개업 때부터 현재까지 변하지 않는 맛으로 후쿠오카 사람들에게 오랫동안 사랑받고 있는 곳이다.

진한 간장에 가다랑어포와 미역으로 맛을 낸 국물이 매력적이다. 큰 항아리에 담겨 있는 오뎅 국물의 탁하고 진한 빛깔만 봐도 농축된 맛이 보이는 듯하다. 그 국물에 맛이 밴 모든 재료들이 진한 색을 띠고 있는데, 특히 무의 단면을 보면 깊게 배어 있는 국물의 모습을 볼 수 있다. 재료에 따라 그 정도를 조절하여 조화를 맞추고 있다.

다진 닭고기와 양파를 양배추로 감싼 캬베츠마키キャベツ巻, 구멍 뚫린 오뎅인 치쿠와ちくわ, 두부 안에 다진 야채를 넣고 튀긴 간모がんも, 다진 어묵 츠미레つみれ, 모치가 들어간 유부주머니 킨차쿠모치巾着モチ, 젓가락으로 부드럽게 잘릴 정도로 오랜 시간 푹 조린 무, 달걀 등이 추천 메뉴이며, 아삭하고 쌉싸름한 쑥갓 기쿠春菊도 별미이다.

모든 재료를 먹기 좋게 잘라서 내주는 세심한 서비스도 기분 좋다. 오토시お通し로 나오는 말린 생선과 된장을 올린 곤약과 무도 좋은 안줏거리이다.

우리나라에서는 오뎅 국물을 주로 마시지만, 일본에서는 재료에 맛이 배도록 사용하기만 할 뿐 마시지는 않기 때문에 오뎅 국물은 제공되지 않는 것을 알아 두자.

1 간모 400엔, 츠미레 400엔, 기쿠 300엔, 달걀 300엔 **2** 무 200엔 **3** 치쿠와 300엔 **4** 야스베 외관

엔
えん

A 福岡県福岡市博多区中洲3-7-33
T 092-281-1509
O 11:30~15:00, 17:30~03:00, 부정기 휴무
? 나카스카와바타中洲川端 역 1번 출구에서 도보 3분
M 256P-C

나카스 게이츠(Gate's) 건물 바로 뒷골목에 위치한 엔은 하카타 시오 라멘 전문점이다. 후쿠오카는 돈코츠 라멘이 유명한 지역이기 때문에 돈코츠 라멘 이외의 다른 라멘집은 찾아보기가 어려운데, 특히 시오 라멘의 경우는 더욱더 그렇다.

라멘집에 들어가면 먼저 입구에 있는 식권 자판기에서 라멘을 선택한다. 쇼유 라멘醤油らぁめん도 있기는 하지만, 역시 엔에서 먹어야 할 라멘은 바로 시오 라멘塩らぁめん이다. 취향에 따라 토핑은 파, 숙주나물, 김, 버터, 콘, 달걀을 선택해서 추가할 수 있다.

시오 라멘 중에서 추천 메뉴는 반숙 달걀이 토핑으로 나오는 시오다마 라멘塩玉らぁめん인데, 맑은 국물에 뽀얀 면, 그리고 토핑으로 반숙 달걀, 차슈, 멘마, 파, 김이 올라간다. 차슈는 한 번 구워내서 불 향이 은은하게 올라온다.

무엇보다도 엔의 시오 라멘은 맑고 투명한 국물이 특징. 닭 육수 베이스에 미네랄이 풍부한 '몽골 암염'과 철분이 풍부한 '안데스 암염'을 사용해서 맛을 내고 있다. 시오 라멘은 돈코츠 라멘에 비해서 칼로리가 낮은 편으로 한 그릇에 약 400kcal 정도이다.

돈코츠 라멘이 득세하고 있는 후쿠오카에서 맛있는 시오 라멘을 맛볼 수 있는 곳이다.

1 3 시오라멘 750엔, 타마고 추가 100엔 **2** 엔의 외관

오사카야
大阪屋

A 福岡県福岡市博多区中洲5-3-16
T 092-291-6331
H www.osakaya-15.com
O 11:30~22:00(L.O. 21:30), 연말연시 및 오봉 연휴 휴무
? 나카스카와바타中洲川端 역 2번 출구에서 도보 2분
M 256P-C

1 하카타 이시야키 2700엔부터 **2** 하카타진미 모리아와세 1600엔 **3** 멘타이코 타마고야키 820엔 **4** 오사카야 외관

1926년에 창업하여 그 역사가 약 90여 년이 된 오사카야는 돌판에 음식을 구워 먹는 하카타 이시야키博多石燒를 선보이는 곳이다.

후쿠오카에 있으면서 '오사카야'라는 이름으로 하카타의 전통음식을 만든다는 것이 특이한데, 1920년대 당시 아이스크림이 흔치 않았던 후쿠오카에 오사카의 아이스크림을 선보이고자 '아지노 오사카야 쇼쿠도味の大阪屋食堂'를 열었던 것에서 유래했다고 한다. 초기 오사카야에는 여름 특별음식으로 아이스크림이 있었고, 주 요리는 스키야키였다고 한다. 그러다가 1955년에 현재의 하카타 이시야키를 내놓았으며, 그 음식이 명물음식으로 유명해지면서 현재의 상호로 변경한 것이다. 이시야키는 오징어, 장어, 도미, 전복, 새우 등의 식재료가 나오는데, 특히나 한 마리가 통째로 나오는 큼직한 새우와 전복이 먹음직스럽다. 모든 재료는 종업원들이 직접 구워주기 때문에 편히 먹을 수 있다. 지글지글 구워 먹는 음식을 좋아하는 한국 사람들에게도 딱 어울리는 음식이다. 이시야키는 코바치, 니모노, 사시미 등과 함께 코스요리로도 즐길 수 있다. 이시야키 외에도 술안주로 좋은 간단 안주들을 모아 놓은 하카타진미 모리아와세博多珍味盛り, 타마고야키 같은 이자카야 메뉴와 스키야키 등의 나베 요리도 있다.

후쿠오카 노포 음식점의 모임인 '하카타 구루메 클럽' 중 한 곳이다.

요시즈카 우나기야 본점
吉塚うなぎ屋 本店

- A 福岡県福岡市博多区中洲2-8-27
- T 092-271-0700
- H yoshizukaunagi.com
- O 11:00~20:30, 수요일 휴무
- ? 나카스카와바타中洲川端 역 1번 출구에서 도보 6분, 캐널시티에서 도보 4분
- M 256P-D

1873년에 창업하여 벌써 140년이 넘은 하카타 우나기(장어) 요리의 명가이다. 현재 위치는 나카스이지만 원래 창업한 곳은 후쿠오카 시 요시즈카吉塚였기 때문에 지금의 이름이 붙게 되었다.

"꼬치를 만드는 데 3년, 손질하는 데 8년, 굽기는 일평생"이라는 신념으로 후쿠오카 사람들의 오랜 사랑을 받고 있는 장어 요리 전문점으로, 장어의 뼈를 바르고 토막친 후 양념을 발라 굽는 '카바야키蒲焼'가 유명한 곳이다. 장어는 미야자키와 가고시마산 장어를 사용하며, 구이에 사용되는 소스는 창업 당시부터 내려오는 비법 소스를 현재까지 사용하여 변함없는 맛을 자랑하고 있다. 장어를 구울 때 두드리면서 치는 '코나시こなし'라는 독자적인 기술로 표면을 균일하게 굽고 장어를 통통하게 만들어 장어의 맛을 최대한으로 끌어낸다.

밥과 장어가 따로 나오는 우나주うな重, 밥 위에 장어가 올려져 나오는 우나기동うなぎ丼 등의 메뉴가 있으며, 장어를 넣은 밀비 달걀말이인 우나기うまき노 함께 먹어 보자. 장어의 간을 넣고 끓인 맑은 국인 키모스이肝吸い는 장어를 먹고 난 뒤 마시면 시원하고 개운하기 때문에 같이 주문할 것을 추천한다.

후쿠오카 노포 음식점의 모임인 '하카타 구루메 클럽' 중 한 곳이다.

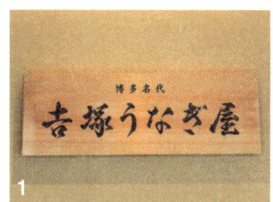

1 요시즈카 우나기야 간판 **2** 우나기주 보통 2581엔, 상 3088엔, 특 3607엔 **3** 우마키 421엔

우와노소라
うわのそら

A 福岡県福岡市中央区春吉3-12-24-2 BLUGE 1F
T 092-761-1160
H www.uwanosora.net
O 월~토요일 17:30~24:30, 일요일 및 공휴일 17:30~23:00, 한 달에 한 번 부정기 휴무
? 텐진미나미天神南 역 6번 출구에서 도보 5분
M 256P-E

2003년 하루요시에서 오픈한 이자카야 우와노소라는 사케와 음식의 마리아주를 추구하는 곳이다. 우와노소라는 '건성'이라는 뜻이 있지만, 가게 이름과는 달리 음식 하나하나에 세심한 신경을 쓰면서 사케와 잘 어울리는 맛있는 음식을 손님들에게 제공하고 있다. 우와노소라는 풍부한 사케 리스트가 자랑인 곳인데, 바로 사케 판매점인 '토도로키사케텐とどろき酒店'이 운영하고 있는 이자카야이기 때문이다. 또한, "모든 것은 사케를 위해서"라는 기본 콘셉트로 사케를 맛있게 즐기기 위해 음식도 물도 사케와의 궁합을 최우선으로 생각하고 있다.

사케와 단품 메뉴를 주문해도 좋지만, 이왕이면 코스 메뉴를 주문하는 것이 좋다. 5~6가지의 사케와 함께 각 사케에 어울리는 제철음식이 함께 제공되어 사케와 음식 궁합의 최상을 경험할 수 있다. 또한, 우와노소라에서는 물도 꼭 마셔 봐야 한다. 다른 이자카야와는 달리 사케 만들 때 쓰이는 물인 '시코미미즈仕込み水'가 제공되기 때문이다.

우와노소라는 후쿠오카에서 사케와 음식을 즐기기에 최고의 이자카야 중 한 곳임에 틀림없다.

1 코스 메뉴로 나오는 타코, 호타테, 나노하나 2 3 다양한 사케들을 맛볼 수 있다

이소기요시
磯ぎよし

A 福岡県福岡市博多区下川端1-333
T 092-281-6780
H www.isogiyoshi.com/shimokawabata
O 17:30~24:30, 부정기 휴무
? 나카스카와바타中洲川端 역 7번 출구에서 도보 2분
M 256P-A

1 니기리 모리아와세 1500엔부터 2 니혼슈 3종

후쿠오카의 인기 해산물 전문 이자카야인 이소기요시는 텐진점, 야쿠인점, 시모카와바타점의 3개의 점포를 가지고 있다. 이곳은 하카타자 옆 골목에 있는 이소기요시 시모카와바타점磯ぎよし 下川端店이다.

미리 예약을 하면 테이블에 예약자의 이름과 함께 환영의 메시지가 손글씨로 적혀 있는 웰컴 카드가 놓여 있어 자리에 앉을 때부터 환대받는 듯한 즐거운 마음이 드는 곳이다.

갈치, 주토로, 붕장어, 벤자리, 가츠오 타타키, 오징어, 전복, 참새우 등 버라이어티한 사시미 모리아와세刺身盛り合わせ가 인기. 특히 사시미와 함께 나오는 히알루론산 주레는 피부에 좋아서 여성들에게 인기가 있는데, 무미 무취로 사시미의 맛에는 전혀 영향을 주지 않는다.

이소기요시에서 직접 만든 플레인, 치즈&파래, 흑임자의 세 가지 맛 튀김인 사츠마아게さつま揚げ는 시모카와바타점 한정 메뉴로 먹어볼 만한 메뉴이다.

3 사시미 모리아와세 1980엔부터 4 사츠마아게 880엔
5 시라스 타마고야키 800엔 6 니혼슈 3종 안주 7 이소기요시의 외관

한 입 물면 안에서 뜨겁고 진한 육즙이 주르륵 흐르는 멘치카츠メンチカツ, 치어를 넣어서 만든 달걀말이인 시라스 타마고야키しらすの玉子焼き, 스시 모둠인 니기리 모리아와세にぎり盛り合わせ도 인기 메뉴이다.

사케를 좋아한다면 한 번에 세 종류의 니혼슈日本酒를 맛볼 수 있는 니혼슈 3종日本酒3種을 추천한다. 니혼슈 3종을 주문하면 3가지의 별도 안줏거리도 함께 내준다.

이치란 본사 총본점
一蘭 本社総本店

A 福岡県福岡市博多区中洲5-3-2
T 092-262-0433
H www.ichiran.co.jp
O 24시간 영업, 연중무휴
? 나카스카와바타中洲川端 역 2번 출구에서 도보 1분
M 256P-C

잇푸도와 함께 후쿠오카를 대표하는 돈코츠 라멘 체인점으로, 일본과 해외에 50여 개의 분점이 있다. 나카스에 있는 본사 총본점은 나카스의 이치란 본사 빌딩에 있으며, 1층은 야타이, 2층은 라멘집으로 운영하고 있다.

주변을 신경 쓰지 않고 맛에 집중하면서 편하게 먹을 수 있도록 자리를 독서실처럼 만든 독특한 인테리어가 특징이다.

주문 방법은 테이블에 있는 용지에서 스프 맛의 농도, 면 삶기 정도, 차슈 및 파 유무 등을 선택한 후 스태프에게 전달하면 된다. 한국어로 된 용지가 있으니 어렵지 않게 주문할 수 있다.

돈코츠 라멘이지만 냄새가 심하지 않고 깔끔한 맛이면서 라멘의 정중앙에 놓인 고추가 가미된 붉은 '아카이타레 赤いたれ'가 특징이다.

세련된 맛에 부담 없이 먹을 수 있어서 후쿠오카 이외의 타지 일본인 및 외국인도 많이 방문하는 곳이다.

1 2 돈코츠 라멘 790엔 **3** 이치란 총본점의 외관

친야
ちんや

A 福岡県福岡市博多区中洲3-7-4
T 092-291-5710
O 1층 11:30~14:00, 17:00~22:00(L.O. 21:30),
2~4층 11:00~23:00(L.O. 22:15), 일요일 휴무
? 나카스카와바타中洲川端 역 1번 또는 4번 출구에서
도보 3분
M 256P-C

나카스에 있는 친야는 1948년 개업하여 60년이 넘은 규슈산 와규 전문점으로, 1층은 야키니쿠와 스테이크, 2층은 스키야키를 먹을 수 있는 곳이다.

규슈산 쿠로게와규黒毛和牛를 취급하며 정육점으로 먼저 시작하였던 경험을 살려 선별된 소고기를 사용한 음식으로 많은 사람들의 사랑을 받고 있다. 특히 가격대비 점심 메뉴의 만족도가 높은데, 스키야키동すき焼き丼과 야키니쿠 정식焼肉定食은 맛과 양에 있어서 점심 메뉴 중 최고의 만족도를 자랑한다.

스키야키동의 부드럽고 야들야들한 소고기의 육질과 설탕과 간장만 사용해서 심플하게 만든 타레의 맛이 매력적이며, 진한 빛깔의 반숙 달걀 노른자에 고기를 찍어 먹으면 더욱 더 진한 맛을 느낄 수 있다. 고기 속에 가려진 일본식 당면은 덤으로 즐겨 보자. 달궈진 철판에 담겨 나오는 야키니쿠 정식은 양념된 소고기와 함께 양배추, 숙주나물도 함께 나와서 넉넉한 양과 맛을 자랑한다.

야키니쿠 정식은 1층에서, 스키야키동은 2층에서 먹을 수 있으니 헷갈리지 마시길.
후쿠오카 노포 음식점의 모임인 '하카타 구루메 클럽' 중 한 곳이다.

1 2 스키야키동 1365엔 **3** 야키니쿠 정식 760엔 **4** 친야의 외관

카로노우롱
かろのうろん

A 福岡県福岡市博多区上川端町2-1
T 092-291-6465
O 11:00~19:00, 화요일 휴무
? 기온祇園 역 2번 출구에서 도보 5분
M 256P-D

1882년에 개업하여 130여 년이 넘은 후쿠오카 노포 중의 노포로, 후쿠오카 사람들이 후쿠오카의 우동집을 이야기할 때 가장 먼저 떠오른다고 말하는 집이다. 가게 이름인 카로노우롱은 하카타 사투리로 '모퉁이에 있는 우동집(角のうどん)'이라는 뜻이다. 모퉁이를 뜻하는 카도(角)를 '카로'로, 우동을 '우롱'으로 발음하는 사투리를 가게 이름으로 정하였다.

우엉튀김이 토핑으로 올라오는 고보텐 우동ごぼう天うどん과 동그랗고 큼직한 오뎅이 올라가는 마루텐 우동丸天うどん이 추천 메뉴이다.

가다랑어포와 멸치, 다시마 등으로 맛을 낸 국물과 부드러운 식감의 면이 심플하면서도 묵직한 하카타 우동의 전통적인 맛을 보여 주고 있다. 취향에 따라 파와 이치미いちみ(고춧가루)를 넣어서 먹어 보는 것도 좋다.

음식점 밖에 있는 음식들의 모형이 외국인의 주문을 도와주고 있다.

예전과 달리 현재는 음식점 내에서 촬영이 엄격히 금지되어 있으니 주의하시길.

1 모퉁이에 있는 카로노우롱 **2** 고보텐 우동 520엔 **3** 마루텐 우동 520엔

카와바타 도산코
川端どさんこ

A 福岡県福岡市博多区上川端町4-229
T 092-271-5255
O 11:15~19:55, 화요일 및 세 번째 월요일 휴무
S 나카스카와바타中洲川端 역 5번 출구에서 도보 5분
M 256P-D

1970년에 창업한 카와바타 상점가 내에 있는 라멘 전문점. 후쿠오카에서 돈코츠 라멘이 아닌 미소 라멘みそラーメン으로 대인기를 얻고 있는 곳으로 11시 15분에 문을 열고 19시 55분에 문을 닫는 영업시간이 독특하다.

도산코의 미소 라멘은 은은한 미소 내음의 짜지 않고 담백한 국물과 그 국물에 잘 어울리는 고불고불한 면, 그리고 따로 한 번 볶아서 토핑으로 올려 주는 아삭한 야채들이 맛있다. 무엇보다 야채의 단맛과 미소의 감칠맛의 조화가 좋다. 여기에 간 고기를 볶아서 추가적으로 넣어 주는 특제 미소 라멘特製みそラーメン도 인기 메뉴이다.

그 외에 맑은 시오 라멘, 스프에 버터가 들어간 버터 라멘과 쇼유 라멘, 짬뽕, 사라우동 등도 있다. 고기, 오뎅, 당근, 양파, 파, 달걀 등 다양한 재료를 넣고 제대로 볶아낸 차항(볶음밥)도 도산코에서 꼭 먹어 봐야 할 메뉴이다.

오픈 시간 때부터 사람들이 몰려오는 곳이라 테이블석에서는 다른 손님들과 합석하게 되는 일이 많다.

1 특제 미소 라멘 650엔 **2** 카와바타 도산코의 외관 **3** 차항 500엔 **4** 미소 라멘 600엔

카와바타 젠자이 히로바
川端ぜんざい広場

A 福岡市博多区上川端10-254
T 092-281-6223
H www.hakata.or.jp/zenzaihiroba
O 11:00~18:00, 월~목요일 휴무, 야마카사 기간 (7/1~7/14)은 매일 영업
? 나카스카와바타中洲川端 역 5번 출구에서 도보 3분
M 256P-D

카와바타 상점가 내에 있는 카와바타 젠자이 히로바는 쇼핑 및 산책 도중 하카타 명물 카와바타 젠자이川端ぜんざい(단팥죽)를 맛보며 휴식을 취할 수 있는 공간이다. 카와바타 젠자이 히로바 내에는 하카타 기온 야마카사의 8번 야마카사가 1년 내내 전시되어 있다.

홋카이도산 팥을 사용하여 입자가 살아 있는 윤기 있는 달콤한 젠자이를 제공하며, 젠자이 안에는 야키모치(구운 떡)도 들어 있어서 먹는 재미가 있다. 여름 한정으로는 카키고리(빙수)도 판매하고 있으니 여름에도 방문할 만하다.

기본적으로 주말과 공휴일에만 영업을 하고 있으며, 후쿠오카 여름 최대 축제인 하카타 기온 야마카사 기간 (7/1~7/14)에는 매일 영업을 한다.

1 젠자이 450엔 **2** 카키고리 450엔 **3** 카와바타 젠자이 히로바 입구

카와타로
河太郎

- **A** 福岡県福岡市博多区中洲1-6-6
- **T** 092-271-2133
- **H** kawatarou.jp
- **O** 12:00~14:00(L.O. 14:00), 17:00~23:00 (L.O. 22:30), 연말연시 및 오봉 연휴 휴무
- **?** 나카스카와바타中洲川端 역 1번 출구에서 도보 8분, 캐널시티에서 도보 2분
- **M** 256P-F

1960년에 창업한 카와타로는 일본 최초로 활어조를 사용한 음식점이며, 다양한 해산물 요리 중에서도 오징어, 특히 규슈에서 명성이 높은 '요부코 오징어'를 이용한 활오징어회인 '이카이키즈쿠리 イカ活造り'의 원조집으로 알려져 있다.

카와타로의 입구에는 일본의 상상 속 동물인 캇파河童 동상이 세워져 있는데, 음식점 이름인 카와타로는 바로 캇파의 다른 이름이다.

카와타로에서는 오징어가 담겨 있는 대형 활어조와 요리사들이 요리하는 모습을 직접 지켜볼 수 있으며, 화려한 칼솜씨에 감탄이 나오게 만드는 활오징어회는 찰진 맛이 입에 착착 감기며 제대로 된 요부코의 오징어를 느끼게 해 준다.

활오징어회를 먹고 남은 부위는 텐푸라로 만들어 주는데, 오징어 텐푸라뿐만 아니라 고구마 텐푸라도 같이 내주어서 뭔가 덤으로 더 받는 즐거움이 있다.

요부코 오징어로 만든 스시가 투명하게 빛나고 속이 비치는 모습을 크리스탈에 비유해서 이름 붙인 크리스탈 스시 クリスタル寿司도 추천 메뉴이다.

후쿠오카 노포 음식점의 모임인 '하카타 구루메 클럽' 중 한 곳이다.

1 이카이키즈쿠리 정식 2160엔 **2** 이와시 스시 1890엔 **3** 크리스탈 스시 1620엔 **4** 카와타로 내부의 대형 활어조 **5** 이카우니동 1620엔.

켄조 카페
Kenzo Cafe

A 福岡県福岡市博多区上川端2-16
T 092-262-5373
O 11:30~14:30, 18:00~24:00, 일요일 휴무
? 나카스카와바타中洲川端 역 5번 출구에서 도보 7분.
기온祇園 역 2번 출구에서 도보 5분
M 256P-D

1 모츠 라멘 700엔 **2** 멘타이코 타마고야키 600엔 **3** 켄조 카페 외관 **4** 야키 라멘 700엔

나카스 쿠시다 신사의 카와바타 상점가 쪽 초입에 있는 야타이풍 이자카야 켄조 카페는 호텔 오쿠라 근처에 있는 유명 야타이인 '켄조'가 별도로 운영하고 있는 이자카야이다.

켄조 카페의 대표 메뉴는 모츠 라멘もつラーメン과 야키 라멘焼きラーメン. 모츠 라멘은 돈코츠 베이스의 국물에 살짝 덜 익힌 면과 함께 모츠(대창), 양배추, 돼지고기, 파를 듬뿍 올려 준다. 모츠 특유의 육류성 단맛과 양배추의 야채성 단맛이 라멘 전체의 감칠맛을 높여 준다. 후쿠오카의 두 가지 명물인 '돈코츠 라멘'과 '모츠나베'를 함께 먹는 기분이랄까.

야키 라멘은 고들고들한 면을 고기, 야채와 함께 소스로 볶아 뜨겁게 달군 철판 위에 올린 후 달걀 하나와 마지막에 우리나라 뽀빠이 과자 같은 튀긴 면을 올려 주는 것이 독특하다. 저녁 이자카야 메뉴 중 명란을 넣은 달걀말이 멘타이코 타마고야키明太玉子焼き도 인기 메뉴이다.

1층에는 카운터석만 있지만, 조금 넓은 2층에는 다다미방도 있으며, 조금 지저분한 감이 없진 않지만 야타이 같은 운치를 느끼며 이자카야 메뉴와 술 한잔을 즐길 수 있는 곳이다.

쿠시다차야
櫛田茶屋

- A 福岡県福岡市博多区上川端町1-12
- T 092-271-7618
- O 11:00~17:00, 월요일 휴무
- ? 나카스카와바타中洲川端 역 5번 출구에서 도보 7분.
  기온祇園 역 2번 출구에서 도보 5분
- M 256P-D

약 70여 년간 쿠시다 신사 앞을 지키며 야키모치焼きもち를 판매하고 있는 노포. 부부가 함께 운영하고 있으며 현재 사장님은 3대째이다.

쿠시다 신사를 방문하는 많은 사람들이 간단한 간식거리로 야키모치를 사 먹기 위해 오는 곳으로, 가게 앞에서 사람들이 야키모치를 하나씩 들고 호호 불어가면서 먹고 있는 모습은 참 재미나다. 쿠시다 신사 주변 명물 먹거리 중 하나라고 할 수 있다.

쿠시다차야에서 판매하고 있는 쿠시다노 야키모치櫛田の焼きもち는 다자이후의 명물 먹거리로 유명한 우메가에모치梅ヶ枝餅와 비슷하다. 노릇노릇 갓 구워진 얇은 모치 피의 고소함과 모치 안에 가득 차 있는 팥소의 달달함이 옛날 방식 그대로 소박한 맛을 유지하고 있다.

쿠시다 신사를 방문한다면 쿠시다차야에 들러 갓 만든 뜨거운 야키모치 하나를 먹어 보는 것도 좋을 것 같다.

1 야키모치를 사기 위해 기다리는 사람들 **2 3** 쿠시다노 야키모치 108엔

키하루
きはる

A 福岡県福岡市中央区春吉3-21-28 2F
T 092-752-3713
O 18:00~01:00(L.O. 0:00), 일요일 휴무
? 텐진미나미天神南 역 6번 출구에서 도보 3분
M 256P-E

하루요시에 있는 키하루는 고등어 전문 이자카야로, 후쿠오카에서 고등어 요리를 먹는다면 많은 사람들이 제일 먼저 손꼽는 곳이다. 매일 나가사키 고토 열도에서 잡힌 고등어를 산지 직송으로 배송받아서 언제 가더라도 신선한 고등어를 맛볼 수 있다.

신선한 고등어를 회로 즐길 수 있는 사바 사시미鯖刺し, 고등어 표면을 한 번 살짝 구운 아부리 사바 사시미炙りサバ刺し는 손님들이 가장 먼저 찾는 인기 메뉴이다.

고등어를 참깨 소스로 버무린 고마 사바胡麻サバ, 고등어구이인 야키 시오 사바焼塩サバ, 으깬 감자와 고등어 살을 뭉쳐서 튀겨낸 사바 고로케サバコロッケ 등 다양한 고등어 요리들이 손님들을 유혹하고 있다.

1

1 사바 사시미 900엔 **2** 야키사바 차항 600엔 **3** 아부리 아나고 사시미 880엔
4 사바 고로케 500엔 **5** 아부리 사바 사시미 900엔 **6** 오토시 **7** 키하루 입구

키하루는 고등어뿐만 아니라 붕장어도 별미이다. 츠시마(대마도)의 붕장어를 이용한 아나고 사시미 穴子の刺身와 겉을 살짝 구운 아부리 아나고 사시미 炙り穴子刺는 그 특유의 쫄깃한 육질이 매력으로 고등어 요리들과 함께 꼭 드셔 보시길.

마지막으로는 고등어 볶음밥인 야키사바 차항 焼きサバチャーハン을 먹는 것이 좋은데, 구운 고등어살과 함께 밥을 볶아서 고슬고슬하고 고소한 맛이 일품이며, 밥 위에 살짝 올려놓은 매실 소스가 맛에 악센트를 준다.

타츠미 스시
たつみ寿司

A 福岡県福岡市博多区下川端8-5
T 092-263-1661
H www.tatsumi-sushi.com
O 11:00~22:00(L.O. 21:30), 연중무휴
? 나카스카와바타中洲川端 역 7번 출구에서 도보 3분
M 256P-A

1980년 11월 후쿠오카의 나가하마에 첫 스시집을 오픈한 이후, 3개의 분점과 1개의 본점을 운영하고 있으며, 나카스에 있는 타츠미 스시가 바로 총본점이다. 입도 즐겁고 눈도 즐거운 창작스시로 손님들에게 인기 있는 유명 스시집이다.

한때 한국에도 사장님의 아들이 운영하는 타츠미 스시 분점이 오픈하여 한국에서도 그 맛을 볼 수 있었으나, 현재는 영업을 그만 둔 상태이다.

타츠미 스시는 간장에 찍어 먹는 스타일이 아닌, 각각의 스시 재료에 맞는 양념이 발린 상태에서 나오기 때문에 내주는 그대로 먹는 것이 좋다.

도미는 간 무와 우미부도, 참치 오토로 위에는 간장에 절인 마늘 슬라이스가 올라간다. 오징어에는 유자소스와 가츠오부시를 뿌린다. 그 외에 스시에 미소 소스와 매실 소스를 사용하거나 고추를 올리는 등 대담한 시도와 참신한 발상으로 다른 스시집에서는 보기조차 힘든 독특한 스시들이 손님들을 즐겁게 해 준다. 칵테일 잔에 담겨 나오는 미니 우니 이쿠라동ミニ雲丹イクラ丼과 타츠미의 명물 이나리稲荷도 인상적인 메뉴이다.

점심은 샐러드, 차완무시에 디저트까지 포함된 스시 코스들이 합리적인 가격(점심 니기리즈시 코스 2900엔부터)으로 제공되고 있으며, 저녁에는 스시와 함께 사시미, 일품 요리도 맛볼 수 있는 오마카세 코스おまかせコース가 인기 있다.

1 타츠미 스시의 외관 2 이쿠라 우니동
3 히라마사 4 사자에 5 마츠가와 타이
6 이나리 7 구루마 에비

하카타소
博多荘

- A 福岡県福岡市博多区中洲4-3-16
- T 092-291-3818
- H hakatasou.com
- O 11:00~03:00, 연중무휴
- ? 나카스카와바타中洲川端 역 1번 출구에서 도보 2분
- M 256P-C

초대 사장이 전쟁 중 친분이 있었던 중국인의 제안으로 1946년 나카스에 개업한 곳이다. 시작은 야타이였으며, 아카노렌赤のれん과 함께 하카타 라멘의 원조격으로 불리는 라멘집이다. 특히 완탕멘ワンタンメン의 발상지로 알려져 있다.

면, 국물 모두 자가제조하고 있으며, 첨가제를 일체 사용하지 않고 개업 당시의 맛을 변함없이 유지하고 있다. 하카타소의 돈코츠 라멘은 아카노렌의 돈코츠 라멘보다 냄새와 맛이 순해서 처음 돈코츠 라멘을 먹는 사람에게도 거부감이 덜하다.

하카타소의 인기 메뉴는 역시 완탕멘. 뽀얀 돈코츠 육수에 면과 함께 말랑말랑해 보이는 완탕, 차슈 등이 담겨 나온다. 면은 돈코츠 라멘 특유의 스트레이트 면. 완탕은 질감이 씹지도 않고 그냥 넘겨도 좋을 정도로 부드럽지만, 완탕 피 안의 실한 고기소를 먹지 않으면 아쉬움이 크다.

다양한 식재료를 사용했지만 복잡하지 않은 담백한 맛으로, 후쿠오카 돈코츠 라멘의 올드 스타일을 묵묵히 보여주는 전통의 라멘집이다.

1 하카타소의 외관 2 카라아게 400엔
3 완탕멘 700엔

호운테이
宝雲亭

🅐 福岡県福岡市博多区中洲2-4-20
🅣 092-281-7452
🅞 18:00~02:00, 연중무휴
🅟 나카스카와바타中洲川端 역 1번 출구에서 도보 5분
🅜 256P-C

나카스에 있는 호운테이는 후쿠오카의 명물음식인 히토쿠치교자_{ひとくち餃子}의 원조집이다. 히토쿠치교자란 히토쿠치(一口) 즉, 한입에 먹을 수 있을 만큼 작은 교자를 말하며 보통 그 크기는 3~5cm 정도로 한입에 쏘옥 집어먹을 수 있는 사이즈이다. 호운테이의 히토쿠치교자는 1949년 창업자가 중국 만주에서 맛본 교자의 맛을 하카타에서 재현하면서 인기를 얻기 시작했다.

일본에서 히토쿠치교자라고 하면 오사카 히토쿠치교자와 하카타 히토쿠치교자가 있는데, 오사카 히토쿠치교자의 원조집은 1955년 창업하였으나 이곳 호운테이는 1949년에 창업하였으니 호운테이는 하카타 히토쿠치교자의 원조집이면서, 일본 히토쿠치교자의 원조집이라고도 할 수 있다.

히토쿠치교자는 기본적으로 야키교자(군만두)이기 때문에 구워내는데 알맞은 교자의 피 두께를 유지하도록 만들고 있으며, 교자의 속 재료로는 마늘을 사용하지 않고, 간 고기, 양파, 부추 등을 사용한다.

흑돼지를 사용한 쿠로부타 야키교자_{黒豚焼餃子}, 소의 힘줄을 푹 끓인 규스지 니코미_{牛すじ煮込み}, 달걀 위에 부추를 듬뿍 올린 니라 타마고 토지_{ニラ卵とじ} 등도 함께 먹어볼 만한 메뉴들이다.

1 히토쿠치교자 550엔 **2** 니라 타마고 토지 600엔 **3** 규스지 니코미 750엔 **4** 교자 전용 간장

맥스 밸류
Max Value, マックスバリュ

- A 福岡県福岡市博多区祇園町7-20
- T 092-263-4741
- O 24시간 영업(약국은 11:00~22:00), 연중무휴
- ? 캐널시티에서 도보 2분
- M 256P-D

후쿠오카 캐널시티와 카와바타 상점가 사이에 위치한 맥스 밸류는 대형 쇼핑몰 회사인 이온(AEON)이 운영하는 24시간 영업 슈퍼마켓이다.
'고객을 원점으로 평화를 추구하고, 인간을 존중하며 지역사회에 공헌한다'라는 그룹 이념을 목표로 지역 사회의 고객 식생활을 책임지고자 '지산지소(地産地消)'를 목표로 하여 큐슈 각 지역의 제철 농산물, 수산물, 축산물 등을 제공하고 있다.
1층은 생활용품 플로어로 화장품, 의약품, 가정 소모품, 오피스 문구, 애완동물 용품, 옷 등을 판매하며, 지하 1층 식료품 플로어는 야채, 과일, 생선, 일반 식품, 주류, 꽃 등을 판매하는데, 24시간 영업 때문에 주변 돈키호테와 함께 한국인 여행자들에게는 한밤 또는 마지막 날 쇼핑으로 많이 이용되는 곳이다.

돈키호테
ドン・キホーテ

🅐 福岡県福岡市博多区中洲3-7-24 2F
🆃 092-283-9711
🅞 24시간 영업, 연중무휴
❓ 나카스카와바타中洲川端 역 4번 출구와 연결
Ⓜ 256P-C

나카스의 상업시설 게이츠(Gate's) 2층에 있는 돈키호테는 일본의 종합 디스카운트 스토어이다. 이곳은 니시진에 있는 1호점에 이어 2호점인 '돈키호테 나카스점'으로 규슈에서는 최초로 24시간 영업을 시작한 돈키호테이다.

약 1700㎡의 매장에 식품, 주류, 화장품, 인테리어, 가전제품 등 약 4만여 종의 상품이 저렴한 가격으로 판매되고 있다. 언제 방문해도 손님에게 싸고 편리하고 즐거움을 주는 쇼핑을 목표로 하고 있다. 규슈 최대 환락가인 나카스에 위치해 있으며 24시간 영업으로 외국인 관광객도 많이 방문하는 곳이다.

하카타 리버레인 몰
博多リバレインモール

A 福岡市博多区下川端町3-1
T 092-271-5050
H www.em3.jp
Q 각 점포마다 상이, 연중무휴(1/1만 휴무)
? 나카스카와바타中洲川端 역 6번 출구와 연결
M 256P-A

1999년 건설된 하카타 리버레인은 하카타 리버레인 몰, 후쿠오카 아시아 미술관, 오쿠라 호텔, 하카타자로 이루어져 쇼핑, 예술, 호텔, 공연 관련 시설이 모두 마련된 복합상업시설이다. 그중에서도 쇼핑 시설이 바로 하카타 리버레인 몰이다.

하카타 리버레인 몰은 1999년 3월에 오픈한 루이비통, 구찌 등의 고급 브랜드 전문점 '슈퍼 브랜드 시티'가 2003년에 명칭을 '이니미니마니모'로 변경을 한 뒤, 2012년 2월 오사카에 본점을 둔 유명 백화점인 타카시마야(정확히는 토신개발東神開發)가 인수하게 되었다. 그리고 2015년 6월 12일자로 명칭이 '하카타 리버레인 몰로 또 한 번 변경되어 본격적으로 타카시마야의 계열사가 되었다. 점진적으로 고급 브랜드의 고급 쇼핑몰이 아닌 100엔숍 세리아(Seria)의 입점 등으로 가족들이 즐길 수 있는 쇼핑몰로의 전환을 꾀하고 있다.

후쿠야 나카스 본점
ふくや 中洲本店

- **A** 福岡県福岡市博多区中洲2-6-10
- **T** 092-261-2981
- **H** http://www.fukuya.com
- **O** 월~토요일 08:00~24:00, 일요일 및 공휴일 09:00~19:00
- **?** 나카스카와바타中洲川端 역 1번 또는 4번 출구에서 도보 6분
- **M** 256P-D

1948년 창업한 후쿠야는 후쿠오카의 대표 명물음식인 '카라시 멘타이코辛子明太子'의 원조집이다. 카라시 멘타이코는 고춧가루와 소금에 절인 명란젓을 말한다.

우리나라의 명란젓을 일본풍으로 새롭게 만든 '멘타이코'를 1949년부터 판매하기 시작했으며, 1957년에는 일본 최초로 '아지노멘타이코味の明太子'라는 이름을 붙이게 되었다. 후쿠야는 멘타이코 제조에 대한 특허 등록을 하지 않고 주변 동종업자들에게 멘타이코의 제조법을 알려줘서 후쿠오카에 다양한 멘타이코가 탄생하게 하였으며 그로 인해 멘타이코가 후쿠오카의 명물 음식으로 정착되었다.

오프라인 점포는 도쿄에 있는 2개의 점포를 제외하고는 전부 후쿠오카 현 내에 있으며, 본점은 바로 나카스에 있다.

창업 당시의 멘타이코 맛을 그대로 유지하며 후쿠오카뿐만 아니라 일본 전국에서 통신 판매로 구입하는 사람들이 많으며, 멘타이코를 이용한 다양한 식품과 최근에는 먹기 편한 튜브형 멘타이코 'tubu tube'를 선보이고 있다.

1 후쿠야 외관 **2** 멘타이코 1080엔(120g) **3** tubu tube 864엔

역사가 살아
숨 쉬는 곳

기 온

祇園

조텐지
承天寺

A 福岡市博多区博多駅前1-29-9
T 092-431-3570
O 09:00~16:00
? 기온祇園 역 4번 출구에서 도보 4분
C 무료 M 302P-D

후쿠오카 기온 역 부근에 있는 사원 조텐지는 1242년 송나라 출신의 무역상 샤코쿠메이 謝国明가 건립하고 쇼이치 국사聖一国師가 창건한 일본의 중요 문화재 중 하나이다. 조텐지를 창건한 쇼이치 국사는 후쿠오카 최대 마츠리인 '하카타 기온 야마카사'의 유래와 관계가 있어서 하카타 기온 야마카사의 발상지라고 불리고 있다.

경내를 들어서면 바로 왼쪽으로 세 개의 비석이 보이는데, 우동과 소바 발상지 기념비(饂飩蕎麦発祥之地の碑), 오만주도코로 기념비(御饅頭所の碑), 미츠타 야자에몬 기념비(満田彌三右衛門之碑)가 바로 그 비석들이다. 우동과 소바 발상지 기념비는 1241년 중국 송나라에서 돌아온 쇼이치 국사가 우동과 소바의 제분, 제법 기술을 들여와서 일본에 전한 것을 기념하는 비석이다. 즉, 일본 우동의 발상지는 바로 '후쿠오카 하카타'인 것이다. 오만주도코로 기념비는 쇼이치 국사가 일본 전국으로 포교 활동을 하는 도중, 융성한 대접을 받은 찻집에서 중국에서 배운 만주와 양갱의 제조기법을 알려 주면서 오만주도코로(만주 파는

오만주도코로 기념비

가게)라는 간판을 적어 주었는데, 그것을 기념한 비석이다.

또한, 1241년 쇼이치 국사와 함께 귀국한 야자에몬은 일본에 직물과 향료 등의 제법을 전했는데, 그때 직물 기술을 가계 대대로 전하고 발전시켜 현재 후쿠오카의 유명 직물인 '하카타오리'를 완성하기에 이르렀다. 미츠타 야자에몬 기념비는 바로 하카타오리의 시조라고 할 수 있는 미츠타 야자에몬을 기념한 비석이다.

기념비석뿐만 아니라 경내에는 카레산스이枯山水 정원을 볼 수 있는 곳이 있다. 카레산스이는 모래와 돌만으로 산수를 표현한 정원 방식으로 선종 계열의 사원에서 주로 볼 수 있다. 조텐지의 카레산스이 정원은 조금 먼발치에서 구경할 수 있으며, 출입은 금지되어 있으니 주의해야 한다.

우동과 소바 발상지 기념비

토초지
東長寺

A 福岡県福岡市博多区御供所2-4
T 092-291-4459
O 09:00~17:00
? 기온祇園 역 1번 출구에서 도보 1분
C 무료 M 302P-D

지하철 기온 역 1번 출구 바로 앞에 있는 토초지는 806년 당나라로부터 귀국한 코보 대사 弘法大師가 일본 최초로 축조한 밀교 사찰이다.

본당에 있는 천수관세음보살입상千手観音菩薩立像은 헤이안 시대의 작품으로 높이 87cm의 작은 불상이지만, 메이지 시대에 일본 국보로 지정되었다. 본당 앞에 있는 롯카쿠도六角堂에는 코보 대사의 동상 이외에 6개의 불상이 놓여 있는데 평소에는 문이 닫혀 있다가 매월 28일에 일반인들에게 공개된다. 일본 최대 목조좌상인 후쿠오카 다이부츠福岡大仏는 1988년부터 조각되어 1992년에 완성된 높이 10.8m, 무게 30ton의 대형 불상이다.

본당 옆에 있는 2011년 봄에 완성된 높이 23m의 고주토五重塔(오중탑)는 붉은색과 금빛으로 화려한 탑의 전형을 보여 주고 있다.

쇼후쿠지
聖福寺

- **A** 福岡県福岡市博多区御供所町6-1
- **T** 092-291-0775
- **H** www.shofukuji.or.jp
- **O** 09:00~17:00
- **?** 기온祇園 역 1번 출구에서 도보 8분
- **C** 무료 **M** 302P-B

기온의 조용한 골목 안에 자리 잡고 있는 쇼후쿠지는 요사이 선사榮西禪師가 미나모토노요리토모 장군으로부터 토지를 받아 그 자리에 1195년 창건한 일본 최초의 선사禪寺(선종 사원)로서, 산의 이름을 안코쿠잔安国山, 선사의 이름을 쇼후구시진젠지聖福仁禪寺라고 칭하였다.

요사이 선사는 일본에 차를 전파한 '차의 시조'로 알려져 있으며, 쇼후쿠지에서 차를 재배하였고, 이후 교토의 토가노오栂尾와 우지宇治에까지 차를 전파하였다고 한다. 일본에서 녹차로 유명한 우지 녹차는 바로 후쿠오카에서 전파된 것이다.

선종양식의 가람배치로 이루어진 쇼후쿠지의 경내는 1969년 일본의 사적으로 지정되었다.

다이후쿠 본점
大福 本店

A 福岡県福岡市博多区店屋町3-32 中村ビル1F
T 092-262-3223
H daifk.com
0 11:30~14:30, 17:00~22:00, 일요일 및 공휴일 휴무
P 나카스카와바타中洲川端 역 7번 출구에서 도보 5분, 고후쿠마치呉服町 역 1번 출구에서 도보 4분
M 302P-A

하카타 구루메 클럽 중 한 곳인 하타카 우동스키博多うどんすき 명가 다이후쿠. 다이후쿠는 쇼와 25년(1950년)에 창업을 했으니, 올해로 벌써 60년이 훌쩍 넘은 음식점이다. 후쿠오카를 여행하다 보면 '다이후쿠 우동大福うどん'이라는 우동집을 많이 볼 수 있는데, 그 다이후쿠 우동의 본점이 바로 이곳이다. 다이후쿠 우동에서는 일반적인 우동, 소바, 돈부리를 판매하지만, 다이후쿠는 정식 일식요리집으로 '하카타 우동스키'를 판매한다.

하카타 우동스키는 다이후쿠의 명물 음식으로 가다랑어와 다시마로 우려낸 국물에 우동 면과 함께 장어, 새우, 당근, 소고기, 유부, 미역, 호박, 버섯, 두부 등 20여 종이 넘는 재료를 함께 넣어서 먹는 나베 요리이다.

하카타 우동스키의 우동 면은 다이후쿠에서 직접 만든 면으로 아무리 오래 끓여도 붇지 않아 끝까지 제맛을 느낄 수 있다. 먼저 우동 면, 다음으로 야채와 해산물, 그리고 장어와 고기완자 순서로 넣어 먹으면 진한 맛의 우동스키를 맛볼 수 있다. 마지막에는 조스이(죽)를 부탁하여 마무리하자. 야마구치, 시모노세키 지역의 명물음식으로 달궈진 기왓장에 면을 올려서 먹는 '카와라소바瓦そば'도 먹어볼 만한 별미이다.

1 카와라소바 2000엔 **2** 다이후쿠 외관 **3** 하카타 우동스키 2500엔부터

모츠코
もつ幸

A 福岡県福岡市博多区綱場町7-14
T 092-291-5046
O 17:00~24:00, 일요일 휴무
? 고후쿠마치呉服町 역 6번 출구에서 도보 2분
M 302P-A

고후쿠마치 역 근처에 1978년 창업한 모츠코는 TV와 잡지에도 여러 번 소개되었으며 언제나 만석을 이루고 있는 인기 모츠나베집이다.

닭 육수를 베이스로 만든 스프에 후쿠오카산 및 사가산 곱창, 천엽, 양, 심장의 재료를 넣고 양배추, 부추, 슬라이스한 마늘 등의 각종 야채들과 함께 맨 위에 만두피가 올라간 것이 특징. 끓은 재료들은 미즈타키풍으로 스쇼유酢醤油(초간장)에 찍어 먹는 스타일이 독특하다.

유즈코쇼柚子胡椒에 찍어 먹거나 고춧가루를 뿌려 맛에 변화를 줘서 먹어 보는 것도 추천하고 싶은 방식이다. 한 번의 주문만으로는 아쉬워 추가 주문을 할 수밖에 없게 만드는데, 추가 주문 때는 곱창뿐만 아니라 만두피, 교자, 야채를 취향대로 주문해서 먹을 수 있다.

모츠나베의 마지막은 역시나 짬뽕면과 함께. 하지만, 모츠코의 짬뽕은 조금 다르다. 국물을 최대한 줄여 맛을 응축시킨 뒤, 깨를 듬뿍 넣고 걸쭉하게 만드는 것이 모츠코의 방식으로, 독특하면서도 고소한 그 맛이 별미이다.

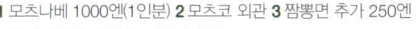

1 모츠나베 1000엔(1인분) 2 모츠코 외관 3 짬뽕면 추가 250엔
4 추가 주문은 취향대로 할 수 있다

슌게츠안 조텐지마에점
春月庵 承天寺前店

A 福岡県福岡市博多区博多駅前1-7-1
T 092-473-2911
O 월~금요일 11:00~16:00,
　토요일 11:00~15:30, 일요일 및 공휴일 휴무
? 기온祇園 역 4번 출구에서 도보 3분
M 302P-D

슌게츠안은 하루 5시간만 영업하는 곳으로, 보통의 소바 및 우동집은 점심시간 1시간 동안 반짝 사람이 많고 다른 시간은 사람이 좀 적은데, 슌게츠안은 독특하게도 점심시간에 만석이었다가 2시 이후가 되면 또다시 만석이 되는 묘한 집이다.

실내에는 후쿠오카 하카타가 우동과 소바의 발상지라는 인근 조텐지의 비석에 대한 설명이 붙어 있다. 그런 하카타 우동, 소바의 자부심을 가지고 있는 집인데, 오후 2시 이후의 인기 비결은 바로 '무제한 면 사리 제공'이다. 오전 11시부터 오후 2시 사이에는 3인분까지 1인분 가격만 받고, 오후 2시 이후에 입장하는 손님들은 면을 몇 번 리필해서 먹더라도 한 그릇 값만 받는 착한 음식점이다.

이렇게 면 사리 추가가 무제한으로 가능한 이유는 바로 후쿠오카의 '헤이와푸드 平和フーズ工業' 제면공장이 운영하는 가게이기 때문이다. 메이지 23년(1890년)에 창업한 헤이와푸드는 후쿠오카 하카타에서 가장 오래된 제면공장으로 알려져 있다. 소바와 우동을 좋아하는 후쿠오카 사람들에게 서비스하는 마음으로 매일 갓 만든 양질의 소바와 우동 면을 제공하고 있다.

이곳은 슌게츠안 조텐지마에점으로, 본점은 헤이와푸드 제면공장이 있는 다케시타竹下에 있다.

1 2 자루 소바 700엔(1~3인분 동일한 가격) **3** 슌게츠안 조텐지마에점 외관

우마우마 레이센점
うま馬 冷泉店

- A 福岡県福岡市博多区冷泉町9-19
- T 092-283-1015
- H www.hakataumauma.com
- O 월~금요일 11:30~14:00, 17:30~24:00,
  일요일 및 공휴일 17:30~23:30 1/1~1/3 휴무
- ? 기온祇園 역 2번 출구에서 도보 5분
- M 302P-C

우마우마 레이센점의 1층은 카운터석과 테이블, 2층은 다다미방으로 구성되어 있는 돈코츠 라멘 중 하카타 라멘 전문점이다.

하카타 라멘은 1941년 오픈한 산마로三馬路와 1946년 오픈한 아카노렌赤のれん에서부터 시작되었으며, 우마우마는 하카타 라멘의 원조인 산마로의 맛을 잇고 있다.

우마우마의 하카타 라멘은 육수의 빛깔이 갈색을 띤다. 일반적인 돈코츠 라멘이 뿌옇고 흰 빛깔을 띠는 것과는 다른 점이다. 다른 돈코츠 라멘은 먹고 나면 입 주위가 쩍쩍 들러붙는데, 우마우마의 라멘은 미끌거린다. 진한 맛보다는 닭육수 같은 느낌에 느끼함이 덜하고 깔끔하면서도 단맛이 돈다. 면발이 넓은 편이고 카타멘(약간 덜 익은 면)은 아니지만 중간 정도로 삶아서 내놓는다. 마치 닭곰탕에 면 사리를 넣어서 먹는 듯한 기분이다.

우마우마의 또 다른 특징은 와인셀러가 마련되어 있고 와인과 함께 음식을 즐길 수 있다는 점이다. 와인 리스트도 아주 훌륭하다.

맥주 안주로는 낱개로 주문이 가능한 닭껍질구이인 토리가와가 있는데, 표면이 바싹 구워져서 나오며 짭조름하고 달짝지근한 맛이 맥주 안주로 딱 좋다. 우마우마 기온점은 기온 역 근처에 있다.

1 우마우마 레이센점 외관 **2** 우마우마 라멘 620엔
3 토리가와 120엔 **4** 히토쿠치교자 400엔

초콜릿 숍
Chocolate Shop

- **A** 福岡県福岡市博多区綱場町3-17
- **T** 092-281-1826
- **H** http://www.chocolateshop.jp
- **O** 10:00~20:00,
  일요일 및 공휴일 10:00~19:00, 부정기 휴무
- 고후쿠마치吳服町 역 6번 출구에서 도보 2분
- **M** 302P-A

초콜릿 숍은 1942년에 개업한 초콜릿 전문점으로 70년이 넘게 후쿠오카 사람들의 사랑을 받고 있는 초콜릿 노포라고 할 수 있다.

창업자 사노 켄사쿠는 청소년 시절, 러시아 혁명으로 일본에 망명 와 있던 러시아 요리사가 만들어 준 트뤼플 초콜릿에 감명을 받아 외항선의 요리사를 거쳐 유럽으로 넘어간 후 초콜릿 장인이 되어 하카타로 돌아와 초콜릿 전문점을 열게 되었다. 실제 창업년도는 1939년이지만, 'Chocolate Shop'이라는 이름을 사용하기로 마음먹은 때가 1942년이라 창업년도는 1942년으로 정하였다고 한다. 현재는 2대째인 사노 타카시가 운영하고 있다.

초콜릿 전문점은 물론, 제과점도 흔하지 않았던 예전 하카타에서 창업 당시의 제조 방식 그대로 방부제와 첨가물을 전혀 사용하지 않으며 아이들이 마음 놓고 먹을 수 있는 맛있는 초콜릿을 목표로 현재까지 성업 중이다.

다양한 초콜릿 상품과 함께 초콜릿 숍의 최고 인기 상품은 초콜릿 케이크인 하카타노 이시다타미博多の石畳이다. '이시다타미'는 길을 만들 때 까는 납작한 돌을 말하는데, 정사각형의 모양으로 일본 전통미가 가미된 이 초콜릿 케이크는 후쿠오카뿐만 아니라 일본 전국적으로 인기 상품이 되어 후쿠오카에 출장 또는 여행 온 사람들이 기념품으로도 많이 사가고 있다.

초콜릿 숍 맞은편에는 초콜릿 상품만을 전시 및 판매하고 있는 '초콜릿 살롱'이 있고 하카타 역의 아뮤 플라자 하카타 1층에 분점을 운영하고 있다.

1 스트로베리 쇼트 360엔, 몽블랑 350엔 **2** 하카타노 이시다타미 400엔(소), 1700엔(대) **3** 초콜릿 숍 외관

츠키야 본점
月や 本店

A 福岡県福岡市博多区店屋町2-21 店屋町ビル 1F
T 092-261-5001
O 11:00~15:00, 18:00~24:00, 일요일 휴무
? 고후쿠마치呉服町 역 1번 출구에서 도보 2분
M 302P-A

오픈한 지 2년 정도밖에 되지 않았지만, 돈코츠 라멘이 대세인 후쿠오카에서 쇼유 라멘으로 많은 사람들의 호평을 받고 있는 라멘집 겸 이자카야이다.

외관도 그렇고 내부의 인테리어도 라멘집이라기보다 카페 같은 분위기인데, 깔끔한 분위기는 이 집의 라멘 맛과도 일맥상통한다.

츠키야의 기본 쇼유 라멘은 '츠키야 시나소바月や 支那そば'이다. 참고로 시나소바는 라멘의 옛 이름이다. 맑은 갈색의 국물은 부드럽고 깊은 맛이 나며 짜지 않아 좋다. 독특하면서도 인기 있는 츠키야의 메뉴로 유즈 시나소바ゆず 支那そば가 있는데 깔끔한 쇼유 국물에 상큼한 유자까지 추가되어서 상쾌하게 라멘을 즐길 수 있다. 라멘을 먹다가 함께 나오는 하트 모양의 아이스블럭을 넣으면 향긋한 유자향의 풍미가 배가되어 더욱 상큼한 쇼유 라멘을 먹을 수 있다.

점심 메뉴로 라멘과 함께 세트로 먹을 수 있는 미니카츠동ミニカツ丼도 꼭 한번 드셔 보시길.

1 미니 카츠동 300엔 2 츠키야 시나소바 500엔
3 유즈 시나소바 700엔 4 시원한 생맥주 5 카페 같은 분위기의 내부

카페 브라질레이로
カフェブラジレイロ

A 福岡県福岡市博多区店屋町1-20
T 092-271-0021
O 평일 10:00~20:30(L.O. 20:00),
토요일 10:00~19:00(L.O. 18:30), 일요일 및 공휴일 휴무
? 고후쿠마치呉服町 역 1번 출구에서 도보 2분
M 302P-A

1934년에 오픈하여 후쿠오카에서 가장 오래된 카페 중 하나인 카페 브라질레이로. 그 시작은 브라질 상파울루의 커피들을 소개하기 위해서였는데, 규슈의 옛 시인 및 문인들이 자주 찾고 상호 토론을 하며 커피 문화를 정착시키는 데 일조한 공로가 있는 유서 깊은 카페이다.

복고적인 분위기의 건물 안으로 들어서면 포근한 커피 향기가 손님들을 맞이한다. 1층은 카운터석과 2인용 테이블석이 있는 자그마한 공간이지만, 나선형 계단을 올라가 2층에 들어서면 꽤 넓은 공간이 나온다. 벽면에 있는 옛 카페의 사진들이 브라질레이로의 역사를 보여 준다.

엄선된 커피 원두를 오너가 직접 로스팅하여 손님들에게 대접하는 커피의 맛은 일품이다. 브라질레이로에서 맛본 비엔나 커피의 맛은 지금도 잊을 수 없다. 커피와 함께 브라질레이로의 인기 메뉴는 바로 점심에 제공되는 민치카츠ミンチカツ이다. 럭비공 모양의 독특한 민치카츠는 풍부한 육즙과 브라질레이로만의 데미소스가 만나 최고의 맛을 선보여 많은 사람들에게 인기를 얻고 있으며, 언제나 조기 품절이 되고 있으니 맛보기를 원한다면 조금 서두를 필요가 있다.

1 카페 브라질레이로의 간판 **2** 비엔나 커피 550엔 **3** 민치카츠 880엔

토마토야
とまと家

A 福岡県福岡市博多区綱場町3-11
T 092-262-5128
O 11:30~14:00, 17:30~23:00, 일요일 및 공휴일 휴무
? 고후쿠마치吳服町 역 6번 출구에서 도보 4분
M 302P-A

나카스카와바타 역과 고후쿠마치 역 사이에 있는 츠케멘 전문점이다. 토마토야의 사장님은 원래 양식 요리사였지만, 독학으로 츠케멘을 연구하여 츠케멘 전문점을 오픈한 독특한 이력의 소유자이다. 대부분의 츠케멘집이 카운터석 위주로 10석 내외이지만, 토마토야는 30석이 넘는 자리가 있으며, 그 자리도 점심시간에는 언제나 만석에 대기자가 밖에서 줄 서서 기다리고 있는 인기 츠케멘집이다.

도쿄의 초인기 츠케멘집인 '로쿠린샤六厘舍'의 츠케멘에 감명을 받아 같은 제면소인 '아사쿠사 카이카로浅草開花楼'에서 츠케멘용 면을 주문해서 사용하고 있는데, 츠케멘 전용 밀가루 '카부키모노傾奇者'를 사용해서 굵은 츠케멘용 면을 만들고 있다. 면의 양은 200g에서 700g까지 다양하게 선택할 수 있으니 얼마든지 양껏 먹을 수 있다.

츠케멘의 마지막은 보통 남은 츠케지루つけ汁에 스프를 부어서 먹는 스프와리スープ割り로 마무리 짓는데, 토마토야에는 방법이 한 가지 더 있다. 바로 타마고 조스이たまご雑炊로, 남은 츠케지루에 밥을 말고 달걀을 풀어서 죽으로 만들어 먹는 것이다. 카운터 쪽에 매일 3~4가지의 반찬이 무료 제공되니 그것도 빠짐없이 챙겨 먹도록 하자.

토마토야 오리지널 향신료를 넣은 매운맛의 카라츠케멘辛つけ麵도 있다.

1 타마고 조스이 130엔 2 토마토야 외관
3 츠케멘 나미모리 750엔, 오모리 850엔, 토쿠모리 950엔

하카타 기온 테츠나베
博多祇園鉄なべ

- A 福岡県福岡市博多区祇園町2-20
- T 092-291-0890
- H www.tetsunabe.co.jp
- O 17:00~00:30, 일요일 및 공휴일 휴무
- Q 기온祇園 역 5번 출구에서 도보 3분
- M 302P-D

1 테츠나베 외관 **2** 테츠나베교자 500엔 (1인분) **3** 테바사키노니 300엔(1개)

후쿠오카의 유명한 교자라고 하면 2가지를 말할 수 있는데, 바로 한입에 쏙쏙 먹을 수 있는 '히토쿠치교자一口餃子'와 뜨거운 철 냄비에 구워서 나오는 '테츠나베교자鉄なべ餃子'이다. 테츠나베교자는 교자가 테츠나베(철 냄비)에 담겨져 나오기 때문에 마지막까지 뜨거운 교자를 즐길 수 있다는 것이 장점이다.

그 하카타의 명물 테츠나베교자의 원조 맛을 잇고 있는 곳이 바로 하카타 기온 테츠나베博多祇園鉄なべ이다. 테츠나베교자는 원래 후쿠오카 기온에 있던 포장마차에서 처음 탄생하였는데, 그 포장마차가 현재 하카타 기온 테츠나베의 전신이다. 여전히 기온에서 후쿠오카 사람들의 저녁시간을 책임지며 뜨겁고 맛있는 테츠나베교자와 시원한 맥주 한잔으로 샐러리맨들의 피로를 풀어 주고 있다.

음식점 안 벽면에는 유명 연예인의 사인이 즐비할 정도로 일본 전국적으로 알려진 유명 교자집이며, 내부 120석은 언제나 사람들로 인산인해를 이루며 시끌벅적한 분위기가 술맛 나는 곳이다. 철 냄비 가득 나오는 테츠나베교자는 겉은 바삭바삭하지만 안은 촉촉한 별미의 맛을 선보인다.

오랜 시간 조려서 달큼하고 짭조름하면서 부드러운 육질의 닭 날개 메뉴인 테바사키노니手羽先の煮도 꼭 드셔 보시길.

하카타 아카초코베
博多あかちょこべ

A 福岡県福岡市博多区冷泉町7-10
T 092-271-0102
H www.akachokobe.com
O 11:30~15:00, 18:00~24:00, 일요일 휴무
? 기온祇園 역 2번 출구에서 도보 6분
M 302P-C

카와바타 상점가 옆의 레이센 공원 근처에 있는 하카타 아카초코베는 점심에는 우동집, 밤에는 이자카야를 겸하는 우동 이자카야うどん居酒屋이다.

하카타 아카초코베의 우동은 일반 우동과 달리 밀배아 입자가 들어가서 갈색 빛깔이 도는 것이 특색있는데, 이것은 옛날식 하카타 우동면의 제조법을 따른 것이라고 한다. 탄력 넘치고 쫄깃한 면발은 이 집의 확실한 매력이다.

하카타 아카초코베의 고보텐 우동ごぼう天うどん은 기다랗고 큼직하게 썬 우엉을 마치 스틱처럼 만들어서 튀겼다. 우엉의 껍질을 벗기지 않고 그대로 튀겨내서 거칠지만 더욱 고소하다. 가츠오부시와 다시마로 맛을 낸 국물은 농후한 맛을 내고 탄닌이 느껴질 정도로 진하다.

또 다른 인기 메뉴는 바로 원조 키마 카레 우동元祖キーマカレーうどん이다. 다진 고기를 넣은 카레를 부어서 내주는 우동으로, 처음에는 그대로 먹고 그 다음에는 함께 내주는 새우튀김 분말을 뿌려서 먹고, 마지막으로는 다시(국물)를 부어서 먹는 방법을 추천해 주는데, 하나의 우동으로 세 가지 다른 맛을 느낄 수 있다.

또한, 낫토가 들어간 츠유에 면을 찍어 먹는 즈보라 우동ずぼらうどん은 주전자에 우동을 담아 주기 때문에 재미있는 경험을 할 수 있다.

1 고보텐 우동 540엔 **2** 히야시 우동 640엔 **3** 원조 키마 카레 우동 720엔 **4** 아카초코베 건물 모습 **5** 즈보라 우동 660엔

디&디파트먼트 후쿠오카
D&Department Fukuoka

A 福岡県福岡市博多区博多駅前1-28-8 2F
T 092-432-3342
H www.d-department.com/jp/shop/fukuoka
O 숍 11:00~20:00,
다이닝 월~금요일 11:00~23:00(L.O. 22:00),
주말 및 공휴일 09:30~23:00(L.O. 22:00),
수요일 휴무
? 기온祇園 역 4번 출구에서 도보 4분
M 302P-D

디&디파트먼트는 디자이너 나가오카 켄메이長岡賢明가 설립한 리사이클 숍 겸 롱 라이프 디자인 숍이다. 2000년 도쿄 세타가야에 첫 번째 매장을 오픈한 이후, 현재 일본 전국에 9개의 매장이 있는데, 그 9번째 매장이면서 3번째 직영점이 바로 D&Department Fukuoka이다.

좋은 디자인의 상품 중에서 잘 팔리지 않고 남은 상품들을 모은 리사이클 숍으로, 유행에 상관없이 긴 생명력의 상품들로 롱 라이프 디자인을 추구한다. 빠르게 진행되는 현대 사회에서 디&디파트먼트 안에서는 시간의 흐름에 상관없이 편안하고 안락한 디자인의 상품들이 포근함을 느끼게 해 주며, 좋은 디자인의 상품은 시대에 상관없이 사랑받을 수 있

기 온

가리모쿠 60

꼼데가르송

다는 점을 강조하고 있다. 나가오카 켄메이는 특히 본인이 태어난 1960년대 디자인에 관심을 가지고 있었는데, 그 관심으로 태어난 것이 '가리모쿠 60'이다. 1960년대 생산되었던 가리모쿠 상품의 원형 디자인을 그대로 재현하여 판매하고 있다. 디&디파트먼트를 이야기할 때 가장 대표적인 상품이 바로 이 '가리모쿠 60'이다.

숍과 별개로 한쪽 공간을 차지하고 있는 디&디파트먼트 다이닝에서는 런치와 디너뿐만 아니라 디저트와 함께 카페 타임을 즐길 수 있다. 주말에는 따뜻한 커피와 함께 브런치 메뉴도 제공하고 있다. 음식을 주문하면 독특하게 빌지 대신에 귀여운 피규어를 주고 계산 시 제시하도록 하고 있다. 1층에는 디&디파트먼트와 협업 관계인 꼼데가르송 매장도 있다.

디&디파트먼트는 첫 해외점이자 10번째 매장으로 서울 이태원에 디&디파트먼트 서울을 오픈하였다.

시마모토
しまもと

A 福岡県福岡市博多区御供所町2-63
T 092-291-2771
H www.hakatamentai.jp
O 09:00~19:00, 연중무휴(1/1~1/2만 휴무)
? 기온祇園 역 1번 출구에서 도보 1분
M 302P-D

1976년 창업한 카라시 멘타이코辛子明太子 전문점. 많은 멘타이코 전문점들이 알래스카나 러시아의 냉동 명란을 사용하고 있지만, 시마모토는 홋카이도산 명란 사용을 고집하고 있다. 홋카이도에서 잡은 명란에 바로 소금을 뿌려 신선하게 보존한 상태에서 후쿠오카로 옮긴 뒤, 공장에서 시마모토만의 조미액을 사용하여 천천히 맛을 스며들게 하면서 숙성시키는 과정을 거쳐 맛있는 멘타이코를 만들고 있다.

시마모토의 대표 상품인 튜브에 들어 있는 '멘타이 마요네즈'가 인기 있다. 멘타이 마요네즈는 기본 맛, 와사비 맛, 갈릭 맛의 세 가지 종류가 있는데, 파스타나 샐러드에 넣어서 먹어도 좋고, 토스트 위에 뿌려 먹어도 좋다. 또한, 시마모토 오리지널 카라시 멘타이코뿐만 아니라 정어리에 멘타이코를 넣은 이와시 멘타이코, 오징어와 멘타이코를 버무린 이카 멘타이코 등도 인기 상품이다.

기온에 있는 시마모토 하카타에키마에점은 2014년 7월 1일에 리뉴얼 오픈하여 밝고 세련된 모습으로 손님들을 맞이하고 있으며, 대부분의 멘타이코 상품은 시식 후 구입이 가능하다. 구입한 상품은 이동 시간에 따라 보냉제를 넣어 주기 때문에 편안한 쇼핑을 즐길 수 있다.

1 시마모토의 건물 모습 **2** 멘타이코 마요네즈 324엔(중), 842엔(대) **3** 멘타이코에 관련된 다양한 상품들

기타 명소
+
맛 집

기타 명소+ 맛집

A

B
시카노시마
志賀島

C

D
노코노시마
能古島

마리노아시티 후쿠오카
マリノアシティ福岡

이마주쿠
今宿

시모야마토
下山門

메이노하마
姪浜

E
큐다이갓켄토시
九大学研都市

이마주쿠
今宿

F

스센지
周船寺

하시모토
橋本

하타에
波多江

지로마루
次郎丸

모모치
百道

M 325P-I

1982년 4월부터 예전 모모치 해안百道海岸이라 불리던 해안을 매립하여 조성한 구역으로, 1989년 아시아 태평양 박람회를 계기로 현재의 모습으로 개발되었다. 모모치百道 또는 모모치하마百道浜로 불리며 주택지역뿐만 아니라 시사이드 모모치 해변 공원, 후쿠오카 타워, 후쿠오카 야후 오쿠 돔, 후쿠오카 시 박물관, TNC 방송회관, RKB 방송회관 등의 시설이 있어서 살기 좋고 관광객들도 많이 방문하는 주거 및 상업지구이다.

시사이드 모모치 해변 공원
シーサイドももち海浜公園

모모치에 조성된 인공 해변 공원으로, 해변에 설치된 타워로는 가장 높은 타워인 후쿠오카 타워의 북쪽에 위치해 있다. 산책이나 스포츠를 즐기는 후쿠오카 시민들에게 많은 사랑을 받고 있으며 약 2.5km의 백사장은 낮에는 시원한 바닷바람을 맞으며 여유를 즐기고, 밤에는 해변과 도심의 야경을 즐길 수 있는 데이트 코스로 인기가 높다. 특히, 여름이면 비치발리볼, 비치 축구 등 해변 스포츠의 메카이자, 바비큐와 여름 낭만을 즐기려는 젊은이들이 넘쳐나는 활기찬 해변이 된다.

인공 백사장 중앙에는 고딕양식의 교회당 겸 예식장, 레스토랑, 카페 등이 있는 마리존マリゾン이 위치해 있다. 마리존 뒤편에는 우미노나카미치海の中道로 가는 고속선을 탈 수 있는 선착장도 마련되어 있다.

H · http://www.marizon-kankyo.jp
? · 하카타 버스터미널에서 306번, 312번 버스를 타고 후쿠오카타워미나미구치福岡タワー南口에서 하차 후, 도보 3분
· 텐진 버스센터 앞 1A정류장에서 302, 305, 307번 버스를 타고 후쿠오카타워미나미구치福岡タワー南口에서 하차 후, 도보 3분
M 326P

후쿠오카 야후 오쿠 돔 福岡 ヤフオク!ドーム

1993년 준공된 후쿠오카 야후 오쿠 돔은 일본 최초의 개폐식 지붕을 가진 돔으로, 로마 콜로세움을 연상케 하는 원형의 모습과 세계 최대급의 티타늄 지붕과 갈색 외관이 장관을 이룬다. 현재 후쿠오카를 연고지로 하고 있는 후쿠오카 소프트뱅크 호크스의 홈구장으로 이용 중이며, 소프트뱅크 호크스에는 현재 이대호 선수, 김무영 선수의 한국 선수들도 활약하고 있다.

야후 오쿠 돔 내부에 들어서면 돔의 밀폐성에서 오는 답답함이 아닌 탁 트인 광경과 좌석 배치가 편안함을 준다. 단순히 야구 관람만으로 생각하지 말자. 다 함께 즐기는 놀이로 생각하면 야구 관람만큼 재미있는 것도 없다. 돔 내부에서 즐기는 맥주와 추하이 한잔의 시원함, 신나는 야구 응원은 스트레스를 날릴 수 있는 즐거움이다.

야구 경기 도중 7회 말이 되면 모든 관중들이 노란색 풍선을 불어 하늘로 날리는 특별 응원 타임이 있다. 또한, 경기에 승리할 경우 돔구장의 지붕이 열리면서 불꽃놀이도 볼 수 있다. 후쿠오카에 온다면 후쿠오카 야후 오쿠 돔에서 꼭 한 번 야구 관람을 해 보시길.

후쿠오카 야후 오쿠 돔 주변에는 대형 쇼핑몰인 호크스 타운, 힐튼 후쿠오카 시호크, 주 후쿠오카 대한민국 총영사관 등이 있다.

A 福岡市中央区地行浜2-2-2
T 092-847-1006
H www.softbankhawks.co.jp/stadium
O 야구경기 및 기타 행사에 따라 유동적
? · 도진마치唐人町 역 3번 출구에서 도보 12분
 · 하카타 버스터미널에서 306번 버스를 타고 야후오쿠도무마에ヤフオクドーム前 하차
 · 텐진 버스센터 앞 1A정류장에서 300, 301, 303번 버스를 타고 야후오쿠도무마에ヤフオクドーム前 하차
M 326P

기 타 명 소 + 맛 집

후쿠오카 타워 福岡タワー

시사이드 모모치 해변 공원 남쪽에 위치한 후쿠오카 타워는 1989년 후쿠오카 시 100주년을 기념하여 개최된 아시아 태평양 박람회의 기념물 및 전파탑 역할로 건설되었으며, 해변에 건설된 타워로는 일본 최고 높이를 자랑하는 234m의 철골조 타워이다. 8000장의 반사유리로 덮인 삼각형 모양의 후쿠오카 타워는 진도 7, 풍속 63m/s에 견딜 수 있도록 내진 및 내풍 설계가 되어 있다.

지상 123m의 전망대에서는 후쿠오카 전경을 360도 파노라마로 즐길 수 있는데, 북쪽으로는 하카타만 위의 노코노시마, 시카노시마, 동쪽으로는 후쿠오카 야후 오쿠 돔, 힐튼 후쿠오카 시호크, 남쪽으로는 후쿠오카 시 박물관, 서쪽으로는 해변 공원과 석양의 모습을 볼 수 있다.

지상 120m 스카이라운지 루후주에서는 360도 전경을 감상하며 커피, 식사를 즐길 수 있으며, 야경과 함께 로맨틱한 시간을 보낼 수 있다. 후쿠오카 타워 3층에 설치된 '연인의 성지'는 사랑을 담아 자물쇠를 걸어 두면 두 사람의 사랑이 영원히 지속된다는 소문으로 많은 연인들의 단골 데이트 코스이기도 하다.

A 福岡市早良区百道浜2-3-26
T 092-823-0234
H www.fukuokatower.co.jp
O 4~9월 09:30~22:00, 10~3월 09:30~21:00,
6월 마지막 주 월요일, 화요일 휴무
? · 하카타 버스터미널에서 306번, 312번 버스를 타고 후쿠오카타워미나미구치福岡タワー南口에서 하차
· 텐진버스센터 앞 1A정류장에서 302, 305, 307번 버스를 타고 후쿠오카타워미나미구치福岡タワー南口에서 하차
C 전망대 어른 800엔, 초·중학생 500엔, 4세 이상 200엔
M 326P

후쿠오카 시 박물관 福岡市博物館

1990년 10월 개관한 후쿠오카 시 박물관은 후쿠오카의 역사와 문화뿐만 아니라, 아시아인과 아시아의 인적, 물적, 문화 교류의 다양한 형태를 보존, 전시하고 있는 곳이다. 특히 1784년 하카타만에서 발견된 후쿠오카 시 대표 문화재인 일본 국보 금인(金印) '칸노와노나노코쿠오 漢委奴国王'가 보관, 전시되어 있다. 약 50,000㎡의 부지에 세워진 후쿠오카 시 박물관은 1989년 개최된 아시아 태평양 박람회의 테마관으로 이용되었다.

박물관 입구 양쪽에는 높이 3.75m, 무게 1톤의 4개 동상이 설치되어 있는데, 프랑스 근대 조각의 거장인 앙투안 부르델(Emile Antoine Bourdelle)의 작품들이다. 1918~1922년 사이의 작품으로, 오른쪽에는 '승리', '자유'로 이름이 붙여진 여성상이, 왼쪽에는 '웅변', '힘'의 이름이 붙여진 남성상이 설치되어 있다. 이것은 모두 후쿠오카 시 100주년을 기념하여 프랑스 파리의 부르델 미술관에서 구입한 것이다.

정문과 박물관 사이에 있는 2,000㎡의 연못의 수면에 박물관의 웅장한 모습이 비치는 장관을 볼 수 있다.

- A 福岡市早良区百道浜3-1-1
- T 092-845-5011
- H museum.city.fukuoka.jp
- O 09:30~17:30, 월요일 휴관(월요일이 공휴일인 경우 그 다음 평일 휴관), 12/28~1/4일 휴관
- ? · 하카타 버스터미널에서 306번, 312번 버스를 타고 후쿠오카타워미나미구치福岡タワー南口에서 하차 후, 도보 4분
  · 텐진 버스센터 앞 1A정류장에서 302번 버스를 타고 후쿠오카타워미나미구치福岡タワー南口에서 하차 후, 도보 4분
- ₩ 어른 200엔, 고등학생·대학생 150엔
- M 326P

기 타 명 소 + 맛 집

넥서스 월드
Nexus World

A 福岡県福岡市東区香椎浜4丁目
? 니시테츠카시이西鉄香椎 역에서 도보 10분
M 325P-H, 326P

넥서스 월드는 후쿠오카 시 카시이하마香椎浜에 위치한 집단주거단지이다. 일본의 세계적인 건축가인 이소자키 아라타磯崎新가 일본 국내외 총 6명의 건축가 스티븐 홀Steven Hall, 오스카 투스케Oscar Tusquets, 크리스티앙 드 포잠박Christian de Portzamparc, 이시야마 오사무石山修武, 마크 맥Mark Mack, 렘 콜하스Rem Koolhaas와 함께 진행한 프로젝트로 1980년대 후반에 계획되어 1991~1992년 사이에 차례대로 준공되었다.

넥서스 월드는 미래 주거지의 형태 및 앞선 건축 양식을 선보이는 주거단지로 계획되었다. 초기에는 주거단지 중앙부에 초고층 트윈 타워까지 계획되었으나, 아쉽게도 일본 버블 붕괴로 인해 프로젝트가 축소되는 단계에서 높이가 대폭 줄어든 타워로 변경되었다. 1980년대의 디자인이라고는 생각할 수 없을 만큼 세련되고 독창적이며 감성과 개성을 강조한 형태의 건물들은 인상적인 모습을 보여 주고 있는데, 특히 검은 돌과 큰 차양이 특징인 렘 콜하스동은 1992년도 일본건축학회상을 수상하였다.

현재도 넥서스 월드는 많은 건축 관계자 및 도시 계획자들의 필수 답사 코스이다.

우미노나카미치
海の中道

M 325P-G

우미노나카미치는 후쿠오카 시 북서쪽의 시카노시마志賀島와 규슈 본토를 연결하는 모래 퇴적지이다. 전체 길이 약 8km, 최대 폭 2.5km의 대규모 모래퇴적지로, 1972년 미군 하카타 기지의 반환을 계기로 본격적인 개발이 진행되었다. 현재 우미노나카미치 해변 공원, 마린월드 우미노나카미치, 루이간즈 호텔 등 리조트 지역으로 개발되어 많은 후쿠오카 시민들과 관광객이 방문하는 지역 명소가 되었다.

하카타 역에서 출발하여 JR 카시이香椎 역에서 환승한 뒤, JR 우미노나카미치 역에서 하차하면 약 30여 분만에 도착할 수 있으며, 베이사이드 플레이스와 모모치에서 배를 이용하면 약 20분 만에 도착할 수 있다.

기타 명소 + 맛 집

우미노나카미치 해변 공원 海の中道海浜公園

우미노나카미치 해변 공원은 1972년 미군의 하카타 기지의 반환을 계기로 일대를 공원으로 정비하는 계획하에 1976년 공사를 시작하여 1981년에 1기 개원을 하게 되었다. 우미노나카미치 해변 공원은 일본 전국에서 5번째로 만들어진 국영공원国営公園이다.

약 290만m²의 광대한 부지에 '식물과 동물이 함께하는 자연형 어뮤즈먼트 파크'를 표방하고 있으며, 순환버스인 파크 트레인을 이용하거나 자전거를 빌려서 넓은 공원을 구석구석 돌아볼 수 있다. 바다에 바로 접한 넓은 대지를 바닷바람을 맞으며 가슴 뚫리는 시원한 기분으로 만날 수 있다.

수선화, 벚꽃, 튤립, 장미, 수국, 코스모스, 해바라기 등 사계절 꽃이 만발하는 곳이며, 바다를 바라보며 바비큐를 즐길 수 있는 캠핑장이 있다. 다양한 동물들을 직접 만지고 함께 놀 수 있는 '동물의 숲', 대관람차와 대형 트램펄린이 있어 아이들에게 사랑받고 있는 '원더 월드', 끝없이 펼쳐지는 하늘과 바다의 모습을 한눈에 즐길 수 있는 '시사이드 힐 시오야' 등이 인기 명소이다. 또한, 여름 기간 한정으로 운영되는 '선샤인 풀'은 서일본 최대 규모의 수영장이다.

A 福岡市東区大字西戸崎18-25
T 092-603-1111
H www.uminaka.go.jp
O 3월~10월 09:30~17:30, 11월~2월 09:30~17:00, 연말연시 및 2월 첫 번째 월요일과 다음 날 휴무
? 하카타博多 역에서 JR가고시마혼센JR鹿児島本線을 타고 카시이香椎 역에서 JR카시이센JR香椎線으로 환승하여 우미노나카미치海ノ中道 역에서 하차
M 326P

마린월드 우미노나카미치 マリンワールド 海の中道

1989년 개관한 마린월드 우미노나카미치는 '쓰시마 난류對馬暖流'를 주제로 열대에서부터 온대, 한대까지 약 450여 종 20,000마리의 다양한 수족을 만날 수 있는 곳이다. 다양한 어류 및 돌고래, 바다사자, 물범, 수달, 거북 등이 있으며, 물개와 돌고래 쇼를 볼 수 있다. 수심 7m, 수량 1400톤의 대형 파노라마 수조에서는 스쿠버다이버가 펼치는 '아쿠아 라이브 쇼'도 펼쳐진다.

1층에는 돌고래를 볼 수 있는 수중 관찰로, 고래 수영장, 파노라마 수조와 함께 간단한 식사를 할 수 있는 레스토랑이 마련되어 있다.

2층에서는 희귀 상어인 '메가마우스 상어'의 표본을 볼 수 있으며, 해달 수영장과 함께 해양 정보를 비디오로 감상할 수 있다.

3층에는 물개와 돌고래 쇼를 감상할 수 있는 쇼 풀장(Show Pool)이 있으며, 2층과 3층을 연결하는 직경 2.7m, 높이 10m의 대형 원통형 수조 및 터널 수조를 통해 자유롭게 노닐고 있는 해양 생물들을 바로 눈앞에서 만날 수 있다.

마린월드 우미노나카미치의 정식 명칭은 '우미노나카미치 해양생태 과학관海ノ中道海洋生態科学館'으로 니시테츠西鉄 그룹이 운영하고 있다.

- A 福岡市東区大字西戸崎18-28
- T 092-603-0400
- H www.marine-world.co.jp
- O 09:30~17:30(계절 및 시기에 따라 개관 및 폐관 시간이 유동적, 홈페이지 참조), 2월 첫 번째 월요일과 다음 날 휴무
- ? 하카타博多 역에서 JR가고시마혼센JR鹿児島本線을 타고 카시이香椎 역에서 JR카시이센JR香椎線으로 환승, 우미노나카미치 海ノ中道 역에서 하차 후 도보 7분
- C 어른 2160엔, 중학생 1180엔, 초등학생 820엔, 4세 이상 570엔
- M 326P

시카노시마
志賀島

A 福岡市東区志賀島
? 하카타博多 역에서 JR가고시마혼센JR鹿児島本線을 타고 카시이香椎 역에서 JR카시이센JR香椎線으로 환승하여 사이토자키西戸崎 역에서 하차, 사이토자키 역 앞에서 1번, 21번, 21A번 버스를 타고 시카노시마志賀島에서 하차
M 324P-B

시카노시마는 하카타 만의 북쪽, 후쿠오카 시 히가시 구에 속해 있는 섬이다. 섬이기는 하지만 우미노나카미치와 함께 육지와 연결되어 있는 섬으로, 베이사이드 플레이스 하카타 부두에서 배로 30분 만에 도착이 가능하며, 하카타 역에서 전철을 타고 사이토자키西戸崎 역에서 하차한 뒤 버스로도 통행이 가능하다.

시카노시마 지명의 유래는 발음이 같은 시카노시마鹿の島(사슴의 섬)가 아닌 육지와 가까운 섬이라는 뜻의 '치카이시마近い島'가 사투리로서 치카시마, 시카시마, 시카노시마로 순차적으로 변형된 것이라고 전해지고 있다.

1784년 일본 국보 금인(金印)인 '칸노와노나노코쿠오漢委奴国王'가 발견되어 전국적으로 유명해진 섬으로, 고대 일본과 한반도와의 해상 교역의 거점으로서 역사적으로 중요한 지역이었음이 밝혀졌는데, 현재 금인은 후쿠오카 시 박물관에 보관, 전시 중이다.

시카노시마에는 휴양 리조트 큐카무라 시카노시마休暇村志賀島, 금인의 발견을 기념한 킨인 공원金印公園, 해양의 수호신을 모시고 있는 시카우미 신사志賀海神社, 수영과 함께 윈드서핑 등의 해양 스포츠를 즐길 수 있는 시카노시마 해수욕장志賀島海水浴場, 카츠우마 해수욕장勝馬海水浴場 등의 관광지가 있다. 시오미 전망대潮見展望台에서는 대한해협의 바다와 섬을, 밤에는 후쿠오카 타워와 시내의 야경을 감상할 수 있다. 또한, 섬 전체 외곽도로를 따라 드라이브를 즐기는 것도 추천 코스이다. 시카노시마의 식당들에서는 바다에서 갓 잡은 신선한 해산물을 즐길 수 있다.

시카우미 신사 志賀海神社

시카우미 신사는 해양의 신인 와타츠미노미코토少童命를 모시는 신사로, 예전부터 어부들이 바다의 안전과 번영을 기원하던 신사이다. 매년 1월 15일에는 활쏘기 행사인 호샤사이步射祭가 열리고, 봄과 가을에는 풍작과 대어를 기원하는 야마호메사이山ほめ祭가 열린다. 옛날 사슴 사냥을 하고 난 뒤 그 성취의 기쁨으로 사슴 뿔 1만여 개를 봉납한 '시카츠노도鹿角堂'도 있다.

- A 福岡市東区志賀島877
- T 092-603-6501
- H www.sikanosima.jp/shrine-shikaumi
- O 06:00~18:00
- C 무료
- M 327P

시카노시마 해수욕장 志賀島海水浴場

우미노나카미치 59번 도로로 시카노시마에 진입해서 바로 오른쪽에 보이는 해수욕장이 바로 시카노시마 해수욕장이다. 베이사이드 플레이스 하카타 부두에서 배를 타고 올 경우 시카노시마 터미널에 도착하면 길 건너편에 바로 보이는 해수욕장이다. 많은 후쿠오카 시민들의 여름철 관광지 중 한 곳으로 맑은 바닷가에서는 많은 사람들이 수영을 즐기고, 수상 스키나 윈드서핑 등의 해양 스포츠를 즐기는 활기찬 젊은이들이 가득하다.
시카노시마 해수욕장에서는 바다 건너편으로 왼쪽에는 우미노나카미치 해변 공원의 대관람차가 보이고, 오른쪽으로는 야후 오쿠 돔과 후쿠오카 타워가 보인다.

M 327P

나카니시쇼쿠도 中西食堂

나카니시쇼쿠도는 시카노시마의 대표 인기 식당이다. 시카노시마는 바다에 바로 접해 있기 때문에 풍부한 해산물로 만든 요리가 유명한데, 대표 음식이 바로 소라(사자에)가 듬뿍한 사자에동サザエ丼이다. 소라 외에 새우, 미역, 양파를 올리고 오야코동처럼 달걀을 둘러서 내준다. 달큰하면서 짭조름한 쇼유타레에 부드러운 달걀, 무엇보다 풍성히 들어간 소라의 쫄깃한 맛이 좋다.
오동통한 면발, 구수한 육수에 해산물이 가득 담겨 나오는 짬뽕과 소라가 통째로 구워져 나오는 사자에노츠보야키サザエの壺焼き도 인기 메뉴이다.

A 福岡県福岡市東区志賀島583-7
T 092-603-6546
O 11:00~17:00(준비한 재료가 떨어지면 영업 종료), 화요일 휴무
M 327P

1 짬뽕 600엔 2 사자에동 700엔 3 나카니시쇼쿠도 외관

마리노아시티 후쿠오카
マリノアシティ福岡

A 福岡市西区小戸2-12-30
T 092-892-8700
H www.marinoacity.com
O 판매점 10:00~21:00,
음식점 11:00~23:00, 연중무휴
? · 하카타博多 역 앞 A정류장에서 303번, 9번 버스를 타고 마리노아시티マリノアシティ 하차
· 하카타博多 역에서 지하철을 타고 메이노하마姪浜 역에서 하차 후 메이노하마 역 남문에서 쇼와昭和 버스를 타고 마리노아시티マリノアシティ 하차
· 텐진 버스센터 앞 1A정류장에서 303번 버스를 타고 마리노아시티マリノアシティ 하차
· 텐진天神 역에서 지하철을 타고 메이노하마姪浜 역에서 하차 후 메이노하마 역 남문에서 쇼와昭和 버스를 타고 마리노아시티マリノアシティ 하차
M 324P-F

2000년 10월에 오픈한 마리노아시티 후쿠오카는 패션, 스포츠, 화장품, 액세서리, 인테리어, 식품 관련 약 170여 개의 다양한 매장이 있는 규슈 최대 규모의 아울렛 쇼핑몰로, 크게 아울렛동과 마리나 사이드동으로 나뉘어 있다.

아울렛동은 패션, 아웃도어, 인테리어, 화장품, 액세서리 매장들이 있으며, 면세가 가능한 매장도 많기 때문에 결제 시 여권을 제시하면 8%의 면세 혜택을 누릴 수 있다.

기타 명소 + 맛 집

아울렛동과 구름다리로 연결되어 있는 마리나 사이드동은 스포츠 전문 매장, 오락시설인 TAITO STATION, 대형 관람차인 스카이 휠(Sky Wheel)이 있는 어뮤즈먼트 시설이다. 또한, 전문 레스토랑과 카페도 있어서 쇼핑에 지친 몸을 잠시 쉬일 수 있다.

마리노아시티의 트레이드마크인 대형 관람차 스카이 휠에서는 하카타 만의 바다 경치를 즐길 수 있고, 밤에는 후쿠오카의 야경을 볼 수 있어서 데이트 장소로도 인기가 높다. 마리나 사이드동에는 보트 선착장이 바로 연결되어 있어서 이국적이며 낭만적인 모습도 즐길 수 있다.

마리노아시티의 또 다른 이국적인 모습은 인근에 있는 노트르담 마리노아 ノートルダム マリノア에서 느낄 수 있는데, 프랑스의 노트르담 성당을 보는 듯한 화려하고 이국적인 이 건물은 바로 예식장이다. 누구나 한번쯤은 이런 곳에서 결혼을 꿈꿔 볼 만한 호화 예식장으로 마리노아시티를 방문하는 많은 사람들이 그 멋진 모습을 사진에 담아오곤 한다.

또한, 마리노아시티 바로 옆에는 호텔 '마리노아 리조트 후쿠오카'도 있어서 바다의 경치를 보며 휴식을 취하고 쇼핑하기 위해 후쿠오카를 방문하는 사람들에게는 최고의 장소이다.

베이사이드 플레이스 하카타
ベイサイドプレイス博多

A 福岡市博多区築港本町13-6
T 092-281-7701
H www.baysideplace.jp
? ・하카타博多 역 앞 E정류장에서 99번 버스를 타고 하카타후토博多ふ頭 하차
・텐진 솔라리아 스테이지 앞 2A정류장에서 90번 버스를 타고 하카타후토博多ふ頭 하차
M 325P-l, 327P

1991년 오픈한 하카타 부두의 복합 상업시설로 하카타 부두 제1여객터미널, 제2여객터미널과 함께 있다.

규슈 전역의 신선한 해산물, 육류, 야채, 과일이 모두 모여 있는 시장 완간이치바湾岸市場가 있으며, 약 200평 규모의 시장에서 신선한 재료의 맛을 그대로 살린 사시미, 스시, 텐푸라 등도 함께 판매하고 있다. 그 외에 식재료, 과자, 조미료, 술, 음료수 등 다양한 규슈의 특산품을 판매하고 있어 쇼핑을 하기에도 좋은 곳이다.

지하 800m에서 용출되는 소금기를 머금은 천연 온천 나미하노유波葉の湯에서는 5종류의 암반욕을 즐길 수 있고 노천탕, 레스토랑, 에스테틱, 면세점 등도 있다. 직경 9m, 높이 8m의 원통형 아쿠아리움에서는 30여 종, 약 3000마리의 다양한 모양과 색상의 물고기의 역동적인 모습을 즐길 수 있다. 또한, 이상한 나라의 앨리스를 모티브로 한 기묘한 식당 빅

엄브렐러ビックアンブレラ도 있다.

하카타 부두 여객터미널에서는 우미노나카미치海の中道, 시카노시마志賀島, 겐카이시마玄界島 등으로 이동이 가능하다.

베이사이드 플레이스 하카타와 후쿠오카 국제터미널 간에는 약 50명이 탑승할 수 있는 무료 승차 트레인이 시속 5km의 속도로 서행 운행하고 있어서 바다의 전망을 보고 시원한 바닷바람을 맞으며 두 장소를 왕래할 수 있다.

완간이치바
- T 092-292-7595
- O 평일 10:00~20:00, 주말 및 공휴일 09:00~20:00

나미하노유
- T 092-271-4126
- O 09:00~01:00, 부정기 휴무

하카타 포트 타워 博多ポートタワー

하카타 항의 상징인 전체 높이 100m의 붉은색 타워. 1층에는 하카타 항에 대한 설명을 볼 수 있는 하카타 항 베이사이드 뮤지엄博多港ベイサイドミュージアム이 있다.

높이 70m에는 전망대가 설치되어 있어서 바다, 주변 섬, 후쿠오카 시내가 360도 파노라마로 펼쳐지는 광경을 볼 수 있는데, 낮에는 가슴 속까지 후련한 바다가 시원함을 주며, 초저녁에는 노을 지는 석양의 바나가 낭만을 주고, 밤에는 반짝이는 시내의 불빛이 멋진 장관을 연출한다.

- T 092-291-0573
- O 타워 10:00~22:00, 뮤지엄 10:00~17:00
- C 무료
- M 327P

노코노시마
能古島

A 福岡市西区能古島
?
- 하카타博多 역 앞 A정류장에서 9번, 300번, 301번, 302번, 304번 버스를 타고 메이노하마 터미널姪浜ターミナル에서 하차, 메이노하마 터미널에서 페리로 10분
- 텐진 버스센터 앞에서 300번, 301번, 302번, 304번 버스를 타고 메이노하마 터미널姪浜ターミナル에서 하차, 메이노하마 터미널에서 페리로 10분

M 324P-D

후쿠오카 메이노하마 터미널에서 페리로 10분 거리에 있는 섬이다. 에도 시대에는 남겨진 섬이라는 뜻의 '노코지마殘島'로 불렸으나, 1941년에 후쿠오카로 편입되면서 한자가 '殘島'에서 '能古島'로 바뀌고, 발음도 원래 발음인 '노코지마'가 아니라 '노코노시마'로 불리게 되었다.

노코노시마 전체, 특히 아일랜드 파크는 사시사철 다양한 꽃을 구경할 수 있는 섬으로 봄에는 철쭉, 여름에는 수국, 가을에는 코스모스, 겨울에는 수선화가 대표적이다.

노코노시마의 중앙 지역에는 하카타 만과 후쿠오카 시내가 보이는 노코노시마 전망대能古島展望台가 있으며, 노코노시마의 역사와 자연 등에 관한 자료를 전시하고 있는 노코박물관能古博物館도 있다.

노코노시마 아일랜드 파크 のこのしまアイランドパーク

노코노시마 선착장에서 3km 거리에 있는 노코노시마 아일랜드 파크는 사계절 내내 아름다운 꽃을 감상할 수 있는 테마 공원이다.

벚꽃, 철쭉, 수선화, 해바라기, 코스모스, 동백 등 다양한 꽃들로 언제 방문해도 기분 좋고 평온함을 느끼며 힐링할 수 있는 곳으로, 특히 가을철 넓은 꽃밭에 가득 핀 코스모스는 사람들의 탄성을 자아내고 있다.

옛 하카타 거리 풍경을 재현한 오모이데도리思い出通り는 1975년 후쿠오카 박람회 때 전시되어 있던 상가를 이축한 건물들로 이루어진 거리로, 일본인들에게는 추억의 상품들로 쇼핑도 즐길 수 있는 곳이다.

바다와 꽃밭을 바라보며 바비큐를 즐길 수 있는 바비큐 하우스バーベキュー会場는 가족들과 연인, 그리고 꽃을 즐기러 온 단체손님들이 모여들며, 유쾌한 기분으로 야외의 정취를 물씬 느끼며 음식을 즐길 수 있다. 그 외에도 얇은 면이면서도 쫄깃한 맛을 자랑하는 노코노시마의 명물인 노코우동을 맛볼 수 있는 코짱우동耕ちゃんうどん이 인기 있으며, 날씨가 좋으면 카페 킷사유메지喫茶夢路의 테라스에서 커피 한잔을 마시며 여유를 느낄 수 있다.

노코노시마 아일랜드 파크와 선착장 사이에는 왕복 버스가 운행하여 방문객들의 이동을 돕고 있다. 물론 조금 느리게 걸으면서 곳곳을 구경하고 섬의 정취를 느끼며 아일랜드 파크까지 걸어가 보는 것도 추천하고 싶다.

A 福岡市西区能古島1624
T 092-881-2494
H www.nokonoshima.com
O 월~토요일 09:00~17:30, 일요일 및 공휴일 09:00~18:30, 연중무휴
? 노코노시마 터미널 앞에서 니시테츠 버스 '아일랜드 파크행アイランドパーク行き' 승차
C 어른 1000엔, 어린이 500엔 **M** 327P

이마주쿠
今宿

A 福岡市西区, 이마주쿠 역 앞
? 이마주쿠今宿 역에서 도보 10분
M 324P-E

전철 이마주쿠今宿 역에서 하차하여 10분 정도 걸으면 평활한 바닷가를 만나게 되는데 이곳이 바로 이마주쿠이다. 하카타 만의 안쪽 이마즈 만今津湾에 접해 있는 이마주쿠는 폭은 좁지만 긴 모래사장을 가지고 있는데, 바닷바람을 맞으며 산책하기 좋은 곳이다. 여름이 되면 시원한 바닷바람을 즐기기 위해 윈드서핑을 나오는 많은 사람들을 만날 수 있다.
이마주쿠의 바로 앞에 보이는 섬은 노코노시마能古島이며, 오른쪽 바다 건너편으로는 마리노아시티의 대관람차와 후쿠오카 타워가 보인다.
인적이 적으며 평온하고 상쾌한 바닷가 해변을 좋아한다면 이마주쿠를 추천하고 싶다.

바조소
馬上荘

A 福岡県福岡市早良区西新1-7-6
T 092-831-6152
O 18:00~23:00(일요일 및 공휴일은 ~22:00), 월요일 휴무
? 니시진西新 역 4번 출구에서 도보 4분
M 325P-K

1957년에 창업한 바조소는 후쿠오카에서 교자를 사랑하는 사람들 사이에서는 그 오랜 세월 만큼이나 유명한 교자 전문점이다. 인적이 드문 니시진西新의 뒷골목이지만, 오픈 시간이 되면 어디서 나타났는지 사람들이 몰려들어 10석 미만의 카운터석과 작은 테이블석 2개가 금방 만석을 이룬다. 오랜 시간이 지났지만 여전히 창업 당시의 교자 제조법과 맛을 그대로 유지하고 있으며 가족이 함께 운영하고 있다.

교자를 미리 만들어 두지 않고 주문과 동시에 교자를 만들고 구워서 내준다. 따라서, 주문 뒤 나올 때까지 시간이 좀 걸리기 때문에 대부분의 손님들이 추가 주문을 하지 않기 위해 첫 주문 때 인원수보다 많은 양의 교자를 주문한다.

얇지만 포송포송하면서 쫄깃한 피와 간 고기, 양파 등이 들어간 속재료가 좋은 궁합을 선보이며 시원한 맥주 한잔을 절로 부른다. 전형적인 히토쿠치교자로 귀여운 크기와 중독성 강한 맛이 혼자 20~30개는 거뜬히 먹을 수 있을 정도.

사이드 메뉴로 인기 있는 니라토지ニラとじ는 기본적으로 부추를 넣은 반숙 달걀구이로, 추가 토핑으로 곱창, 간, 돼지고기를 넣어서 주문할 수 있다.

1 바조소의 메뉴 **2** 니라토지 450엔
3 교자 480엔 **4** 부타니쿠 320엔

후루후루
Full Full

A 福岡県福岡市東区松崎2-15-22
T 092-671-9663
O 07:00~19:00, 화요일 휴무
? · 텐진에 있는 후쿠오카 우체국 앞에서 버스 24C번을 타고 약 20분, 히노미시타K火の見下 정류장에서 하차 후 도보 3분
· 나지마名島 역에서 도보 13분
M 325P-J

후쿠오카 시 외곽인 마츠자키松崎에 위치한 후루후루는 후쿠오카 현 이토시마산 밀을 사용하여 빵을 만들고 있는 인기 빵집이다.

1986년 오픈한 후루후루의 시작은 쌀가게였다. 그 작은 쌀가게가 현재는 대형 주차장까지 완비한 큰 빵집으로 발전하였으며, 현재도 그 원류를 기념하며 쌀가루로 만든 치즈케이크인 후루마주ふるまーじゅ를 판매하고 있다.

후루후루의 최고 인기 빵은 바로 명란을 넣은 바게트인 멘타이프랑스明太フランス(335엔)이다. 바게트에 명란과 버터를 넣고 구워서 겉은 바삭하고 안은 촉촉하며 쫄깃한 맛이 일품으로 고소한

버터와 짭조름한 명란의 맛이 절묘한 앙상블을 연출한다. 10~20분 간격으로 구워내기 때문에 나오는 시간에 맞춰 많은 사람들이 멘타이 프랑스가 나오기만을 기다리고 있다. 주문은 카운터에서 먼저 수량을 말하고 계산한 뒤, 빵이 나오는 시간까지 기다리고 있으면 빵이 나왔을 때 호출을 하는데 그때 받아가면 된다.

4종류의 스파이스와 7종류의 야채와 고기가 듬뿍 들어간 카레빵, 촉촉한 식빵, 빵 사이에 두툼한 돈카츠를 넣은 커틀렛 샌드, 귀여운 동물 모양의 빵도 인기 있으며, 그 외 마늘 바게트, 멜론빵, 팥빵, 크림빵, 프렌치 토스트, 도넛, 샌드위치 등 다양한 빵이 끊임없이 만들어지고 매장에 나오자마자 팔려나가고 있다.

가족의 방문이 많은 곳이라 그에 대한 배려로 키즈 룸을 운영하고 있으며, 카운터에서는 커피와 홍차도 판매하고 있다. 날이 좋은 날에는 따뜻한 햇살이 비치는 테라스에서 빵과 함께 커피를 즐기기 좋다.

2014년 9월 말에는 후쿠오카 텐진에도 분점인 후루후루 텐진 빵 공방 フルフル天神パン工房을 오픈하여 외곽까지 나가지 않더라도 후쿠오카 시내에서 후루후루의 멘타이 프랑스를 맛볼 수 있게 되었다.

하나야마
花山

A 福岡県福岡市東区箱崎1
T 090-3320-3293
O 17:30~01:30, 월요일 휴무
? 하코자키미야마에箱崎宮前 역 1번 출구에서 도보 3분, 하코자키궁箱崎宮 앞
M 325P-J

하나야마는 1953년에 오픈하여 하코자키궁箱崎宮의 오모테산도에서 2대에 걸쳐 60년 가까이 영업하고 있는 야키토리 야타이로, 후쿠오카 야키토리 야타이의 원조격이다. 12석 정도의 다다미가 있는 좌식 야타이를 포함해서 총 3개의 야타이를 붙여서 영업하고 있다.

매일 30여 종이 넘는 재료를 준비하며 냉동 재료를 일체 사용하지 않고 있다. 닭껍질, 닭 모래집, 닭 간, 삼겹살, 당고 등 모든 야키토리를 작은 화로 위에 올려 식지 않도록 제공하는 것이 특징이다.

바다에서 떠온 맑은 바닷물을 야타이에서 끓여 소금을 직접 만들어서 사용하는데 특유의 단맛와 거부감이 적은 짠맛이 오묘한 야키토리 맛을 연출하고 있다.

일반 야키토리 메뉴 이외에도 독특한 메뉴들을 추천할 만한데, 특히 훈제 요리들이 별미이다. 사장님이 직접 만드시는 훈제 베이컨과 훈제 치즈, 훈제 닭 모두 그 향과 맛이 일반 야키토리집에서는 맛볼 수 없는 별미 중의 별미이다.

생선류로는 부드러운 맛의 사와라鰆(삼치)가 맛있으며, 국산 흑소의 두툼하고 쫄깃한 규탄牛タン(우설)과 쌀쌀한 날에 잘 어울리는 따뜻한 오뎅들도 추천 메뉴이다.

야타이의 마무리는 역시 라멘. 첨가제가 들어가지 않은 담백한 맛의 돈코츠 라멘도 맛보도록 하자.

1 훈제 베이컨 200엔, 훈제 치즈 200엔 2 사와라 200엔 3 하나야마 내부
4 규탄 스테이크 1260엔 5 난코츠 100엔, 원나 150엔

후쿠오카
외곽 지역

코쿠라
小倉

코쿠라는 후쿠오카 현 북부 키타큐슈 시北九州市의 중심 지역으로, 키타큐슈는 일찍부터 공업이 발달하여 규슈에서는 처음으로 인구 100만에 도달한 도시이다. JR 코쿠라 역을 중심으로 코쿠라 성과 함께 리버워크 키타큐슈, 쇼핑 아케이드 거리인 우오마치, 옛 모습을 유지하고 있는 탄가 시장, 조금 멀리로는 항구 모지코, 우주를 테마로 한 스페이스 월드 등 볼거리가 많고 쇼핑하기에도 좋은 곳이다.

❓ 하카타 역에서 신칸센으로 약 16분, JR 열차로 약 51분(급행)

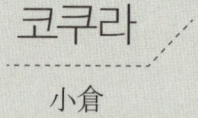

외곽 지역

코쿠라 역
小倉駅

A 福岡県北九州市小倉北区浅野1-1-1
T 093-551-2407
M 354P

키타큐슈 시北九州市 코쿠라키타 구小倉北区에 있는 코쿠라 역은 JR 규슈, JR 서일본, 키타큐슈 모노레일의 역이 함께 있는 키타큐슈의 중심 역이다. 규슈의 관문으로서 혼슈本州와 규슈의 접점 기능을 하고 있다.

1891년 규슈 철도의 역으로 시작되었으며, 두 번의 이전을 거쳐 현재의 위치에 들어서게 되었다. 혼슈로 가는 모든 신칸센이 정차하는 역이며, 역 건물 안으로 들어가는 모노레일의 모습은 독특한 광경을 자아낸다.

코쿠라 역 빌딩 지하 1층부터 지상 8층까지는 쇼핑센터 아뮤 플라자 코쿠라アミュプラザ小倉가 있다. 코쿠라 역 앞은 우오마치와 탄가 시장으로 연결되며, 뒤쪽 광장에는 우리나라에 잘 알려진 은하철도 999의 캐릭터인 철이와 메텔의 동상, 그리고 하록 선장의 동상이 있다.

코쿠라 성
小倉城

- A 福岡県北九州市小倉北区城内2-1
- T 093-561-1210
- H http://www.kid.ne.jp/kokurajou
- O 4~10월 09:00~18:00,
  11~3월 09:00~17:00, 연중무휴
- ? 코쿠라小倉 역에서 도보 15분
- C 어른 350엔, 중·고등학생 200엔, 초등학생 100엔
- M 354P

코쿠라 성은 1602년 호소카와 타다오키細川忠興가 축조한 성으로, 1866년 초슈 정벌長州征伐 때 화재로 소실되었으나 1959년 복원하여 현재의 모습을 유지하고 있다.
1층은 코쿠라의 역사와 문화에 대한 자료가 전시되어 있으며, 2층에서는 에도 시대의 코쿠라 성을 체험할 수 있다. 3층은 영상 체험 구역으로 코쿠라 성에 관한 애니메이션과 영화가 상영된다. 4층은 기획전시 구역으로 다양한 전시와 이벤트가 열리는 공간이며, 5층은 전망대로 코쿠라 성 천수각天守閣에서 360도로 코쿠라의 거리를 바라볼 수 있다.
코쿠라 성 주변에는 다도와 전통 예법을 체험할 수 있는 일본식 정원인 코쿠라 성 정원小倉城庭園과 코쿠라 출신 작가인 마츠모토 세이초의 작품과 일생에 관한 자료를 모아 놓은 마츠모토 세이초 기념관松本清張記念館도 있다.

외곽 지역

탄가 시장
旦過市場

- **A** 北九州市小倉北区魚町4-2-18
- **T** 093-541-4189
- **H** tangaichiba.jp
- **O** 대체로 영업시간은 09:00~18:00, 일요일과 공휴일은 휴무이나 각 점포에 따라 상이함
- **?** 탄가旦過 역 2번 출구 앞. 코쿠라小倉 역에서 도보 10분
- **M** 354P

탄가 시장은 키타큐슈를 대표하는 시장으로 키타큐슈의 부엌이라 불리고 있다. 다이쇼 시대 강을 따라 배에 물건을 싣고 장사를 하던 것에서 시작된 100여 년 역사의 재래시장으로 현재도 1950년대의 분위기가 남아 있다.

현재 선어물, 청과물, 정육, 반찬 등을 취급하는 약 200여 개 점포가 있으며, 시장의 초입에는 일본 최초의 24시간 슈퍼마켓인 마루와丸和가 있다.

큰 냄비에 가득 담아서 따뜻하게 판매하고 있는 오뎅, 된장에 생선을 절인 누카미소다키ぬかみそ炊き, 다양한 재료를 갓 튀겨낸 코쿠라아게小倉揚げ 등 코쿠라의 다양한 명물 음식을 맛볼 수 있다.

리버워크 키타큐슈
リバーウォーク北九州

- **A** 福岡県北九州市小倉北区室町1-1-1
- **T** 093-573-1500
- **H** www.riverwalk.co.jp
- **O** 숍 10:00~21:00, 레스토랑 11:00~23:00, 어뮤즈먼트 10:00~24:00, 연중무휴
- **?** 코쿠라小倉 역에서 도보 11분
- **M** 354P

리버워크 키타큐슈는 2003년 4월에 오픈한 대형 복합 상업시설이다. 무라사키 강변에 있으며 바로 인근에는 코쿠라 성이 있다. 현대적인 다양한 색채의 건물로서 갈색은 대지, 검은색은 일본 기와, 붉은색은 옻칠, 노란색은 수확 전의 벼 이삭을 표현한 것이다.

리버워크 키타큐슈에는 전문 상점가, 멀티플렉스 영화관, 어뮤즈먼트 시설이 입점해 있을 뿐만 아니라 방송국, 신문사도 있다.

시설 내에는 분수 쇼, 라이브 공연 등 다양한 볼거리가 제공되고 있다. 밤에 리버워크 키타큐슈에서 보는 코쿠라 성의 야경은 놓칠 수 없는 멋진 모습이다.

키타큐슈 시 만화박물관
北九州市漫画ミュージアム

- A 福岡県北九州市小倉北区浅野2-14-5 あるあるCity 5,6階
- T 093-512-5077
- H www.ktqmm.jp
- O 11:00~19:00, 화요일 휴무
- ? 코쿠라小倉 역에서 도보 3분
- C 어른 400엔, 중고생 200엔, 초등학생 100엔, 초등학생 이하 무료
- M 354P

키타큐슈는 마츠모토 레이지松本零士 등 유명 만화가를 많이 배출한 곳으로 코쿠라 역에는 은하철도 999의 캐릭터인 철이와 메텔과 함께 사진을 찍을 수 있는 벤치가 있으며, 우주해적 캡틴 하록의 동상도 설치되어 있을 정도이다.

키타큐슈 시 만화박물관은 코쿠라 역에서 도보 3분 거리에 있는 아루아루시티あるあるCity 5~6층에 있다. 만화에 관한 다양한 자료 및 전시가 열리고 있는 곳으로 보기, 읽기, 그리기의 3개 테마로 구성되어 있다. 또한 키타큐슈 출신의 만화가 코너 및 기타 기획 전시회가 열리고 있으며, 1945년부터 현대까지 연도별 대표 만화들을 모아 놓아 그 자체로 만화와 당시 사회의 역사를 알 수 있도록 해 놓았다. 만화뿐만 아니라 일러스트, 피규어 등도 다양하게 전시되어 있다.

5만여 권의 만화책이 가득한 공간에서는 누구나 자유롭게 앉거나 누워서 편히 만화를 읽을 수 있다. 또 직접 만화를 그릴 수 있는 체험 공간과 만화가, 편집자의 만화 강좌 및 교류 공간도 마련되어 있다.

외곽 지역

시로야 베이커리
シロヤベーカリー

- **A** 福岡県北九州市小倉北区京町2-6-14
- **T** 093-521-4688
- **O** 07:00~20:00, 연중무휴
- **?** 코쿠라小倉 역에서 도보 3분
- **M** 354P

시로야는 코쿠라 역 앞 아케이드 상가의 시작 지점에 있는 빵집으로, 코쿠라를 대표하는 빵집이라고 할 만큼 언제나 손님들로 문전성시를 이루고 있다.

창업 50년이 넘은 노포 빵집이지만 예전이나 지금이나 저렴하면서도 맛있는 빵의 맛을 유지하고 있어서 오랜 팬층을 확보하고 있으며, 코쿠라로 여행 또는 출장 오는 사람들이 꼭 방문하는 코쿠라의 명소 중 하나이다. 버터빵, 카레빵, 크림 도넛, 치즈빵, 팥빵, 프랑스빵 등 다양한 빵이 있으나, 뭐니 뭐니 해도 시로야의 인기 No.1은 바로 사니빵サニーパン이다. 프랑스빵 안에 연유를 듬뿍 넣은 사니빵은 다소 질긴 프랑스빵 안에 사르르 녹는 연유가 충분히 들어가 있다. 겉은 약간 질기지만 안이 전부 연유로 적셔져 있어 촉촉하기 때문에 먹으면 묘한 이질감이 느껴지는 것이 재미있다. 연유 특유의 달콤한 향과 맛에 계속 끌리는 빵이다.

1 늘 문전성시를 이루는 시로야 베이커리
2 사니빵 70엔 **3** 시로야의 다양한 빵들

다루마도
だるま堂

- A 福岡県北九州市小倉北区魚町1-4-17 鳥町食道街
- T 093-531-6401
- O 12:00~18:00, 목요일 휴무
- ? 코쿠라小倉 역에서 도보 6분
- M 354P

1 야키우동 460엔 **2** 텐마도 510엔 **3** 야키우동의 원조집 다루마도

코쿠라 야키우동燒うどん의 원조집인 다루마도는 1945년에 오픈하여 약 70여 년이 된 노포이다. 코쿠라 우오마치의 자그마한 음식점들이 모여 있는 거리 토리마치쇼쿠도가이鳥町食道街의 초입에 있다.

키타큐슈 사람들에게 코쿠라의 명물 음식을 손꼽으라고 하면 가장 처음으로 나오는 음식이 바로 '야키우동'인데, 야키우동은 40, 50년대 우연한 기회에 탄생한 음식이다. 특별한 것 없던 코쿠라의 야키우동이 90년대 말, 2000년대 초에 키타큐슈 지방 부흥의 한 기획으로 야키우동 맵이 만들어지고 거리가 특화되면서 일본 각지에 알려지고 있다.

다루마도의 메뉴는 단 두 가지, 야키우동과 텐마도天まど이다. 약간 거친 스타일의 야키우동은 향수를 불러일으키는 옛 시장 음식의 맛이다. 텐마도는 야키우동에 달걀을 하나 풀고 녹말을 약간 뿌린 다른 스타일의 야키우동으로, 달걀이 있어 야키우동보다 부드럽다. 허리가 많이 굽으시고 백발이 성성하신 할머니 혼자 영업하고 계시는데, 언제까지나 건강하셔서 변함없는 야키우동을 맛볼 수 있기를 바라고 있다.

외곽 지역

카페 파디
Cafe Fadie's

A 北九州市小倉北区浅野3-6-6
T 093-541-2253
H www.fadie.com
O 09:30~19:00, 연중무휴
? 코쿠라小倉 역에서 도보 10분
M 354P

창업 60여 년의 유명 카페인 카페 파디의 본사 겸 코쿠라 본점. 1953년에 창업해서 꽤 오래된 카페이지만 세련된 디자인의 로고를 사용하고 있는데, 오렌지색의 태양 로고는 2006년부터 사용하고 있다. 키타큐슈와 야마구치에 약 24개의 점포를 가지고 있는 커피 체인점으로, 엄선된 COE 인증을 받은 커피를 합리적인 가격으로 판매해서 고객들에게 인기 있는 곳이다.

카페 파디 옆 공장에서는 매일 원두를 로스팅해서 각 분점으로 배송하고 있으며, 창 밖에서 직접 작업하고 있는 모습을 살짝 구경할 수 있다. 카페 파디 안에 있는 커피 팩토리에서는 로스팅한 원두를 직접 판매하고 있고, 그날그날의 추천 원두를 고객에게 친절히 알려 주고 있다.

커피와 함께 식사 메뉴, 디저트류도 준비되어 있는데, 커피 가격은 150엔부터, 식사메뉴는 300엔부터 시작해서 저렴하고 좋다.

카페 파디 코쿠라점은 카페와 함께 식품매장도 함께 운영하고 있어서 쇼핑을 하러 오는 근처 주민들도 많다.

1 카페 파디의 외관
2 커피 150엔부터
3 다양한 커피를 판매하고 있다

다자이후
太宰府

후쿠오카 시에서 전철로 약 30분 정도 거리에 있는 다자이후 시太宰府市. 급행을 타면 22분 만에도 도착 가능해서 후쿠오카 여행자들이 많이 찾으며, 특히 다자이후 텐만구를 구경하러 오는 사람들과 참배하러 오는 사람들도 늘 인파가 몰린다.

❓ 니시테츠후쿠오카西鉄福岡(텐진天神) 역에서 오무타센大牟田線을 타고 니시테츠 후츠카이치二日市 역에서 환승, 다자이후센太宰府線을 타고 다자이후太宰府 역 하차

🕐 니시테츠후쿠오카(텐진) → 후츠카이치 → 다자이후
　　15~16분(급행의 경우)　　5~6분

외곽 지역

다자이후 텐만구
太宰府天滿宮

- A 福岡県太宰府市宰府4-7-1
- T 092-922-8225
- H www.dazaifutenmangu.or.jp
- O 06:30~19:00
- ? 다자이후太宰府 역에서 도보 10분
- C 무료 M 362P

다자이후 텐만구는 학문의 신 스가와라 미치자네菅原道眞를 모시는 곳으로, 일본 전국의 12,000여 개 텐만구의 총본산이다. 스가와라 미치자네는 실존 인물로 845년 교토에서 태어나 어린 시절부터 학문의 재능을 발휘하고 노력을 거듭하여 문인 겸 학자, 정치가로 이름을 떨친 사람이다. 하지만 모략에 빠져 이곳 다자이후로 쫓겨나게 되었고, 매화를 심으며 복귀를 노렸으나 결국 한탄 속에 903년 생을 마감하고 말았다. 그 후 그의 결백이 증명되어 명예 회복이 되었고, 그를 '학문의 신'으로 추앙하며 그의 묘소에 919년 신전을 건립한 것이 최초의 다자이후 텐만구이다. 그리고 전국에 그를 기리며 많은 텐만구가 건립되었다. 학문의 신을 모신 곳이기 때문에 수험철이 되면 합격을 기원하는 참배자들이 전국에서 몰린다.

경내는 토비우메飛梅를 비롯하여 6000그루의 매화가 장관을 이루고, 매화뿐만 아니라 녹음도 매우 훌륭한 곳이며 이른 봄에는 매화를 구경하러, 가을에는 단풍을 구경하러, 겨울에는 합격을 기원하기 위해 참배하러 오는 사람들로 언제나 인산인해를 이룬다. 경내 곳곳에 있는 다자이후 텐만구의 상징적 존재 고신규御神牛는 본전이 세워진 곳이 소와 신과의 인연이 정해진 곳이라는 설 때문에 만들어진 소 동상인데, 자신의 아픈 부위와 소의 같은 부위를 만지면 병이 낫는다는 말이 있고, 특히 소의 머리를 만지면 지혜를 얻을 수 있다는 속설이 있다.

다자이후 텐만구에서는 본전까지 가는 길에 훌륭한 자연을 느낄 수 있다. 마음 심(心) 자를 상징하는 연못 신노지이케心字池에서 좋은 경치를 즐기며 마음을 순화시킬 수 있다. 신노지이케는 타이코바시太鼓橋라는 3개의 작은 다리로 연결되어 있는데, 3개의 다리는 각각 과거, 현재, 미래를 의미한다. 불교의 사상을 표현하는 3개의 타이코바시를 건너면 심신이 정화된 상태에서 텐만구 본전으로 들어가게 된다고 한다. 이 타이코바시를 지나면 바로 로몬樓門이 나타난다. 로몬은 텐만구 본전 앞에 있는 큰 이중문이다. 원래는 17세기 초에 세워졌으나 화재로 소실되고 현재의 로몬은 1914년에 재건된 것이다. 지금의 텐만구 본전은 1519년에 모모야마 양식으로 건립되었으며 일본 중요 문화재로 지정되어 있다.

◆ 토비우메(飛梅)에 대하여 ◆

다자이후 텐만구의 경내에는 약 6천 그루의 매화나무가 있다고 한다. 다자이후 텐만구의 매화를 즐길 수 있는 최적의 시기는 2월 중순부터 2월 말까지이다.

아직 경내에 꽃망울이 터지지 않은 매화가 많을 때, 다자이후 텐만구 매화의 상징인 '토비우메(飛梅)'는 다른 매화보다 먼저 만개를 한다. 다자이후 텐만구에는 본전에서 참배를 하려는 사람들과 토비우메를 촬영하려는 사람들로 인산인해를 이룬다.

토비우메는 말 그대로 '날아온 매화'라는 뜻으로 다자이후 텐만구의 '신목(神木)'이라 불리고 있다. 원래는 스가와라 미치자네의 유배지에 있던 매화나무였는데, 스가와라 미치자네를 '학문의 신'으로 기리며 건립한 다자이후 텐만구가 생기면서 지금의 본전 바로 옆자리로 옮겨 심었다.

토비우메는 1000년이 넘은 신목으로 알려져 있는데, 그 유래에는 여러 가지 전설이 있다.

현재 토비우메 옆에 있는 안내문에 적힌 바로는, 스가와라 미치자네가 정쟁에 패하고 누명을 써서 교토에서 다자이후로 유배되었을 때, 집 정원수인 매화나무와 소나무와의 이별을 슬퍼했다고 한다. 주인의 이별을 알았는지 정원수들은 주인이 유배를 간 다음 날 모두 시들어 버렸고 남은 힘을 다해 주인이 있는 곳으로 날아갔다고 한다. 그때 하룻밤에 교토에서 다자이후까지 날아온 매화가 다자이후에 도착해서 땅에 뿌리를 내린 것이 바로 '토비우메'라는 것이다.

그 외에도 우연히 피어난 매화나무를 보고 본인을 따라온 매화라고 생각했다는 설, 스가와라 미치자네 본인이 교토를 그리워하며 직접 매화를 심었다는 설 등이 있는데, 스가와라 미치자네가 본인의 집에 있던 정원수들을 그리워하자 그 모습을 본 그의 가신이 몰래 스가와라 미치자네의 유배지에 심었다는 설이 옛 일본 가신의 역할과 주인에 대한 충성심을 생각했을 때 가장 신빙성 있는 것 같다.

토비우메가 '신목'이라 불리는 것은 1000년이 넘는 수령뿐만 아니라 다자이후의 6000여 그루 매화나무 중에서도 가장 먼저 꽃을 피우는 매화이기 때문이다. 다자이후 텐만구 전체의 매화를 즐기기에는 2월 말에서 3월 초가 가장 좋지만, 토비우메는 이미 2월 중순부터 꽃을 피워 2월 말이면 만개하고 시들어 버린다.

코묘젠지
光明禅寺

A 福岡県太宰府市宰府2-16-1
T 092-925-1899
O 08:00~17:00, 연중무휴
? 다자이후太宰府 역에서 도보 5분
C 200엔　M 362P

코묘젠지는 가마쿠라 시대인 1273년에 창건된 선종 사원으로 산호山号는 진고산神護山이다.

코묘젠지의 앞 정원인 훗코세키테이仏光石庭는 7개, 3개, 5개의 총 15개 돌을 배치하여 '光' 자를 써 놓은 규슈 유일의 돌 정원이다. 뒤의 정원인 잇테키카이노니와一滴海庭는 이끼가 대륙과 섬, 흰 모래가 바다를 표현하는 카레산스이 양식을 따르고 있는데, 규슈에 있는 카레산스이 양식의 정원 중에서 가장 오래된 것이다.

특히 잇테키카이노니와는 여름에는 49종류에 달하는 이끼의 녹색이, 가을에는 수령 3~400년이 넘는 단풍나무의 붉은색이 한층 아름다운 정원으로 만들어 주어 많은 방문객이 그 경치를 구경하고 있다. 특히나 이끼가 많고 아름다워서 '이끼(코케) 사원'이라는 뜻의 '코케데라苔寺'라는 이름으로도 불리고 있다. 코묘젠지의 가을 단풍은 더욱 운치 있는 분위기를 자아내어 차분하게 정원을 바라보며 마음 속 평온을 느낄 수 있다.

규슈국립박물관
九州国立博物館

A 福岡県太宰府市石坂4-7-2
T 092-918-2807
H www.kyuhaku.jp
O 09:30~17:00, 월요일 휴관(월요일이 공휴일인 경우, 그 다음 날 휴관)
? 다자이후太宰府 역에서 도보 12분
C 어른 430엔, 대학생 130엔, 18세 미만 무료
M 362P

2005년 10월 16일 다자이후에 개관한 규슈국립박물관은 "일본 문화의 형성을 아시아의 역사적 관점에서 조명하다"를 콘셉트로 구석기 시대부터 근대까지의 일본 문화 형성 자료를 전시하고 있다.

규슈국립박물관은 도쿄, 교토, 나라에 이은 4번째 국립박물관으로 100년 이상의 역사를 자랑하는 도쿄, 교토, 나라의 국립박물관이 미술 중심의 박물관인 반면에, 규슈국립박물관은 역사 중심의 박물관으로 설립되었다.

160m×80m, 최대 높이 36m의 크기와 시원한 파란색의 외벽은 웅장함과 함께 현대적 건축미를 뽐내고 있으며, 1층 뮤지엄 홀, 3층 특별 전시실, 4층 문화 교류 전시실 등으로 구성되어 있다.

외곽 지역

카사노야
かさの家

- **A** 福岡県太宰府市宰府2-7-24
- **T** 092-922-1010
- **H** www.kasanoya.com
- **O** 09:00~18:00, 연중무휴
- **?** 다자이후太宰府 역에서 도보 3분
- **M** 362P

다자이후 텐만구 오모테산도에 있는 카사노야는 음식점, 갤러리, 토산물점을 함께 운영하고 있으며, 다자이후 명물 모치인 '우메가에모치梅ヶ枝餅'를 먹으려는 사람들로 늘 줄 서 있는 곳이다.

다자이후 텐만구 산도에는 굉장히 많은 우메가에모치 가게가 있지만 가장 인기 있고 줄이 긴 곳은 이곳이다. 비 오는 날에도 언제나 사람들이 많고, 자동 기계 시스템이 끝도 없이 돌아간다. 하지만 꼭 밖에서 먹을 필요가 없이 안으로 들어가서 잠시 휴식을 취하며 모치를 먹는 것도 좋다.

맛차 세트를 주문하면, 우메가에모치 한 개와 함께 부드러운 맛차가 나온다. 쫀득하고 달콤한 우메가에모치를 한입 먹고 입가심으로 부드러운 맛차를 마시면 좋다. 또 다른 명물 음식으로 소바즈시そばずし가 있는데, 반죽에 녹차를 넣은 녹색의 소비에 속재료로 달걀, 오이, 맛살을 넣어 만든 재미난 마키이다. 소바의 고소한 맛을 마키로 즐기는 별미로, 특별히 맛있다기보다는 흔히 볼 수 없는 마키이니 한 번쯤 도전해 보는 것도 좋을 듯. 소바즈시는 함께 나오는 소바 츠유에 살짝 찍어 먹으면 된다.

1 소바즈시 760엔 2 맛차&우메가에모치 세트 610엔 3 다자이후 명물을 사기 위해 모이는 사람들

◆ **우메가에모치**梅ヶ枝餅**에 대하여** ◆

우메가에모치는 찹쌀과 멥쌀로 만든 반죽에 팥고물을 넣어 구운 모치이다. 다자이후의 명물이 된 우메가에모치의 유래에 대해서는 여러 설이 있는데, 그중에 가장 유명한 설은 역시 스가와라 미치자네와 연관된 것이다.

다자이후로 유배 온 스가와라 미치자네는 죄인의 몸이었기 때문에 사람들의 접근과 음식물 반입이 엄격하게 통제되고 있었다. 유배인의 신분으로 심신이 지치고 유배처도 노후되어 비참한 생활을 하고 있었는데, 이 모습을 본 인근의 할머니가 가여운 마음에 본인이 좋아하던 떡을 매화 가지에 꽂아서 스가와라 미치자네에게 권했다고 한다.

이 이야기가 하나의 모티브가 되어서 스가와라 미치자네를 모시는 다자이후 텐만구가 생긴 뒤, 참배를 오는 관광객들에게 모치에 매화꽃 문양을 찍어서 판매하기 시작했다고 한다.

스타벅스 다자이후 텐만구 오모테산도점
スターバックス太宰府天満宮表参道店

A 福岡県太宰府市宰府3-2-43
T 092-919-5690
H http://www.starbucks.co.jp/store/concept/dazaifu
O 08:00~20:00, 부정기 휴무
? 다자이후太宰府 역에서 도보 3분
M 362P

스타벅스 다자이후 텐만구 오모테산도점은 일본 전국에 있는 13개 콘셉트 스토어 중 하나이다. 건축가 쿠마 켄고가 "자연 소재로 전통과 현대의 융합"이라는 콘셉트로 일본 고유의 전통적인 목조 구조를 이용하여 디자인한 곳으로 2011년에 오픈하였다.

삼나무로 만든 1.3~4m 길이의 목재 약 2,000여 개를 조합하여 매장 입구와 실내의 천장 및 벽 약 40m에 걸쳐 디자인한 인테리어에서 목조와 커피의 따뜻함을 함께 느낄 수 있다.

매장의 안쪽 정원에는 다자이후의 상징인 매화나무도 심어져 있다.

외곽 지역

란칸
蘭館

A 福岡県太宰府市五条1-15-10
T 092-925-7503
H rankan.jp
O 10:00~20:00, 연중무휴
? 다자이후太宰府 역에서 도보 5분
M 362P

1978년 오픈한 란칸은 자가배전自家焙煎 커피를 제공하는 로스터리 카페이다. 외관에서도 옛 카페의 느낌이 물씬 풍기며, 문을 열고 들어가면 따뜻한 목재 인테리어와 언제나 환한 미소로 손님을 반기는 스태프들의 모습에 절로 미소가 나온다. 브라질 커피 농장에서 직수입한 스페셜티 커피를 독일 프로밧 로스팅 머신으로 로스팅하여 융 드립으로 뽑아낸 갓 만든 따뜻한 커피를 제공하고 있다. 커피에 따라 그 맛과 색, 향에 어울리는 커피잔을 제공하는 것도 특징.

커피 한 잔과 함께 란칸의 별미 에그샌드エッグサンド도 주문해 보자. 후쿠오카 현 치쿠노 시의 양계장에서 직접 받는 신선한 달걀로 만든 두툼하지만 부드러운 달걀말이와 마요네즈, 케첩의 절묘한 조화가 식사로도 안성맞춤이다.

초대 사장님이 돌아가신 뒤, 규슈 최초로 SCAA 인증 커피 감정사 자격을 취득한 아들이 그 명성과 맛을 이어가고 있다.

1 에그샌드 750엔 2 브랜드 커피 580~680엔, 커피&케이크 세트 980엔 3 옛 카페의 느낌이 물씬 나는 내부

모지코

門司港

모지코는 옛 유럽의 정취가 느껴지는 항구 지역으로 흔히 '모지코 레트로門司港レトロ'라고 불린다. 모지코 역 주변 지역에 남아 있는 옛 무역이 번성하던 시대의 건축물을 중심으로 호텔, 상업 시설들을 메이지에서 다이쇼 시대까지의 복고 이미지로 정비한 관광지역이다. 모지코는 한때 요코하마, 고베와 함께 일본 3대 항구로 불렸던 시대도 있었으나 대륙 무역이 축소되며 점차 쇠퇴기의 기로에 서게 되었다. 하지만, 모지코 레트로로 다시금 관광 명소로 발전하여 번영했던 시기의 향수를 느끼게 하며 옛 모습과 현대가 융합된 지역으로 변모하게 되었다.

모지코에서 칸몬 연락선으로 5분 거리에 있는 카라토 시장과 10분 거리의 간류지마도 다녀올 수 있어서 많은 관광객이 찾는 곳이다.

❓ 하카타博多 역에서 신칸센 또는 JR 급행열차를 타고 코쿠라小倉 역에서 모지코행 열차로 환승(모지코 직행 완행열차로는 약 1시간 40분 소요)

외곽 지역

모지코 역
門司港駅

A 福岡県北九州市門司区西海岸1-5-31
T 093-321-6110
M 372P

1914년 준공된 모지코 역은 네오 르네상스 양식의 목조 건축물로 당시 한발 앞섰던 모던함을 역의 곳곳에서 엿볼 수 있다. 특히 화장실의 청동 세면대, 대리석과 타일 장식, 화강암 소변기 등에서 그 모습을 알 수 있다.
모지코 역은 역사로는 일본 최초로 국가 중요 문화재에 지정되었으며, 현재는 전체 역사가 대대적인 수리 공사(2018년 3월 완료 예정) 중이나 열차는 정상적으로 운행하고 있다.

구 모지 미츠이 클럽
旧門司三井倶楽部

A 福岡県北九州市門司区港町7-1
T 093-321-4151
H www.mojiko.info/3kanko/spot_mitui.html
O 09:00~17:00, 연중무휴
C 2층만 유료(어른 100엔, 초등학생 및 중학생 50엔)
? 모지코門司港 역에서 도보 4분
M 372P

구 모지 미츠이 클럽은 1921년 미츠이 물산이 고객 접대를 위한 사교 클럽으로 건설한 것이다. 유럽 전통 목조 건축 공법으로 만들어졌으며, 벽난로의 배치, 큰 계단, 문틀, 창틀 등 실내 인테리어는 아르데코풍으로 장식되었다. 1991년 모지코 역 앞으로 이전하였으며, 현재는 국가 중요 문화재로 지정되어 있다.
1층은 레스토랑, 이벤트 홀로 이용되고 있으며, 2층에는 1922년에 아인슈타인 박사가 숙박한 방을 당시 상태 그대로 전시한 아인슈타인 메모리얼 룸과 여류 작가 하야시 후미코林芙美子의 자료실이 있다.

구 모지세관
旧門司税関

- 福岡県北九州市門司区東港町1-24
- 093-321-6111
- www.mojiko.info/3kanko/spot_zeikan.html
- 09:00~17:00, 연중무휴
- 모지코門司港 역에서 도보 8분
- 무료 372P

1912년 준공된 구 모지세관은 붉은 벽돌과 검은 기와로 건설된 2층 구조물로 쇼와 시대 초기까지 세관 청사로 사용되었다. 1994년에 현대적 디자인과 네오 르네상스 양식이 융합된 건물로 복원되었다. 현재 1층에는 레트로 카페와 전시실, 2층에는 갤러리와 모지코 레트로를 바라볼 수 있는 전망실이 있다.

구 오사카 상선
旧大阪商船

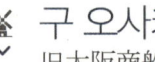

- 福岡県北九州市門司区港町7-18
- 093-321-4151
- www.mojiko.info/3kanko/spot_osaka.html
- 09:00~17:00, 연중무휴
- 모지코門司港 역에서 도보 4분
- 무료 372P

구 오사카 상선은 1917년 준공된 오사카 상선 모지 지점을 당시 모습대로 복원한 건물이다. 주황색 타일과 흰 돌의 띠가 조화를 이루고 있으며 중앙부에 8각형의 옥탑이 배치되었다. 메이지 시대의 벽돌 조형과 쇼와 시대의 철근 콘크리트 양식의 과도기적 건축물이기도 하다. 당시 오사카 상선에는 활발한 무역으로 1층 대합실과 2층 사무실은 언제나 사람들이 붐비는 건물이었다. 현재 1층은 해양 로망 홀, 2층은 갤러리로 운영되고 있다.
구 오사카 상선은 현재 국가 등록 유형 문화재이다.

외곽 지역

국제우호기념도서관
国際友好記念図書館

- **A** 福岡県北九州市門司区東港町1-12
- **T** 093-331-5446
- **H** www.mojiko.info/3kanko/spot_kokusai.html
- **O** 09:30~18:00, 연중무휴
- **C** 무료
- **?** 모지코門司港 역에서 도보 8분
- **M** 372P

1979년 키타큐슈 시와 우호 도시 체결을 한 중국 다롄 시大連市에 있는 동청철도기선 사무소東清鉄道汽船事務所를 그대로 복제하여 1995년에 준공한 건물이다. 동청철도기선 사무소는 1902년 러시아 제국이 건설한 독일 건축 양식의 건물로, 그 건물을 우호 도시 체결 15주년을 기념하여 모지코에 복제 건설하였다.
현재 1층은 레스토랑, 2층은 중국, 동아시아 관련 문헌을 소장한 도서관, 3층은 자료 전시실로 이용되고 있다.

모지코 레트로 전망실
門司港レトロ展望室

- **A** 福岡県北九州市門司区東港町1-32
- **T** 093-331-3103
- **H** www.mojiko.info/3kanko/spot_tenbo.html
- **O** 10:00~21:30, 연 4회 부정기 휴무
- **C** 어른 300엔, 어린이 150엔
- **?** 모지코門司港 역에서 도보 10분
- **M** 372P

모지코 레트로 전망실은 1999년 일본을 대표하는 건축가 쿠로카와 키쇼黒川紀章가 설계한 고층 맨션인 레트로 하이마트レトロハイマート의 31층에 있다. 고층 맨션의 최상층에 있는 이 전망실은 103m 높이에서 칸몬 해협과 모지코 레트로의 풍경을 한눈에 바라볼 수 있다. 멋진 야경과 카페로 연인들의 데이트 코스이면서 17배율 디지털 망원경으로 먼 경치를 쉽게 볼 수 있는 전망 명소이다.

블루 윙 모지
ブルーウイング門司

- A 福岡県北九州市門司区浜町4-1
- T 093-321-4151
- H www.mojiko.info/3kanko/spot_wing.html
- O 10:00, 11:00, 13:00, 14:00, 15:00, 16:00(도개 시간, 1일 6회)
- ? 모지코門司港 역에서 도보 6분
- M 372P

블루 윙 모지는 1993년 준공된 일본의 유일한 보행자 전용 도개교이다. 이름 그대로 푸른 색의 다리는 전체 길이 108m로, 1일 6회 20분간 양쪽 24m와 14m의 두 개 교량 상판이 60도 각도로 들어 올려진다. 들어 올려진 다리가 다시 닫혔을 때 가장 먼저 건너간 커플은 평생 헤어지지 않는다는 속설이 있어서 연인들의 성지로도 유명하다.

외곽 지역

카라토 시장
唐戸市場

A 山口県下関市唐戸町5-50
T 083-231-0001
H www.karatoichiba.com
O 시장 월~토요일 05:00~15:00, 일요일 및 공휴일 08:00~15:00
　이키이키 바칸가이 금, 토요일 10:00~15:00, 일요일 및 공휴일 08:00~15:00
? 모지코門司港 역 앞 마린게이트 모지에서 연락선으로 5분
M 372P

모지코에서 칸몬 연락선으로 5분 거리에 있는 카라토 시장은 야마구치 현 시모노세키에 있는 대형 수산물 시장이다. 특히 복어의 어획 및 거래량은 일본 전국적으로 최대급에 해당하여 시장으로 향하는 길에는 다양한 복어 조형물이 있다.

카라토 시장의 모태는 1909년으로 거슬러 올라간다. 1909년 당시 카라토 길거리에서 야채와 과일을 판매하던 것이 1924년 수산물 시장으로 발전하게 되었으며, 2001년 현재의 모습으로 신축 이전하게 되었다.

금, 토, 일요일, 공휴일에는 '이키이키 바칸가이活きいき馬関街'가 개최되어 시장 내 각 점포에서 갓 잡은 싱싱한 해산물로 만든 다양한 요리를 저렴한 가격으로 직접 판매하기 때문에 시장 분위기를 느끼며 바다의 맛을 즐기기 위해 많은 사람들이 몰려든다. 특히 큼직하고 풍성히 내주는 스시와 복어 요리가 유명하다. 재료가 다 떨어지면 일찍 문을 닫는 점포도 있기 때문에 오전 11시에서 오후 1시 사이에 방문하는 것이 좋다.

칸몬교
関門橋

www.kanmon.gr.jp

칸몬 해협을 가로질러 혼슈와 규슈를 연결하는 칸몬교는 1973년 개통한 총 길이 1,068m, 최대 지간 712m의 현수교이다. 지역상으로는 야마구치 현 시모노세키 시와 후쿠오카 현 키타큐슈 시 모지 구를 연결하고 있다.
모지코와 카라토 시장에서 칸몬 해협 위의 거대한 장관을 구경할 수 있다.

외곽 지역

간류지마
巖流島

A 山口県下関市大字彦島字船島648
T 083-231-1838
? 모지코門司港 역 앞 마린게이트 모지에서 연락선으로 10분

칸몬 해협에 있는 간류지마는 1612년 4월 13일에 미야모토 무사시宮本武蔵와 사사키 코지로佐々木小次郎가 결투를 벌인 곳으로 유명한 섬이다. 원래 정식 이름은 '후나시마船島'이지만, 결투에 패한 사사키 코지로의 검류인 '간류巖流'의 이름을 붙여 간류지마로 불리게 되었다.
미야모토 무사시가 일부러 결투 시간에 늦어 흥분한 사사키 코지로를 단번에 제압하였다는 이야기, 사사키 코지로의 실존 여부, 미야모토 무사시 부하들의 사사키 코지로 살해설 등 그 결투의 진위 여부는 여전히 의문에 쌓여 있다.
간류지마에는 칸몬 해협과 칸몬교를 배경으로 노를 깎아서 만든 목검을 들고 있는 미야모토 무사시와 긴 장검을 들고 있는 사사키 코지로의 결투 동상이 세워져 있으며, 동상 근처에는 두 무사가 간류지마에 들어갈 때 탄 배를 이미지화한 목선도 있다.
모지코 또는 카라토 시장에서 연락선으로 10분 만에 도착할 수 있다.

◆ **모지코의 유명 먹거리** ◆

야키카레 焼きカレー

밥 위에 카레와 치즈를 얹고 오븐에 구운 야키 카레는 1950년 키타큐슈 시 모지코에서 만든 것이다. 그릇 안에 카레를 넣고 그라탕, 도리아풍으로 만들어 본 것이 그 고소한 맛으로 손님들에게 호평을 얻어서 인기 메뉴로 자리매김하였다. 현재 모지코에는 약 30여 개의 야키 카레 음식점이 있으며, 모지코 야키 카레 맵도 만들어져 관광객들에게 배포되고 있다.

바나나 バナナ

모지코는 다이쇼 시대 초기 바나나 수입으로 유명한 지역이었으며, 모지코에 수입된 바나나를 고베로 보내기 전 상태가 나빠져서 상품 가치가 낮아진 바나나를 즉석에서 싸게 판매하는 '타타키우리叩き売り'가 생겨난 곳이다.

현재에 모지코에는 다양한 바나나 상품이 판매되고 있으며 바나나 축제도 열리고 있다. 바나나와 관련된 독특한 기념물로 바나나맨 동상도 있다.

외곽 지역

야나가와
柳川

후쿠오카 시 텐진 역에서 오무타센大牟田線으로 약 45분 거리에 있는 후쿠오카 현 남쪽 도시인 야나가와는 도시 전체에 풍부하고 맑은 물이 흐르며, 약 470km에 이르는 크고 작은 수로가 거미줄처럼 연결되어 있는 '물의 도시'이다.

이탈리아의 베네치아를 연상시키는 야나가와의 수로를 따라 야나가와 명소들을 둘러보며 유유자적 뱃놀이를 즐기는 카와쿠다리川下り, 옛 야나가와의 영주인 타치바나의 별장 오하나御花는 일본 전국적으로도 유명하다. 또한, 야나가와의 축제 때 볼 수 있는 수상 퍼레이드도 많은 관광객이 모이는 흥미로운 행사이다.

먹거리로는 야나가와의 명물 요리인 밥과 함께 장어를 찐 우나기 세이로무시うなぎのせいろむし, 미꾸라지 요리인 야나가와 나베柳川なべ, 야나가와 앞 바다인 아리아케 해有明海의 다양한 해산물 요리가 유명하다.

❓ 니시테츠후쿠오카西鉄福岡(텐진天神) 역에서 오무타센大牟田線을 타고 니시테츠야나가와西鉄柳川 역 하차

카와쿠다리
川下り

- A 福岡県柳川市三橋町高畑329(쇼게츠 승선장)
- T 0944-72-6177(쇼게츠 승선장)
- H www.yanagawakk.co.jp
- ? 니시테츠야나가와西鉄柳川 역에서 도보 6분
- C 중학생 이상 1600엔, 6세~초등학생 800엔
- M 381P

야나가와 여행에서 빼놓을 수 없는 것이 바로 뱃놀이인 카와쿠다리이다. 옛 정취를 그대로 지니고 있는 나룻배 '돈코부네どんこ船'를 타고 뱃사공이 대나무 장대를 저어 수로를 따라 즐기는 카와쿠다리는 일본의 시성詩聖인 키타하라 하쿠슈北原白秋의 시에도 등장한다.
야나가와 곳곳의 명소를 볼 수 있으며, 고요히 흐르는 수로처럼 평소보다 천천히 흐르는 듯한 시간 속에서 사공이 읊조리는 뱃노래마저 감미롭게 들린다. 또한 수로 가에 늘어서 있는 버드나무가 수면에 비치는 멋진 모습과 봄에는 벚꽃, 가을에는 단풍에 둘러싸여 낭만적인 시간을 보낼 수 있다. 돈코부네에는 이불도 준비되어 있으며, 코타츠가 설치된 배도 있어서 겨울에도 따뜻하게 뱃놀이를 즐길 수 있다.
야나가와의 카와쿠다리는 쇼게츠松月 승선장에서 출발하여 오하나御花 또는 오키노하타沖端까지 약 4.5km의 거리를 70분간 즐길 수 있다. 예약 없이 승선이 가능하며 30분마다 출발하고 있어서 언제 방문해도 이용이 가능하다.

외곽 지역

오하나
御花

A 福岡県柳川市新外町1
T 0944-73-2189
H www.ohana.co.jp
O 09:00~18:00
? 니시테츠야나가와西鉄柳川 역 앞에서 6번 버스를 타고 오하나마에御花前 하차
C 어른 500엔, 고등학생 300엔, 초·중학생 200엔
M 381P

오하나는 1738년 야나가와의 영주인 타치바나立花가 지은 별장이다. '오하나'라는 이름은 에도 시대에 이 지역을 '오하나바타케お花畑(꽃밭)'라고 부르던 것에서 유래되었다. 오하나에는 국가 지정 명승지인 멋진 정원 쇼토엔松濤園과 1910년 건설되어 메이지 시대 모습이 남아 있는 영빈관인 서양관西洋館, 역대 영주의 유품 포함 5000여 개의 미술공예품을 소장한 타치바나가 사료관立花家史料館 등이 있다.

쇼토엔은 미야기 현宮城県 마츠시마松島의 경관을 모방한 것으로, 1500개의 정원석과 280그루의 소나무로 이루어진 메이지 시대의 일본 정원이다. 1978년 국가 지정 명승지로 지정되었으며, 2011년에는 지정 범위가 넓어져서 오하나 전체가 '국가 지정 명승 타치바나 정원国指定名勝立花氏庭園'으로 국가 문화재로 지정되었다.

현재는 많은 관광객이 방문하는 명소로 누구나 입장할 수 있도록 개방되어 있으며, 숙박시설, 음식점, 결혼식장 등으로 사용되고 있다.

간소 모토요시야
元祖本吉屋

A 福岡県柳川市旭町69
T 0944-72-6155
O 10:30~21:00, 두 번째, 네 번째 월요일 휴무
? 니시테츠야나가와西鉄柳川 역에서 도보 11분
M 381P

1681년 개업한 간소 모토요시야는 330년이 넘은 야나가와의 노포 중의 노포이다. 야나가와의 명물 음식인 '우나기 세이로무시うなぎのせいろむし'의 원조집으로 멋진 외관에서 세월이 느껴진다. 우나기 세이로무시는 양념을 한 장어를 밥과 함께 쪄내고 그 위에 달걀 지단을 올린 음식으로, 겉은 바삭하지만 달지 않은 깊은 맛의 간장 양념이 잘 밴 장어의 속살은 부드럽기 그지없다. 찹쌀이 섞인 밥은 고슬고슬 맛나다.

기본 메뉴인 세이로무시 이외에 밥 속에 장어 한 조각이 더 들어가 있는 토쿠세이로무시特せいろ蒸し, 토쿠세이로무시와 폰즈 소스가 담긴 장어구이, 간 무가 올려진 장어구이가 함께 나오는 하에테이쇼쿠南風定食 등이 있다. 녹음이 가득한 멋진 정원을 보며 우나기 세이로무시로 눈과 입이 즐거운 한때를 보낼 수 있는 곳이다.

1 2 멋스러운 외관과 내부의 정원
3 우나기 세이로무시 3300엔
4 5 하에 테이쇼쿠 5600엔

외곽 지역

규슈 올레
九州オルレ

대한민국 국토의 약 40%의 크기에 달하는 규슈의 자연을 물씬 느낄 수 있는 여행길이 있다. 바로 '규슈 올레'이다. 규슈의 자연과 더불어 문화와 역사를 몸소 체험할 수 있는 도보 여행 코스로서, 이름에서 알 수 있듯이 우리나라 '제주 올레'의 코스 개발, 브랜드 및 기타 표식 등을 제공받아서 사용하고 있다.

제주 올레의 상징인 간세, 파란색과 주황색 리본, 길바닥과 전신주의 화살표, 갈림길에서 볼 수 있는 나무화살표 등 제주 올레에서 보았던 친근한 표식들을 규슈 올레 코스에서 만날 수 있다.

2012년 2월, 처음으로 4개의 규슈 올레 코스가 개장한 이후, 2015년 2월 28일 아마쿠사·레이호쿠 코스天草·苓北コース의 오픈으로 규슈 7개 현에는 총 15개의 코스가 있다.

🏠 www.welcomekyushu.jp/kyushuolle

무나카타–오시마 코스
宗像・大島コース

> 하카타博多 역에서 JR가고시마혼선JR鹿児島本線을 타고 JR도고東郷 역 하차, JR 도고 역 앞에서 1번 또는 1-2번 버스를 타고 코노미나토터미널神湊渡船ターミナル에서 하차. 코노미나토 터미널에서 페리를 타고 오시마 항 페리 터미널大島港フェリーターミナル 도착

규슈 올레 15개 코스 중 후쿠오카 현에 있는 코스는 무나카타–오시마 코스와 야메 코스八女コース로, 모두 2개이다. 후쿠오카 현 무나카타 시宗像市의 코노미나토 터미널神湊渡船ターミナル에서 페리 여객선으로 약 25분 거리의 오시마大島에 도착하면 후쿠오카의 무나카타–오시마 올레 코스가 시작된다. 오시마는 낚시 및 수상 스포츠를 즐기기 좋은 곳으로, 주말이면 가족 및 단체 여행객들이 오시마로 들어가기 위해 코노미나토 터미널에 몰려든다.

무나카타–오시카 코스의 전체 거리는 11.4km이며, 약 4~5시간 정도 소요된다.

01 무나카타타이샤 나카츠미야 宗像大社中津宮

올레 코스는 오시마 항 페리 터미널大島港フェリーターミナル 입구에서부터 시작되는데, 걷기 시작하여 5분 만에 만나게 되는 것은 '무나카타타이샤 나카츠미야宗像大社中津宮'이다. 무나카타타이샤 나카츠미야는 무나카타 세 여신 중의 한 여신인 '타기츠히메노카미湍津姬神'를 모시는 곳으로 경내에는 견우 신사와 직녀 신사가 있으며 칠월칠석의 전설에 등장하는 은하수를 상징하는 강이 흐르고 있다.

02 미타케 산 정상 전망대 御嶽山山頂展望所

무나카타타이샤 나카츠미야를 지나면 224m의 높이에 있는 '미타케 산 정상 전망대御嶽山山頂展望所'까지 가파른 산길을 만나게 된다. 약 40여 분이 소요되는 산비탈길은 전체 코스에서 가장 난이도가 높은 구간이지만 상쾌한 산 내음과 나무 사이사이로 불어오는 시원한 바람을 맞으며 기분 좋게 오를 수 있다. 산비탈길 초입에는 도보 여행자의 편의를 돕기 위한 대나무 막대들도 있으니 작은 배려를 기꺼이 받아서 길을 떠나보는 것이 좋다.

오시마 섬에서 가장 높은 곳인 미타케 산 정상 224m에 위치한 전망대는 산 정상에서 느낄 수 있는 호쾌함이 매력이다. 멀리 보이는 바다와 섬 전체의 녹음은 가슴까지 후련하게 해 준다. 날씨가 맑은 날에는 후쿠오카 타워, 키타큐슈 공업단지, 이키, 츠시마(대마도)까지 보이기도 한다.

03 풍차 전망대 · 포대 유적 風車展望所·砲台跡

미타케 산 정상 전망대에서 그 다음 포인트인 '풍차 전망대風車展望所'까지는 약 1시간에서 1시간 30분 정도의 내리막길과 도로, 그리고 숲길이 이어진다. 녹음이 가득한 미타케 산의 내리막길을 지나면 도로를 만나게 되고, 도로 주변 민가를 따라 길을 걷다 보면 다시금 조용한 숲길을 걷게 된다. 바람 소리가 들려오는 대나무길과 내 발자국 소리만 들리는 적막한 길이 자연 그대로를 느낄 수 있게 해 준다.

풍차 전망대는 무나카타-오시마 코스에서 가장 낭만적인 풍경을 보여 주는 곳이다. 굴다리를 지나 풍차 전망대가 보이는 초입에서부터 깔끔하게 정비되어 있는 등산로를 따라 시원한 바람을 맞으며 오르는 길은 즐거움의 연속이다. 풍차 전망대 주변은 봄에는 유채꽃, 여름에는 해바라기, 가을에는 코스모스가 주변 바다와 함께 멋진 경관을 연출한다.

풍차 전망대 바로 위쪽에 위치한 '포대 유적砲台跡'은 1936년 규슈 북부의 방위를 위해 설치한 포대이나 단 한 번도 전투에 사용되지 않은 채 철거되었다. 현재는 그 흔적만 남아 있으며 포대 유적에서 바라보이는 풍차 전망대와 앞의 대한해협이 한눈에 들어와 그 장관에 한동안 자리를 뜨기 어렵다.

04 오키노시마 요배소 沖ノ島遥拝所

'오키노시마 요배소沖ノ島遥拝所'는 오시마에서 50km 떨어져 있는 오키노시마가 '신의 섬'이라 불리면서 여성들의 출입이 금지되어서 오키노시마에 갈 수 없는 여성들을 위해 참배 장소로 세워진 것이다. 찰랑찰랑 파도 소리와 함께 한가롭게 노닐고 있는 갈매기의 모습이 바닷가의 전형적인 운치를 불러일으키는 곳이다.

05 칸스 해수욕장 かんす海水浴場

'칸스 해수욕장かんす海水浴場'은 올레 코스 마지막에 있는 포인트로 오시마의 작은 해수욕장에는 붉은 도리이와 소나무가 우거진 '유메노 사요지마夢の小夜島'가 독특한 경치를 연출하고 있다. 유메노 사요지마는 평소에는 물에 잠겨 외딴 작은 섬이지만 간조가 되어 물이 빠져나가면 도보로 섬까지 걸어갈 수 있다.

올레 코스는 4~5시간 정도의 도보 코스이기 때문에 도시락이나 기타 먹을거리를 준비해서 가는 것이 좋다. 올레 코스 중간에 마트나 편의점이 없기 때문에 특히나 음료수는 꼭 챙기도록 하자. 도시락이나 먹을거리를 준비하지 않았다면, 섬의 풍요로운 해산물을 즐길 수 있는 짬뽕 한 그릇을 추천한다. 모자코もじゃこ의 짬뽕은 오징어뿐만 아니라 돼지고기, 오뎅, 양배추, 숙주나물이 풍성하게 들어갔으며 돈코츠 육수와 닭 육수가 조합된 국물은 한국 사람들의 입맛에도 아주 잘 맞는다.

올레 코스를 완주하고 난 뒤에는 산피에루サンピエール에서 피로를 풀며 직접 내려주는 커피나 옛 다방의 느낌을 물씬 느낄 수 있는 고전적인 맛의 밀크셰이크를 한잔 마셔보는 것도 좋다.

 모자코
もじゃこ

A 福岡県宗像市大島1802-2
T 0940-72-2621
O 점심 영업, 영업시간 및 휴무 부정기
? 오시마 항 페리 터미널에서 도보 2분

 산피에루
サンピエール

A 福岡県宗像市大島1626
T 0940-72-2003
O 09:00~19:00, 부정기 휴무
? 오시마 항 페리 터미널에서 도보 5분

1 짬뽕 500엔 **2** 모자코의 외관 **3** 산피에루의 외관
4 밀크셰이크 450엔 **5** 아이스커피 450엔

히라오다이
平尾台

히라오다이는 후쿠오카 현 키타큐슈 시의 남쪽 코쿠라미나미 구에 있는 고도 400~600m, 남북으로 11km, 동서로 2km에 달하는 카르스트 대지이며, 대지 전체는 1952년 11월에 국가 천연기념물로 지정되었다.

카르스트 대지는 석회암이 빗물과 지하수 등에 의해 녹아서 형성된 지형을 말하며, 히라오다이는 야마구치 현의 아키요시다이, 고치 현의 시코쿠 카르스트와 함께 일본 3대 카르스트 대지 중 하나이다.

튀어나온 바위들이 양떼처럼 보이는 요군바루羊群原와 침식에 의해 절구 모양으로 움푹 파인 지형인 도리네ドリーネ, 지하에 강이 흐르는 종유동 등 독특한 카스트르 지형을 구경할 수 있는 곳이다.

체험형 공원인 히라오다이 시젠노사토平尾台自然の郷에는 전망대, 잔디 광장, 야생초원, 과수원뿐만 아니라 체험 공방, 레스토랑, 기념품 가게 등이 있어서 가족과 함께 자연의 정취를 물씬 느낄 수 있다.

🅰 福岡県北九州市小倉南区平尾台

❓ ・하카타博多 역에서 자동차로 약 1시간 10분 소요
・코쿠라小倉 역에서 자동차로 약 45분 소요

외곽 지역

센부츠 종유동
千仏鍾乳洞

A 福岡県北九州市小倉南区平尾台3-2-1
T 093-451-0368
H www.senbutsu-cave.com
O 평일 09:00~17:00, 주말 및 공휴일 09:00~18:00, 연중무휴
C 어른 800엔, 고등학생 600엔, 중학생 500엔, 초등학생 400엔
M 392P

히라오다이에 있는 센부츠 종유동은 1935년 12월에 국가 천연기념물로 지정된 유서 깊은 종유동이다. 수만 년의 시간에 걸쳐 카르스트 대지의 빗물에 의해 만들어졌다.
종유동 내부는 사계절 내내 15~16도, 수온은 14도 정도로 여름에도 서늘한 정도이며, 동시에 폐쇄된 공간에서 느껴지는 공포에서 오는 서늘함도 느껴진다. 하지만 겨울에는 오히려 따뜻함이 느껴지는 곳이다.
가장 넓은 곳은 15m, 길이는 약 1.2km에 달한다. 입구에서 480m 정도 지나면 물이 흐르는 구간이고, 900m 지점까지는 조명 시설이 설치되어 있으며 왕복 약 40여 분 정도로 종유동 탐험이 가능하다.
종유동 입구에서는 샌들을 무료로 빌려주며, 천장에 매달려 있는 종유석과 옆면을 따라 물이 흘러 떨어지기 때문에 수건을 준비해 가는 것이 좋다.
또한, 센부츠 종유동의 명물 음식인 카르스트 만주カルストまんじゅう도 맛볼 수 있다.

여행준비

READY TO TRAVEL

01 여행 준비하기

1 여행 시기

여행을 떠날 때 여행 시기는 중요한 선택 사항이다. 계절을 고려해 보면 벚꽃이 만개하는 따뜻한 날씨의 봄 여행의 매력이 넘치는 곳이 후쿠오카이며, 회사원들의 휴가 및 학생들의 방학이 있는 여름은 그리 멀지 않은 거리의 외국 여행이라는 장점이 있는 곳이 후쿠오카이다. 가을의 정취를 물씬 느낄 수 있는 가을 여행과 한국보다 위도상 남쪽에 위치하기 때문에 한겨울에도 영하의 날씨로 거의 떨어지지 않는 따뜻하고 포근한 겨울의 후쿠오카 여행도 추천할 만하다.

쇼핑을 좋아하는 사람이라면 후쿠오카의 세일 기간에 여행을 하는 것이 좋지만, 사계절에 상관없이, 기간에 상관없이 언제 방문해도 맛있는 음식과 친절한 후쿠오카 시민의 환대, 그리고 다양한 매력이 있는 도시가 후쿠오카이다.

일본의 공휴일

일본은 한국보다 공휴일과 함께 연휴가 많은 편이다. 일부 공휴일을 특정일이 아닌 그 달의 몇 번째 월요일로 정하였고, 대체 휴무제가 있어서 연휴가 많다. 연휴에는 일본 각지의 관광지에 외국인뿐만 아니라 일본 내국인도 많기 때문에 일본의 공휴일과 연휴 때 일본 여행을 계획한다면 미리미리 항공권(또는 선박권)과 호텔 예약을 하는 것이 좋다.

2015년 기준

날짜	공휴일
1월 1일	신년(元日)
1월 12일	성년의 날 – 매년 1월 두 번째 월요일
2월 11일	건국기념일(建国記念の日)
3월 21일	춘분(春分の日)
4월 29일	쇼와의 날(招和の日)
5월 3일	헌법기념일(憲法記念日)
5월 4일	미도리의 날(みどりの日, 식목일)
5월 5일	어린이날(こどもの日)
7월 20일	바다의 날(海の日) – 매년 7월 세 번째 월요일
8월 15일	오봉(お盆, 한국의 추석)
9월 21일	경로의 날(敬老の日) – 매년 9월 세 번째 월요일
9월 23일	추분(秋分の日)
10월 12일	체육의 날(体育の日) – 매년 10월 두 번째 월요일
11월 3일	문화의 날(文化の日)
11월 23일	근로 감사의 날(勤労感謝の日)
12월 23일	일왕 탄생일(天皇誕生日)

- 설날 : 일본은 양력 설을 쉬기 때문에 1/1을 전후로 각 회사 및 점포에 따라 4~5일의 연휴가 있다.
- 일본 골든 위크 : 5/2~5/6(5/6은 5/3 헌법기념일의 대체 휴무일)
- 일본 오봉 연휴 : 법정 공휴일은 아니지만 8/15을 전후로 3~4일의 연휴를 가지는 회사와 점포가 많다.

2 여행 일정

오랜 시간 동안 여행을 즐길 수 있다면 더할 나위 없이 좋겠지만, 각자의 스케줄과 여유에 따라 여행 일정은 결정될 수밖에 없다. 결정된 여행 기간에 따라 최적의 여행 일정을 짠다면 짧으면 짧은 대로, 길면 긴 대로 후쿠오카 여행을 충분히 즐길 수 있다.

1박 2일

1박 2일 일정이라면 후쿠오카 시내 여행이 가장 좋다. 후쿠오카의 명소와 중심지 위주로 후쿠오카 타워가 있는 모모치 해변까지의 일정은 충분하다. 후쿠오카가 처음이 아니라면, 후쿠오카 현 내의 키타큐슈, 쿠루메, 야나가와 등의 외곽 지역 여행도 충분히 고려해볼 만하다.

2박 3일

2박 3일의 일정이라면, 후쿠오카 시내에만 있는 것은 아깝다. 후쿠오카 현을 벗어나서 유후인에서 1박 또는 사가, 나가사키, 구마모토 등으로 당일치기 여행 일정을 계획할 수 있다. 또한, 여행 날짜에 금~일요일이 포함된다면 모지코, 시모노세키, 코쿠라를 포함한 키타큐슈를 여행 일정에 넣어 보는 것도 추천한다.

3박 4일 이상

3박 4일 이상의 일정이라면, 후쿠오카 일정 이외에도 규슈의 서쪽 오이타, 벳푸 또는 구마모토의 쿠로카와로 1박 2일의 온천 여행을 포함시키거나, 규슈의 남쪽 미야자키, 가고시마로 1박 2일 또는 2박 3일의 여행을 함께 하는 것도 좋다.

3 여행 방법

대부분의 여행자들이 첫 여행일일 경우 정보 부족, 불안감 등으로 패키지 여행을 선택하는 경우가 많다. 하지만 일본 여행의 경우에는 인터넷과 여행책으로 유익한 정보를 얻을 수 있고, 일본 내에 한국어 안내판이 많이 설치되어 있으며, 관광안내소에서 적절한 안내를 받을 수 있기 때문에 자유 여행도 어렵지 않다.

자유 여행

자유 여행은 말 그대로 본인이 자유롭게 교통편, 숙박, 일정을 모두 계획하고 이동하는 여행이다. 일본은 그 어떤 외국보다도 가깝고 여행 정보가 많이 있기 때문에 자유 여행에 어려움이 없는 곳이다.
항공편 및 선박권은 각 항공사, 여행사 홈페이지에서 예약이 가능하며, 숙박은 각 호텔의 홈페이지에서 플랜에 따라 다양한 방을 선택할 수 있다. 다만, 금액적인 면을 봤을 때 항공사와 여행사의 플랜 상품이 저렴할 수 있기 때문에, 특히 에이텔 상품을 잘 확인하고 계획의 첫 번째로 고려해볼 만하다.
무엇보다 짜여 있는 일정에 따라 움직이는 것이 아니라 그때그때 상황에 따라 자유롭게 일정을 변경할 수 있다는 것이 큰 장점이다.
후쿠오카 여행 중 곤란한 일을 겪거나 여행 정보가 필요할 때는 하카타 역, 텐진 역에 있는 관광안내소를 방문하는 것이 좋으며, 간단한 길 문의는 후쿠오카 시민들에게 물어보면 대부분 친절하게 본인이 아는 한도 내에서 설명해 준다. 직접 해당 지역까지 안내해 주는 친절한 시민도 많은 곳이 후쿠오카이다.

패키지 여행

첫 일본 여행의 불안감이 크고, 여행 준비에 시간이 부족하다면 여행사의 패키지 여행을 추천한다. 가족 여행이나 단체 여행 등 큰 고민 없이 무난한 여행 일정과 편안한 이동을 고려한다면 패키지 여행이 금액적으로나 심리적으로 더 안정적이다.
다만 선택의 여유가 많지 않기 때문에 짜인 일정대로 명소 및 장소를 방문하고 정해진 음식만 먹어야 한다는 점은 아쉬움의 하나이다.

4 여행 준비물

여권

외국 여행에 있어서 가장 중요한 것은 여권이다. 여행 일정을 잡으면 먼저 여권의 유효기간을 확인하고 갱신의 필요 유무를 판단하는 것이 좋다. 긴급 상황일 경우에는 여권의 분실 및 유효기간 만료 시에도 긴급여권의 발행이 가능하지만, 긴급 상황에 대한 소명 자료를 함께 제출하여야 한다.
여행 중 분실을 대비해서 여권의 복사본을 따로 챙겨 놓는 것이 좋으며, 여행 중 여권을 분실하게 되면 당황하지 말고 한국 영사관에 연락을 해서 조치를 취하는 것이 좋다.

주 후쿠오카 대한민국 총영사관
🏠 福岡県福岡市中央区地行浜1-1-3
📞 092-771-0464

여행자 보험

해외여행 시 여행자 보험은 필수 사항이다. 보통 '귀찮다', '그냥 돈을 버린다'라고 생각할 수도 있지만, 여행 중 사고, 도난, 물건 파손 등의 상황이 발생하면 여행자 보험의 필요성을 뼈저리게 느끼게 된다. 인터넷으로 간단하게 신청이 가능하고 큰돈이 드는 것도 아니니 가급적 여행을 떠나기 전에 여행자 보험에 가입하도록 하자.

준비물

여행의 준비물은 각자의 성향 및 여행의 성격에 따라 다를 수밖에 없다. 여행 전 급히 서둘러서 짐을 꾸리지 말고 여유 있게 준비하는 것이 좋으며, 전체 여행 일정을 고려하며 자신만의 준비 리스트를 만들어보고 빠짐없이 준비하는 것이 좋다.
특히 일본 여행에서는 전기, 전자 제품의 사용에 유의해야 한다. 일본은 우리나라와 달리 110V 전압을 사용하기 때문에 110V용 플러그는 필수 준비물이다.

환전

여행의 전체 일정과 이용할 교통수단, 쇼핑 목록, 식사 비용 및 기타 잡비를 고려하여 예산에 맞게 미리 환전하는 것이 좋다. 요즘은 많이 증가하기는 했지만 그래도 카드 사용이 불가능한 점포들이 많은 것이 일본의 현실이다. 물론 일본에서 사용할 수 있는 VISA, Master, JCB 등의 카드를 함께 준비하는 것도 좋다. 급할 경우, 일본의 은행 또는 편의점의 ATM기기에서 카드로 현금 서비스를 받을 수 있지만, 가급적 그런 상황을 만들기보다 현금을 준비해 놓는 것이 좋다.
또한, 일본의 지하철과 버스 이용 시에는 현금을 사용해야 하기 때문에 일정 금액의 현금 소지는 필수이다.

로밍 서비스

한국의 각 통신사에서 서비스하고 있는 정액제 로밍 서비스를 이용하는 것이 좀 더 편안한 일본 여행을 가능하게 해 준다. 특히 장소 검색 및 찾아가는 방법은 스마트폰에서 구글맵을 사용하여 알아보는 것이 빠르다. 일본에서는 전화번호만 입력해도 거의 대부분의 명소 및 음식점의 위치가 표시되며, 구글맵의 길찾기 메뉴를 이용해서 현재 위치에서 가고자 하는 곳까지의 소요시간, 이용 교통편을 검색할 수 있으니 편리하게 이용하도록 하자.

응급 연락처

후쿠오카 여행 중 사고를 당하거나 긴급한 도움이 필요할 때는 경찰서 및 한국 영사관으로 연락하는 것이 좋다.

일본 경찰 번호
T 110

후쿠오카 현 경찰본부
A 福岡県福岡市博多区東公園7-7
T 092-641-4141

주 후쿠오카 대한민국 총영사관
A 福岡県福岡市中央区地行浜1-1-3
T 092-771-0464

5 교통수단

한국에서 후쿠오카로 갈 수 있는 교통수단은 비행기와 배이다. 인천에서는 비행기를, 부산에서는 비행기와 배를 이용할 수 있다.

비행기 이용

인천국제공항 출발

후쿠오카로 가는 비행기는 대한항공, 아시아나, 제주항공, 티웨이항공을 이용할 수 있으며, 2014년 12월부터 진에어도 후쿠오카 노선을 추가하였다. 각 항공사별로 운임조건, 유효기간 등에 따라 금액의 차이가 많이 나기 때문에 자신의 여행 일정 및 예산에 맞게 잘 고려해 본 뒤 예약하는 것이 좋다.

공항 도착은 비행기 출발 2시간 전에 도착하는 것이 좋다. 특히 아침 출발일 경우에는 더욱 더 공항이 복잡하고 출국자가 많은 관계로 좀 더 일찍 도착하는 것이 좋다.

탑승 수속은 각 해당 항공사의 카운터에서 할 수 있으나, 셀프 체크인을 통해서 좀 더 빠른 탑승 수속이 가능하니 꼭 이용해 보도록 하자.

출국심사 시에는 소지품 관리에 유의해야 한다. 액체류, 위험 물체, 인화성 물질 등은 반입이 안 되기 때문에 꼭 출국심사 전에 본인의 소지품을 확인하도록 한다.

입국카드는 기내에서 작성하는 것이 좋으며, 가급적 영문(이름은 한자도 함께 적어야 함)으로 작성하는 것이 좋다. 특히 입국카드 작성 시 '숙소' 정보는 숙소 이름과 함께 전화번호를 정확히 적어야 한다. 적지 않거나 모호하게 적을 경우, 입국 시 꽤 많은 질문을 받게 되니 주의하도록 하자. 처음 작성하거나 잘 모르는 것이 있는 사람은 입국카드에 대한 안내 및 작성법을 기내 승무원에게 도움받는 것도 좋다.

대한항공　kr.koreanair.com
아시아나항공　www.flyasiana.com
제주항공　www.jejuair.net
티웨이항공　www.twayair.com

진에어 www.jinair.com

김해국제공항 출발

김해국제공항에서는 대한항공, 아시아나, 에어부산을 이용할 수 있다.

김해국제공항은 이용객이 인천국제공항보다 많지 않아서 출국에 소요시간이 많이 걸리지 않는 편이지만, 그래도 만일의 상황에 대비해서 1시간 반 전에는 공항에 도착하는 것이 좋다.

에어부산 www.airbusan.com

배 이용

부산항 국제여객터미널 출발

부산항 국제여객터미널에서는 총 3가지 배편으로 후쿠오카에 갈 수 있다. 미래고속에서 운행하는 코비, JR규슈에서 운행하는 비틀, 고려훼리에서 운행하는 카멜리아이다.

코비와 비틀은 고속여객선으로 항공기의 제트엔진을 이용하여 수면 위를 부상해서 시속 80km 이상의 빠른 속도로 운행하기 때문에 후쿠오카까지의 소요시간이 약 2시간 55분으로 빠른 편이다. 흔들림이 크지 않아서 뱃멀미가 적은 편이지만 가끔 돌고래 같은 해양 생물과의 충돌 또는 높은 파고 발생 시 저속 또는 임시 정지 후 운행하는 경우도 가끔씩 발생한다. 하지만 비행기에 비해서 훨씬 저렴한 금액으로 후쿠오카 여행을 할 수 있다는 큰 장점이 있다. 고속여객선의 경우에는 기후의 영향을 많이 받는 편이기 때문에 날씨 정보에 주의해야 하며 결항 또는 지연에 대한 정보를 계속 확인하는 것이 좋다.

카멜리아는 일반여객선으로 밤 10시 30분에 부산항을 출발하여 다음 날 아침 6시에 하카타 항에 도착한다. 긴 여행 시간으로 배 안에서 숙박을 해야 하지만, 식당, 휴게실, 목욕탕, 자판기 등의 다양한 편의시설이 있어서 심심하지 않게 시간을 보내며 갈 수 있다. 후쿠오카로 가는 모든 교통수단 중에서 가장 저렴하다는 것이 장점이다.

미래고속(코비) www.kobee.co.kr
JR규슈(비틀) www.jrbeetle.co.kr
고려훼리(카멜리아) www.koreaferry.co.kr

여행사 에어텔 이용

처음으로 후쿠오카 여행을 계획하거나, 준비 시간이 부족한 여행자는 일본전문 여행사의 에어텔 상품을 이용하는 것이 편리하다.

항공권과 호텔 숙박권이 함께 포함되어 있는 여행사의 에어텔 상품은 여행 준비에 있어서 시간을 절약해 주며, 각 여행사에서 일시적으로 나오는 할인 여행 상품이나 이벤트 여행 상품을 이용하면 더욱 더 저렴하게 후쿠오카 여행을 즐길 수 있다.

여행 박사 www.tourbaksa.com
엔타비 www.ntabi.kr

READY TO TRAVEL 02

후쿠오카 공항/ 하카타 항 국제터미널에서 시내 가는 법

후쿠오카는 일본 내 그 어떤 도시보다도 공항에서 시내까지의 접근성이 좋다. 대체적으로 공항에서 30분 이내에 시내 어느 곳이든지 도착이 가능하기 때문에 후쿠오카 여행 시 이동에 따른 시간 소비량이 가장 적은 것이 큰 장점이다.

후쿠오카 공항에서 시내로 가는 방법

후쿠오카 공항 국제선에 도착하여 후쿠오카 시내까지 가는 방법은 3가지이다.

첫 번째, 지하철을 이용하는 방법

후쿠오카 공항 국제선을 나와 바로 앞에 있는 1번 정류장에서 무료 셔틀버스를 타고 국내선(10~12분 소요) 터미널에 도착한 후. 도보로 셔틀버스 진행 방향으로 조금만 이동하면 후쿠오카 공항 지하철역 입구를 만나게 되고, 지하로 내려가서 지하철을 이용하면 된다. 지하철 티켓을 구입하고 두 정거장을 이동하면 하카타 역(요금 260엔), 다섯 정거장을 이동하면 텐진 역(요금 260엔)에 도착할 수 있다.

두 번째, 버스를 이용하는 방법

후쿠오카 공항 국제선을 나와 2번 정류장에서 A번 버스를 타면 하카타 역 치쿠시구치博多駅筑紫口 또는 하카타 버스터미널까지 13~15분(요금 260엔)만에 도착할 수 있으며, 텐진까지는 30여 분(요금 310엔)에 도착할 수 있다. 1시간에 1~3대가 운행하고 있다.

세 번째, 택시를 이용하는 방법

짐이 많거나 여러 명의 일행이 있을 때는 택시를 이용하는 것이 편리하다. 후쿠오카 공항 국제선을 나오면 바로 오른쪽에 택시들이 대기하고 있으며, 시간대

및 교통 사정에 따라 조금 다를 수 있으나, 대체적으로 하카타 역까지 약 1500엔(소요시간 약 15분), 텐진까지 약 1900엔(소요시간 약 20분) 정도의 요금이 나온다.

하카타 항 국제터미널에서 시내로 가는 방법

하카타 항 국제터미널에서 시내로 가는 방법은 2가지이다.

첫 번째, 버스를 이용하는 방법

11, 19, 50번 버스를 타면 하카타 역까지 약 17분(요금 230엔)이 소요되며, 80번 버스를 타면 텐진까지 약 16분(요금 190엔)만에 도착할 수 있다.

두 번째, 택시를 이용하는 방법

택시를 이용한다면 하카타 역까지 약 1500엔(소요시간 약 15분), 텐진까지 약 1100엔(소요시간 약 10분)의 요금으로 도착할 수 있다.

READY TO TRAVEL

03

후쿠오카 시내 교통

지하철

규슈에서 지하철이 운행되는 도시는 후쿠오카가 유일하다. 규슈 대부분의 도시는 버스가 발달했으며, 일부 지역에서 노면전차, 모노레일 등을 운행하고 있지만 지하철은 없다.

후쿠오카는 쿠코센空港線, 하코자키센箱崎線, 나나쿠마센七隈線의 총 세 개 노선이 있다. 쿠코센은 후쿠오카 공항에서 메이노하마까지, 하코자키센은 나카스카와바타에서 카이즈카까지, 나나쿠마센은 텐진미나미에서 하시모토까지 운행하고 있다. 후쿠오카 공항에서 하카타 역 또는 텐진으로 가려면 쿠코센을 이용해야 하며 260엔으로 두 곳 모두 도착할 수 있다. 후쿠오카 사람들뿐만 아니라 후쿠오카 여행자들도 가장 많이 이용하는 쿠코센의 하카타 역에서 텐진까지의 구간은 세 정거장, 200엔으로 이동이 가능하다.

지하철 이용 시 최저 기본 구간 요금은 200엔이지만, 한 정거장만 갈 경우에는 '오토나리 킷푸おとなりきっぷ'를 구입하면 100엔(어린이 50엔)으로 이용할 수 있다. 또한, 지하철 티켓 자동판매기는 한국어 지원을 하고 있어서 구입에 어려움이 없다.

후쿠오카 시 지하철 안내 subway.city.fukuoka.lg.jp/kor/index.html

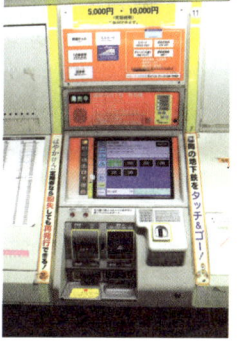

전철

후쿠오카의 대표 역은 하카타 역과 니시테츠후쿠오카 역(텐진 역)이다. 하카타 역은 JR 열차와 신칸센, 그리고 지하철을 함께 이용할 수 있으며, 텐진에 있는 니시테츠후쿠오카(텐진) 역은 니시테츠가 운영하는 전철을 이용할 수 있는 역이다.

니시테츠후쿠오카 역은 특히 다자이후, 쿠루메, 야나가와 등을 갈 때 이용하는 역이다. 다자이후를 갈 때는 다자이후 산책 티켓, 다자이후 일식요리 티켓, 규슈국립박물관 티켓. 야나가와를 갈 때는 다자이후&야나가와 관광 티켓, 온천여행 야나가와 티켓, 야나가와 특선티켓 같은 니시테츠 왕복승차권과 기타 음식, 입장권, 선물이 함께 있는 세트 티켓을 구입하는 것이 실속 있으며, 세트 티켓은 니시테츠후쿠오카(텐진) 역 2층 티켓 카운터에서 구입할 수 있다.

버스

후쿠오카는 일본 내 다른 어떤 도시보다도 버스의 차량 수가 많고 노선 수도 많다. 대부분이 니시테츠가 운행하는 버스로, 니시테츠가 운영하는 버스의 총 차량 수는 일본 No.2이다.

후쿠오카 도심을 다닐 때에는 지하철을 이용하는 것보다 버스를 이용하는 것이 훨씬 더 저렴하다. 특히 하카타 역과 텐진 구간은 100엔으로 이동할 수 있기 때문에 지하철 요금의 절반이다.

후쿠오카에서 버스를 탈 때는 우리나라와 반대로 뒷문으로 승차하고 앞문으로 요금을 내면서 하차해야 한다. 승차할 때는 '정리권整理券'이라는 번호가 적힌 작은 종이표를 뽑아야 한다. 내릴 때는 하차 버튼을 누른 뒤 버스 앞쪽의 전광판에서 본인의 정리권에 적힌 번호 아래에 표시되는 금액을 내고 내리면 된다. 잔돈을 거슬러 주지 않기 때문에 동전을 미리 준비하는 것이 좋고, 동전이 준비되지 않았다면 운전기사 바로 옆 요금함에서 1000엔과 500엔을 넣고 잔돈으로 교환이 가능하다. 지폐는 1000엔 이외에 2000엔, 5000엔, 10000엔은 교환이 되지 않으니 주의하도록 하자.

교통 패스를 구입한 사람은 운전기사에게 그 교통 패스를 보여 주면서 하차하면 된다.

후쿠오카 교외 또는 규슈의 다른 지방으로 여행을 갈 때는 하카타 역 바로 옆에 있는 '하카타 버스 터미널'과 텐진에 있는 '텐진 버스 센터'를 이용하면 된다. 하카타 버스 터미널의 경우, 1층에서는 시내버스를 이용할 수 있고, 2~3층에서는 규슈 각 지방으로 가는 고속버스를 이용할 수 있다.

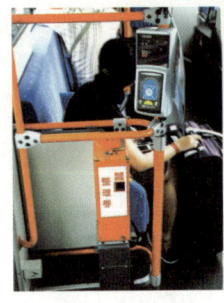

100엔 버스

후쿠오카 여행자들에게 가장 유용한 버스는 바로 100엔 버스이다. 100엔 버스는 하카타 역에서 캐널시티, 나카스, 텐진을 경유하는 순환버스로 승차권 구입이나 정리권을 뽑을 필요 없이 하차 시에 100엔만 내면 된다.

100엔 버스는 버스 앞에 '100'이라는 숫자가 크게 적혀 있어서 구별하기 쉬우며, 100엔 버스 정류장에도 '100'이라는 숫자가 적혀 있다. 100엔 버스 구간 내의 주요 정류장만 정차하는 쾌속 순환 버스 '텐진 라이너'도 있다.

100엔 버스와 텐진 라이너가 아니더라도 하카타 역에서 텐진의 케고 신사까지, 하카타 또는 텐진에서 야쿠인 역까지의 구간은 모든 버스가 100엔으로 운행하고 있으니 꼭 100엔 버스만 이용할 필요는 없다.

니시테츠 버스 정류장 시간표 및 요금
jik.nishitetsu.jp/menu?lang=ko
100엔 버스 노선도 : 59쪽 참고

택시

후쿠오카 택시의 기본요금은 570엔(소형 택시의 경우)으로, 도쿄(730엔), 오사카(660엔)보다 저렴하다. 요금은 시간거리 병산제로 50엔씩 올라간다. 후쿠오카 시내에서만의 이동이라면 3~4명이 함께 이동할 경우 택시 요금의 부담이 크지 않아서 더 편리할 때가 많다.

일본의 택시는 기본적으로 뒷좌석에 손님들이 타며, 뒷좌석은 자동으로 열리고 닫히기 때문에 직접 열거나 닫지 않아도 된다. 정확히 말하면 자동으로 열리고 닫힌다기보다 택시 기사가 본인의 좌석 쪽에 있는 레벨로 열고 닫는 것이다. 일본에서 택시를 이용할 때는 운전기사가 열어 주고 닫을 때까지 차분히 기다리는 것이 좋다.

READY TO TRAVEL

04

유용한 교통 패스

후쿠오카 도심 1일 버스 자유 승차권 福岡都心1日バス乗り放題乗車券

후쿠오카 도심 지역 내에서 1일 동안 버스를 무제한으로 이용할 수 있는 승차권이다. 텐진을 중심으로 하카타 항 국제터미널, 후쿠오카 타워까지의 범위 내에서 몇 번을 승하차해도 상관없다. 후쿠오카 공항으로 가는 버스는 이용할 수 없다는 것에 주의.

승차권은 스크래치 방식으로 이용하고자 하는 날짜에 해당하는 연, 월, 일을 긁어낸 뒤, 하차 시 버스 운전기사에서 승차권을 보여 주면 된다.

버스 내, 각 버스 영업소, 하카타 버스 터미널, 텐진 버스 센터, 후쿠오카 공항 국내선 등에서 판매하고 있다.

ⓒ 어른 620엔, 어린이 310엔, 페어권 1030엔, 패밀리권 1440엔

그린 패스 Green Pass

그린 패스는 '후쿠오카 도심 1일 자유 승차권'으로 이용할 수 있는 후쿠오카 도심 지역에 추가적으로 후쿠오카 공항까지 가는 버스도 이용할 수 있는 승차권이다. 예전에는 시티 루프 버스인 그린 버스도 이용할 수 있었으나, 그린 버스는 2014년 9월 말 운행이 종료되었다. 주의할 점은 후쿠오카에서는 판매하지 않고 오직 한국 내(한국 여행사)에서만 판매하고 있다는 것.

ⓒ 어른 700엔, 어린이 350엔

후쿠오카 오픈 톱 버스 승차권
福岡オープントップバス, Fukuoka Open Top Bus Ticket

후쿠오카 시내를 관광할 수 있는 후쿠오카 오픈 톱 버스의 이용뿐만 아니라 그린 패스처럼 후쿠오카 도심 지역과 후쿠오카 공항까지 가는 버스를 1일 무제한으로 이용할 수 있는 승차권이다.

후쿠오카 오픈 톱 버스는 후쿠오카 타워가 있는 해변가까지 왕복하는 '시사이드 모모치 코스シーサイドももちコース', 후쿠오카 시내를 왕복하는 '하카타가이 나카 코스博多街なかコース', 후쿠오카의 야경을 볼 수 있는 '후쿠오카 키라메키 코스福岡きらめきコース'가 있다.

승차권은 후쿠오카 시청 1층 로비에 위치한 후쿠오카 오픈 톱 버스 승차권 카운터에서만 구입할 수 있다. 후쿠오카 오픈 톱 버스는 예약제 및 좌석 지정이며, 전

화로만 예약이 가능하다는 것을 꼭 알아 두자. 물론 한국어로 예약이 가능하다.

H fukuokaopentopbus.jp
T 0120-489-939, 092-734-2727(예약 전화번호)
C 어른 1540엔, 어린이 770엔

지하철 1일 승차권 1日乘車券

1일 동안 후쿠오카 지하철 전 노선(쿠코센空港線, 하코자키센箱崎線, 나나쿠마센七隈線)을 무제한으로 이용할 수 있는 승차권이다. 일반 지하철 승차권과 마찬가지로 개찰기에 투입해서 이용한다. 일반 지하철 승차권은 목적지에 도착해서 밖으로 나갈 때 개찰기에 집어넣으면 다시 승차권이 나오지 않지만, 지하철 1일 승차권은 나갈 때도 개찰기 밖으로 승차권이 나오기 때문에 계속 사용하기 위해서는 승차권을 잘 챙겨야 한다.
지하철 1일 승차권을 제시하면 후쿠오카 내 여러 시설에서 할인 혜택을 받을 수 있는데, 음식점 할인, 음료수 서비스, 영화관 요금 할인, 박물관과 미술관 입장료 할인 등이 있다. 자세한 혜택 내용은 후쿠오카 시 교통국 홈페이지에서 확인할 수 있다.
지하철 1일 승차권은 지하철 각 역의 매표소 및 자동판매기에서 판매하고 있다.

H 후쿠오카 시 교통국 홈페이지
subway.city.fukuoka.lg.jp/kor/index.html
C 어른 620엔, 어린이 310엔(주말과 공휴일에는 어른 520엔, 어린이 260엔)

후쿠오카 1일 패스 FUKUOKA 1DAY PASS

후쿠오카 시 전 지역과 다자이후, 야나가와 등 후쿠오카 현 및 사가 현 일부 지역의 니시테츠 버스와 니시테츠 전철을 무제한으로 이용할 수 있는 승차권이다. 후쿠오카 시뿐만 아니라 주변 후쿠오카 현을 여행할 때 유용한 승차권이다. 키타큐슈 지역에서는 사용할 수 없으니 주의.
승차권은 스크래치 방식으로 이용하고자 하는 날짜에 해당하는 연, 월, 일을 긁어낸 뒤, 버스를 이용할 때는 운전기사에게, 전철을 이용할 때는 창구 직원에게 승차권을 보여 주면 된다.
니시테츠후쿠오카(텐진) 역, 텐진 버스 센터, 하카타 버스 터미널, 후쿠오카 공항 국내선, 텐진 관광안내소, 하카타 역 관광안내소 등에서 판매한다.

C 어른 2060엔, 어린이 1030엔

✈
READY TO
TRAVEL

05
˅
후쿠오카
추천 숙소

· 객실 요금은 투숙 시기, 이벤트 및 각종 플랜, 회원 여부에 따라 변동됩니다.

그랜드 하얏트 후쿠오카 グランドハイアット福岡

후쿠오카의 엔터테인먼트 쇼핑 복합시설인 캐널시티와 함께 위치해 있는 고급 호텔이다. 도보로 하카타 역에서 10분, 텐진에서 15분 정도의 거리에 있다. 동양과 서양의 융합미를 테마로 현대적인 인테리어가 중후함을 가져다준다. 총 370개의 객실이 준비되어 있다. 호텔 내에는 8개의 레스토랑과 바를 갖추고 있으며, 피트니스, 스파, 실내 수영장을 이용할 수 있는 '클럽 올림푸스' 등의 레저 시설도 제공하고 있다. 주말에는 결혼식, 피로연이 많이 열리는 곳이다.

🏠 福岡県福岡市博多区住吉1-2-82
📞 092-282-1234
🏨 fukuoka.grand.hyatt.jp
❓ 하카타博多 역 하카타구치博多口에서 도보 14분, 캐널시티 내
💲 그랜드 퀸 15200엔, 그랜드 트윈 18200엔
🗺 62P-C

캐널시티 후쿠오카 워싱턴 호텔 キャナルシティ・福岡ワシントンホテル

후쿠오카 캐널시티 내에 있는 호텔이어서 쇼핑을 좋아하는 사람들이라면 더없이 좋은 곳이며, 하카타 역과 텐진, 나카스로의 접근성도 좋다. 비즈니스 및 쇼핑은 물론 관광의 거점으로 편안한 위치에 자리 잡고 있다. 총 423개 모든 객실에서 인터넷 무료 접속이 가능하다. 아침 식사권으로 호텔 내 다양한 음식점에서 아침 식사가 가능하고, 아침 식사권을 사용하지 않은 고객을 위해서 티켓과 교환할 수 있는 상품도 준비하고 있다.
또한, 숙박객에게는 캐널시티에서 특전 및 할인 서비스를 받을 수 있는 패스 카드도 준비되어 있다.

🏠 福岡県福岡市博多区住吉1-2-20
📞 092-282-8800
🏨 washington-hotels.jp/fukuoka
❓ 하카타博多 역 하카타구치博多口에서 도보 13분, 캐널시티 내
💲 스탠다드 싱글 8700엔, 코너 더블 12000엔
🗺 62P-C

니시테츠 인 하카타 西鉄イン博多

하카타 역에서 도보 4분 거리에 있는 대형급 비즈니스호텔이다. 3층부터 14층까지 싱글룸 479실, 트윈룸 24실, 총 503개의 객실을 갖추고 있다. 프런트는 2층에 위치해 있으며, 1층 대욕장은 여행의 피로를 풀기에 좋은 곳으로 아침 6시부터 새벽 1시까지 이용이 가능하다.

- A 福岡県福岡市博多区博多駅前1-17-6
- T 092-413-5454
- H www.n-inn.jp/hotels/hakata
- ? 하카타博多 역 하카타구치博多口에서 도보 4분
- C 싱글 7800엔, 트윈 14400엔
- M 63P-G

호텔 닛코 후쿠오카 ホテル日航福岡

개업 25년이 넘은 후쿠오카 고급 호텔로서 "마음에서 우러나오는 환대心からの上質なおもてなし"를 목표로 하고 있으며, 하카타 역에서 도보 3분 거리로 접근성도 좋다. 총 360개의 객실이 있고, 총 9개의 레스토랑과 바가 있다. 6층 피트니스 클럽에는 수영장, 체육관, 토탈 케어 살롱이 있다. 모든 객실에서 Wi-Fi 접속이 가능하다.

- A 福岡県福岡市博多区博多駅前2-18-25
- T 092-482-1111
- H www.hotelnikko-fukuoka.com
- ? 하카타博多 역 치쿠시구치筑紫口에서 도보 3분
- C 싱글 15000엔, 더블 28400엔, 트윈 28400엔
- M 62P-B

니시테츠 인 후쿠오카 西鉄イン福岡

텐진과 나카스에서 접근성이 좋은 나카가와那珂川 강변에 있는 호텔로 텐진에서는 도보 4분 거리, 나카스에서는 도보 1분 거리이다. 니시테츠 인 하카타와 같은 계열의 호텔이다. 싱글룸, 더블룸, 트윈룸, 트리플룸, 다다미룸 등 다양한 종류의 총 266개의 객실을 갖추고 있다.

- A 福岡県福岡市中央区天神1-16-1
- T 092-712-5858
- H www.n-inn.jp/hotels/fukuoka
- ? 텐진天神 역 12번 출구에서 도보 4분, 나카스카와바타中洲川端 역 2번 출구에서 도보 4분
- C 싱글 7100엔, 더블 10300엔, 트윈 13400엔
- M 118P-B

더 비 하카타 the b hakata

하카타 역 뒤편 치쿠시구치 쪽에 있는 비즈니스호텔로서 한국인 여행자들도 많이 이용하는 곳이다. 더 비 하카타의 'b'는 Good 'breakfast', Comfortable 'bed', 'balance' in your life, ideal location for your 'business' requirements에서 따온 것이다.

- A 福岡県福岡市博多区博多駅南1-3-9
- T 092-415-3333

- H www.theb-hotels.com/the-b-hakata/jp
- ? 하카타博多 역 치쿠시구치筑紫口에서 도보 7분
- C 싱글 9000엔, 더블 11000엔, 트윈 14000엔
- M 63P-I

서튼 호텔 하카타 시티 Sutton Hotel Hakata City

뉴욕 맨해튼의 분위기를 재현한 시티 호텔로 하카타 역에서 도보 7분 거리이다. 총 162개의 객실이 구비되어 있으며 미술관 같은 세련된 로비가 특징이다. 동급 호텔 중에서도 140cm의 넉넉한 크기의 침대가 장점이다.

- A 福岡県福岡市博多区博多駅前3-4-8
- T 092-433-2305
- H www.suttonhotel.co.jp
- ? 하카타博多 역 하카타구치博多口에서 도보 8분
- C 디럭스 싱글 16000엔, 세미 더블 20000엔, 수페리어 트윈 24000엔
- M 62P-D

컴포트 호텔 하카타 コンフォートホテル博多

하카타 역 바로 앞에 있어서 접근성이 뛰어난 비즈니스호텔이다. 접근성과 함께 가격도 합리적이어서 한국인 여행자도 많이 이용하는 호텔이다. 총 242개의 객실이 있으며, 호텔 시설 내에는 무선 LAN을, 객실에는 유선 LAN을 갖추고 있다. 아침 식사로 빵, 주먹밥, 시리얼, 샐러드, 달걀, 소시지 등 다양한 메뉴를 무료로 제공하고 있다.

- A 福岡県福岡市博多区博多駅前2-1-1
- T 092-431-1211
- H www.choice-hotels.jp/cfhakata
- ? 하카타博多 역 하카타구치博多口에서 도보 2분
- C 싱글 8900엔, 더블 9300엔, 트윈 11400엔
- M 62P-B

호텔 클리오코트 하카타 ホテルクリオコート博多

하카타 역 치쿠시구치에서 도보 1분도 걸리지 않는 편안한 접근성이 장점인 호텔이다. 프런트는 3층에 있고 1층은 파칭코, 2층은 후쿠오카 최대급 이자카야가 있다. 호텔의 이름은 여신을 뜻하는 'Clio'와 궁궐을 뜻하는 'Court'를 조합한 것이다.
오후 2시부터 체크인이 가능하고 체크아웃은 11시, 일반 호텔보다 빠른 체크인과 늦은 체크아웃이 특징이다. 전 객실 Wi-Fi 사용이 가능하다.

- A 福岡市博多区博多駅中央街5-3
- T 092-472-1111
- H www.cliocourt.co.jp
- ? 하카타博多 역 치쿠시구치筑紫口에서 도보 1분
- C 싱글 10500엔, 더블 18000엔, 트윈 18000엔
- M 63P-I

토요코인 하카타구치에키마에 東横INN博多口駅前

우리나라에도 있는 일본 전국 체인의 비즈니스호텔이다. 일본 전국으로 247개 호텔, 48,332개 객실을 제공하고 있다. 토요코인은 지배인뿐만 아니라 모든 스태프가 여성인 것이 특징이다. 멤버십 카드는 한국과 일본에서 공통으로 사용할 수 있고, 일정 횟수 이상 이용하게 되면 숙박 1회가 무료로 제공된다. 저렴한 가격, 시설의 편안함, 청결함, 서비스 등으로 여행자 및 출장자가 많이 이용하는 대표적인 비즈니스호텔이다. 토요코인 하카타구치에키마에는 서로 마주보는 빌딩으로 1, 2가 함께 있기 때문에 찾아갈 때 헷갈리지 않도록 주의할 필요가 있다. 전 객실에서 Wi-Fi 이용이 가능하다.

- A 福岡県福岡市博多区博多駅前1-15-5
- T 092-451-1045
- H www.toyoko-inn.com
- ? 하카타博多 역 하카타구치博多口에서 도보 5분
- C 싱글 5980엔, 더블 8480엔, 트윈 8980엔
- M 62P-B

토요코인 하카타 니시나카스 東横INN博多西中洲

후쿠오카 텐진과 나카스 사이에 있는 토요코인의 니시나카스점. 텐진과 나카스로의 접근성이 좋아서 쇼핑을 위해서 텐진으로, 후쿠오카의 명물인 야타이(포장마차)를 방문하기 위해 나카스로 가기에 좋다. 전 객실에서 Wi-Fi 이용이 가능하다.

- A 福岡県福岡市中央区西中洲1-16
- T 092-739-1045
- H www.toyoko-inn.com
- ? 텐진미나미天神南 역 5번 출구에서 도보 5분
- C 싱글 5980엔, 더블 7480엔, 트윈 8480엔
- M 256P-E

힐튼 후쿠오카 시호크 ヒルトン福岡シーホーク

하카타 만이 바로 눈앞에 보이고 시원한 바다 경치를 객실에서 볼 수 있는 특급 호텔이다. 미슐랭 가이드에도 후쿠오카 내 최고급 호텔로 소개되었다. 다양한 외국인 관광객뿐만 아니라 VIP도 많이 방문하며 국제회의 및 다양한 행사가 열리고 있다.
모모치 해변으로의 접근성이 좋고, 바로 옆에는 야구장 야후 오쿠 돔이 있다.

- A 福岡県福岡市中央区地行浜2-2-3
- T 092-844-8111
- H www.hiltonfukuokaseahawk.jp
- ? 하카타 버스터미널에서 306번 버스를 타고 힐튼 후쿠오카 시호크 마에ヒルトン福岡シーホーク前 하차. 또는 텐진 버스센터 앞 1A정류장에서 300, 301, 303번 버스를 타고 힐튼 후쿠오카 시호크 마에ヒルトン福岡シーホーク前 하차
- C 더블 16500엔, 트윈 17500엔
- M 326P

호텔 리솔 하카타 ホテルリソル博多

후쿠오카 나카스의 한복판에 2011년 10월에 오픈한 호텔이다. 가장 최근에 오픈한 호텔로서 고급스러운 로비와 넓은 침대의 깔끔한 객실이 매력이다. 2층부터 13층까지 총 287개 객실이 있으며, 프런트는 13층에 위치해 있다. 14층에는 전망 대욕장이 있어서 목욕을 즐기며 나카스의 야경을 볼 수 있으며, 13층은 여성 전용 레이디스 플로어로 되어 있고 14층 대욕장으로 가는 전용 계단이 있어서 안심하고 이용할 수 있다. 1층에는 하이볼 전문 바인 '나카스 1923'이 있다.

A 福岡県福岡市博多区中洲4-4-10
T 092-282-9269
H www.resol-hakata.com
나카스카와바타中洲川端 역 1번 출구에서 도보 2분
C 싱글 9000엔, 더블 10000엔, 트윈 11000엔
M 256P-C

하카타博多 역 치쿠시구치筑紫口에서 도보 2분
C 더블 10000엔, 트윈 12000엔
M 63P-G

호텔 포르자 하카타 ホテルフォルツァ博多

후쿠오카 하카타 역 치쿠시구치 쪽에 2012년 오픈한 호텔이다. 포르자는 이탈리아어로 '건강', '활력'을 의미한다. 오렌지색을 콘셉트로 태양과 에너지를 표현한 인테리어와 커피 머신이 설치되어 있는 서재 같은 분위기의 고급스러운 로비가 특징이다. 객실은 오픈한 지 얼마 되지 않아서 깔끔하고 쾌적하며, 40인치 이상의 TV가 설치되어 있다. 또한, 각 객실에 iPad가 있어서 투숙객들에게 호평받고 있다.

A 福岡県福岡市博多区博多駅中央街4-16
T 092-473-7111
H www.hotelforza.jp/hakata

인 덱 스

J
JR 하카타시티 64

T
T Joy 하카타 71

ㄱ
가람 222
간류지마 379
간소 나가하마야 181
간소 모토요시야 384
간소 피카이치 79
고코쿠 182
고코쿠 신사 176
교자 리 224
구 모지 미츠이 클럽 373
구 모지세관 374
구 오사카 상선 374
구 후쿠오카 현 공회당 귀빈관 258
국제우호기념도서관 375
규슈 올레 385
규슈국립박물관 368
그랜드 하얏트 후쿠오카 408

ㄴ
나스부타야 225
나카니시쇼쿠도 339
니카스 젠자이 268
네지케몬 183
넥서스 월드 333
노부히데 본점 269
노코노시마 344
노코노시마 아일랜드 파크 345
니시테츠 인 하카타 409
니시테츠 인 후쿠오카 409
니쿠젠 185

ㄷ
다루마도 360
다이마루 154
다이소 109
다이치노우동 하카타 역 지하점 80
다이후쿠 본점 308
다자이후 362
다자이후 텐만구 363
더 비 하카타 409
도큐핸즈 66
돈키호테 297
디&디파트먼트 후쿠오카 318

ㄹ
라루키이 186
라멘 우나리 270
라쿠스이엔 76
라쿠텐치 텐진 본점 124
란칸 371
레솔라 텐진 165
레이젠소 259
로바타야키 이소가이 125
로프트 166
리버워크 키타큐슈 357

ㅁ
마리노아시티 후쿠오카 340
마린월드 우미노나카미치 336
마이즈루 공원 179
마잉구 73
마츠코 188
마카나이야 82
마코토 127
만다라케 215
맥스 밸류 296
멘게키조 겐에이 226

멘코보 나카 189
모모치 328
모자코 391
모지코 372
모지코 레트로 전망실 375
모지코 역 373
모츠시게 190
모츠코 309
무나카타-오시마 코스 387
무라시마 83
무스비메 128
무츠카도 227
미나 텐진 165
미츠코시 155

ㅂ

바조소 348
바쿠레 271
베이사이드 플레이스 하카타 342
봄바 키친 228
블루 윙 모지 376
비스트로 타카기 191
비스트로 앙 코코트 84
비오로 160
빅 카메라 166
쁘띠 주르 230

ㅅ

사라만제슈 85
산피에루 391
서튼 호텔 하카타 시티 410
센부츠 종유동 393
소바구이 이마토미 231
소바기리 하타에 193
솔라리아 160
쇼키치 86
쇼후쿠지 307
슌게츠안 조텐지마에 310
스미요시 신사 78

스시 교텐 234
스시 아츠가 235
스이게츠 232
스이쿄 텐만구 120
스즈카케 본점 272
스즈키쇼텐 194
스타벅스 다자이후 텐만구 오모테산도점 370
스타벅스 후쿠오카 오호리코엔점 175
스파이스 273
시라스 쿠지라 129
시라타마야 신자부로 130
시로야 베이커리 359
시로키지 274
시마모토 320
시사이드 모모치 해변 공원 328
시카노시마 337
시카노시마 해수욕장 339
시카우미 신사 338
시티 다이닝 쿠텐 67
신미우라 131
신슈소바 무라타 275
신텐초 164
신텐초 쿠라부 133

ㅇ

아뮤 플라자 하카타 66
아베키 236
아사히켄 87
아운노 누쿠누쿠야 134
아운노 야키토리 이자카야 88
아이보리시 195
아지미도리 89
아카노렌 196
아카마차야 아사고 237
아카이후센 136
아크로스 후쿠오카 121
애플스토어 167
야나가와 381
야나기바시 렌고이치바 220

인 덱 스

야마나카 197 238
야스베 276
에그스 앤 띵스 198
엔 277
엘르 카페 91
오사카야 278
오토와즈시 137
오하나 383
오호리 공원 172
오호리 공원 일본정원 174
온리 원 239
왓파테이쇼쿠도 199
요도바시 카메라 110
요시다 138
요시즈카 우나기야 본점 279
우동 타이라 92
우동야 코메짱 94
우마우마 레이센섬 311
우미노나카미치 334
우미노나카미치 해변 공원 335
우에시마 커피 95
우와노소라 280
이마주쿠 347
이무즈 163
이소기요시 281
이와타야 157
이치란 본사 총본점 283
이케다야 200
이케사부로 240
일 포르노 델 미뇽 96

ㅈ
장 폴 에방 140
쟈쿠 202
조텐지 304

ㅊ
초콜릿 숍 312
추카소바 고야 141

츠바메노모리 히로바 71
츠키야 본점 313
치카에 203
친야 284

ㅋ
카네이시 우동 97
카라토 시장 377
카로노우롱 285
카사노야 369
카와바타 도산코 286
카와바타 상점가 260
카와바타 젠자이 히로바 287
카와쿠다리 382
카와타로 288
카페 델 솔 204
카페 브라질레이로 314
카페 파디 142
카페 파디 361
카페 푸르부 241
칸몬교 378
캐널시티 하카타 111
캐널시티 후쿠오카 워싱턴 호텔 408
컴포트 호텔 하카타 410
케고 신사 122
케고 야키톤 205
케야키도리 180
켄조 카페 289
코마야 206
코묘젠지 366
코쿠라 354
코쿠라 성 356
코쿠라 역 355
코히 비미 207
쿠시다 신사 261
쿠시다차야 290
쿠시쇼 98
클럽 하리에 B-스튜디오 99
키르훼봉 144

키스이마루 146
키와미야 148
키친 글로리 100
키타큐슈 시 만화 박물관 358
키하루 291
킨교 242

ㅌ

타베고로 햐쿠슈칸 252
타이겐쇼쿠도 208
타츠미 스시 293
탄가 시장 357
테무진 210
텐소 211
텐진 비브레 162
텐진 지하상가 158
텐진 코어 162
텐진 호르몬 150
텐푸라 히라오 151
텟페이 101
토리카와 스이쿄 243
토마토야 315
토요코인 하카타 니시나카스 411
토요코인 하카타구치에키마에 411
토이치 102
토초지 306
톡톡 212
툰드라 213

ㅍ

파르코 156
프랑스과자 16구 244
피시 맨 251

ㅎ

하가쿠레 우동 104
하나모코시 245
하나야마 351
하카타 101 114
하카타 겐스케 야쿠인 본점 246

하카타 기온 테츠나베 316
하카타 데이토스 74
하카타 리버레인 몰 298
하카타 아카초코베 317
하카타 역 65
하카타 우오가시 105
하카타 이치방가이 73
하카타 잇코샤 하카타 본점 106
하카타 잇푸도 다이묘점 214
하카타 전통공예관 263
하카타 포트 타워 343
하카타 한큐 72
하카타마치야 후루사토관 264
하카타소 294
하카타자 265
핫짱라멘 247
호운테이 295
호텔 닛코 후쿠오카 409
호텔 리솔 하카타 412
호텔 클리오코트 하카타 410
호텔 포르자 하카타 412
효탄 스시 152
후루후루 349
후루후루 텐진 빵 공방 153
후쿠신로 248
후쿠야 나카스 본점 299
후쿠오카 멘츠단 250
후쿠오카 성터 177
후쿠오카 시 동식물원 221
후쿠오카 시 미술관 173
후쿠오카 시 박물관 332
후쿠오카 시 아카렌가 문화관 123
후쿠오카 아시아 미술관 266
후쿠오카 야후 오쿠 돔 330
후쿠오카 타워 331
후키야 107
후톳파라 108
히라오다이 392
힐튼 후쿠오카 시호크 411